〈藤原セレクション〉

女と男の時空

【日本女性史再考】

監修　鶴見和子　秋枝蕭子　岸本重陳
中内敏夫　永畑道子　中村桂子
波平恵美子　丸山照雄　宮田登

①　ヒメとヒコの時代――原始・古代㊤

編者　河野信子

藤原書店

〈藤原セレクション〉版 発刊の辞

『女と男の時空――日本女性史再考』(全六巻・別巻一) の本篇の刊行が完結したのは、一九九六年七月 (別巻「年表」は一九九八年) であった。

編者たちと執筆者たちの基本になる目標が「高群逸枝の批判的継承とアナール派との対応」であったために、編者・監修者のうち三名が「フランスにおける日本年」にあたってパリの国際ブックフェアに招待され、その際、藤原書店社長の藤原良雄氏には、二百点におよぶフランス思想関連書の形質ともにすぐれた出版を評価されシュヴァリエ章 (芸術文化勲章) が贈られた。(一九九七年三月九日～三月十七日)

この期間中『女の歴史』(藤原書店刊) の監修者ミシェル・ペロー氏とフランス人の日本研究者たちと私たちとのシンポジュウムがおこなわれた。(三月十四日、十五日。日本側出席者はパネリストとして永畑道子、丸山照雄、藤原良雄、河野信子、他に編者福田光子、奥田暁子、執筆者田部光子も討論に参加)

このときペロー氏より日本側にむかって出された質問は、①『女と男の時空』の特色、②アナール派との関係、③歴史を認識する方法、④どのような人びとにむかって書くのか、であった。

高群逸枝の業績の紹介についで①②の設問については各論先行のスタイルで『女と男の時空』全六巻の論文数点の紹介と質疑応答がおこなわれた (長文になるので本稿では割愛)。③の歴史を認識する方法としては、何よりも〈関係史〉であること、関係の相を浮かびあがらせることを書き手たちは目標としたということが示された。すなわち女と男、日本と外国、自然と人間の関係をめぐって相生・相克・背反・双利・片利・片害・相互変生となる関係である。この関係の相を示すのが、時代区分のキーワードであって「ヒメとヒコ」（原始・古代）「誕生」（古代から中世へ）「乱」（中世）「爛熟」（近世）「鬩ぎ合い」（近代）「溶解」（現代）となっている。ただし、これらのキーワードは相互に関連しあっていて、ひとつの時代で相克関係にむかっての傾きの度合が大きくなれば、相生関係へ変転する。

この変転の相を長期波動でみるために、私たちは、監修者代表鶴見和子氏の「つららモデル」と「内発的発展」を認識方法として使った。

時間概念（時空統一体）には「階段モデル」と「つらら（垂氷）モデル」があるが、鶴見氏は〈つららモデル〉をとるとされる。すなわち、先行したすべての時代は、後続の時代のいたろところにぶらさがっていて活性と省察力を与えるとする立場である。いっぽう〈階段モデル〉のほうは、人の世は低い方から高い方に進んで行くとする立場である。したがって下段の存在とされてきた人、国、民族などは、上段を目指し、上段はさらに登るしかない。

「内発的発展」をめぐっては、たとえば古代女流文学が氏族を解体するほどの王権をめぐる家意識に吸引され華麗な渦を引き起し、この渦は消滅してもなお、家父長制と男権主義を発展させ、この極相を明治期に持った、と日本人側は説明した。この③についての説明には①②にたいする総論も加味されていた。

三月十五日公開討論の場での、「つららモデル」はフランスの若い女性たちに気に入られたらしく、「つらら」「つらら」と、会の終了後も繰り返しながら席を立っていた様子を、田部光子氏は見ていた。

第四の設問、「どのような人びとにむかって書くのか」こそ、まことアナール派の基軸にふれるものである。そこで、私たちは、「専門家というものは人の世を人体にたとえるならば、肺とか心臓といったたぐいの内臓にあたるものである。歴史学者もまたこの内臓のどれかであろう。しかし私たちは人体の頭脳にむかって書いた」と答えた。すべての時代にあって、「いかに生きるべきか」を問いつづけている女たち男たちこそ頭脳であり、全身体の有機性を司る位置にある知の最前線である。

この知の最前線は担い手を人の目にさらすことは、めったにない。しかしつねに時空を変生する潜在力として存在している。

「志」と『女と男の時空』全六巻が、どこまで呼応しあっているかは、読んでくださるかたがたの検討にまつしかない。しかし、私たちは、今後も続けていく歴史認識の方法について、フランスで語ったことを基本理念としていくつもりである。

そのためにも、今回〈藤原セレクション〉版として『女と男の時空』がこの世に再登場することになったことは嬉しいことである。これで女たち男たちは、自宅の机の上だけではなく、旅の途上にも、樹下の語り合いの場にも『女と男の時空』を同伴することが可能になった。

この度も、方法上の助言を惜しまれなかった藤原良雄氏、編集の労をおとりくださった刈屋琢氏、藤原書店のかたがたと印刷・製本・販売に当られたかたがたにお礼を申しあげます。

二〇〇〇年春

編者代表　河野信子

総序

——一人の人間の前に立つと、私はいつも、ある運命とある風景のなかに閉じ込められているこの人の姿を見たいという衝動に駆られる。運命はこの人の意志とはほとんど関係なくできあがっており、風景はこの人の後に、また前に、「長期持続」という無限のパースペクティヴを描き出している。

（フェルナン・ブローデル『地中海V』）

縄文から現代まで、女たち男たちの関係（共生から支配関係への間をめぐる相互作用劇）の時空に耳をすまそうとするとき、複数の時間系が、空間を織りあげていた。

長期の時間は（ブローデルにならって持続ということのほうが適当と思われる）、まず、『古事記』神話にはじまり、血盆経を通り、天皇制へいたる象徴作用に貫かれた関係の怪異として、私たちの前にあらわれる。個体による対峙は、一万年の時空を通じて、何度も試みられはしたが、この短期の時間は、長期持続の象徴作用の力動に呑みこまれてきた。

しかしいっぽうでは、『万葉集』が現代にもなお、命脈をたもち、女たちを表現世界の後方に閉ざすわけにはいかなかった歴史を、私たちは持っている（『万葉集』四五〇〇首中、女たちの作は五三五首。古代七五九年までに作られたものである）。どのような男権主義者といえども、「男たちの筆のみで女を表現する」と威令を下したとたんに、空威張りの愚行を演じてしまわねばならなかったのである。しかも『万葉集』であれ、『源氏物語』であれ、文字表現が、必ず音声によって響きわたる〈朗詠〉をともなっていた事実は無視できないものであった（現代では、恋文を相手の窓の下や縁先で読みあげる人びとは、めったにいないので、類推は困難かもわからないが）。

この響きわたる音声が、群衆のダイナミズムを得たのが、幕末の「おかげまいり」と「ええじゃないか」であり、明治期・大正期の二度にわたる波及力をもった「女たちの米騒動」であった。日本の女性史を語る場合、私たちはこの双面の色調が、メビウスの輪のように長期の時間をつらぬいていることを考えておかねばならなかった。

一面だけによって書きあげられた「女性史」は、仮りに、検証に検証を重ねた史料にもとづくものであったとしても、コンピューターを駆使した、数量化のいきとどいたものであったとしても、資料としての「ありがたさ」と共に、外挿法（限られた史料で大幅な領域を推定する方法。たとえば、現代人の行動パターンを規定した言説に対して、「そのいずれでもないよ」という人が多いのも外挿法に対する不満の表明である）への不満をも連れてくるものである。

幸い私たちの前には、高群逸枝（一八九四―一九六四年）の大著女性史三部作（『母系制の研究』『招婿婚の研究』『女性の歴史』）があり、万葉の時代のように響きわたる朗詠にふさわしい詩作の数々（代表的なものとしては『日月の上に』『東京は熱病にかかっている』）がある。高群逸枝はどの著作においても、怪異な象徴の力動（『古事記』――血盆経――天皇制）と高揚（歌の朗唱から米騒動へ）との双面によって作り出されるメビウスの輪を考えている。さらに、このメビウスの輪のなかにあっても、濃密な生命愛をつらぬく精神を、出し惜みなどはしていない。

ただ、高群逸枝も学界の潮流がもたらす一方向歴史観から自由でなかったために、この国の族制と婚制を、母系制から父系制への歴史時間の変化としてとらえてしまった。このことは、私たちにむかって、族制への再検討をせまるものとなった。そのためもあって、高群逸枝の「家族復元法」は女性史家たちに微細な点にもおよぶ再検討の密度を高める必要性を残した。

しかし、法制史上の範疇で歴史を考えるならば、現代の双方社会に先行して、「父系制」と「父権制」のみが制度化されたといえる。律令制との結託のなかには、母系制や母権制といった範疇はない。「制」とか「権」とかいった言葉は、女性史にとって、そのまま使うわけにはいかないのである。国家論を抜きにした父権などはない。したがって、この「父」を「母」に入れかえてみても、女たちを高揚させることにはならない。「父権」と「母権」、「父系」と「母系」の範疇の差異の相を究明することは、高群逸枝の批判的な継承のなかでの急務である。

幸いにも日本の女性史を一面性で書き連ねる愚から解放する可能性を、私たちに提供したのは、アナール派である。なかでもブローデルの『地中海』は、歴史は「複数の歌声を響かせるはずである」(第V巻)からもうかがわれるように、旋律の多層性を求める私たちに、方法としての可能性を拓く誘いかけに溢れていた。

一九九二年晩秋、G・デュビィ＋M・ペロー監修の『女性の歴史』全五巻(現在『女の歴史』〈全五巻10分冊・別巻二〉として藤原書店より刊行中)の序文と総目次を、私は、藤原書店の社長から見せてもらった(のちに『女の歴史への誘い』として出版された)。目次にも序文にもアナール派の思想と方法が脈打っていて、私は目を瞠った。「日本の女性史についてもやってみませんか」といわれて、私は「受けねばならぬ」とする意欲と、「力及ばず」と思う不安の双方にゆれていた。

こんななかにあって、幸運なことに伊東聖子・岡野治子・福田光子・奥田暁子・山下悦子の諸氏を編者としてむかえることができた。藤原書店のほうでは、「女性史」プロジェクト（統括責任者・藤原良雄、ディレクター・中村陽一、製作・清藤洋、アシスタント・刈屋琢の各氏）が結成された。一九九三年夏までには、八〇名を超える執筆者たちの九割までが決まり、編集・執筆は開始された。

出版までの間、合宿（編者たちの合宿もあれば時代別の合宿もあった）や編者会議、執筆者会議も繰返され、討議はつづけられた。編者たちも執筆者たちもアナール派の方法によって、鍛えられ続けたといっても過言ではない。

さらに執筆者のひとりでもある能澤壽彦氏には、全論文に目を通していただくとともに、各週の編集会議の出席といった重い仕事も担っていただいた。またこのシリーズの刊行にあたっては、藤原書店のスタッフのかたがたをはじめ印刷レイアウトにかかわられたかたがた、書店関係のかたがたなど、ここにひとりひとり御名前を書ききれないほど多数のかたがたのお世話になっている。記してお礼を申し上げたい。

一九九五年夏

編者代表

河野信子

女と男の時空——日本女性史再考 ①

ヒメとヒコの時代——原始・古代㊤／目次

Ⅱ　関係存在の初期性

（② ヒメとヒコの時代――原始・古代㊦ 目次）

『女と男の時空』各巻目次

凡例

一　本書の組体裁は、上・下段に分かれており、上段は本文、下段は本書にとって重要なキーワードである。

二　本文中、＊　＊1　＊2……で示されているのは、執筆者による注であり、各章の各節末に記述されている。また、〔1〕〔2〕……で示されているのは、参考文献であり、下巻末にその一覧を掲げてある。

三　本文中の引用文は、短いものは「　」で括り、長いものは「　」で括らず字下げをして引用する。

四　表記の原則として常用漢字・現代仮名づかいに準拠したが、地名・人名等の固有名詞、専門用語、史資料からの引用等については例外もある。

五　下巻末に図表一覧を付し、出典等を明記した。

女と男の時空——日本女性史再考 ①

ヒメとヒコの時代——原始・古代㊤

序

河野信子

一　カオスを見る

古代の女たちを、画像として、イメージするとき、どのような姿が浮かぶかと、現代の女たちに、問いを発すると、多くの人がつぎのように答える。

背筋をしゃんと伸ばして、後ろ向きに立っている。

これは、「平安絵巻」とは、かなり異なったイメージである。俯き加減ではない。また、着物を重ねに重ねて、坐るしかない像でもない。後ろ姿で威を張る女たちの像である。

無理もない。『万葉集』を開けば、第一巻に、早やばやと額田王《ぬかだのおおきみ》のつぎの歌があらわれるのである。

熟田津《にきたづ》に船乗りせむと月待てば潮もかなひぬ今はこぎ出でな
（この歌は斉明天皇の作だという説もある。いずれにしても、女性の作である。一巻の八、佐佐木信綱編、岩波文庫、一九七八年）

この歌をめぐって、現代の女たちは、さらにさまざまに想いをめぐらす。時は六六一年、斉明天皇は軍を動かして、百済救援（新羅への出兵）にむかうとして、一月難波を出た。この時、軍船は、伊豫《いよ》の熟田津に碇泊していた。天皇付歌人であった額田王は、巫女でもあったために、月を読み潮を読みして、船出の時を計り、声高々と詠みあげた。この頃は言葉が呪力を持つ時代であったために、女たちの月読み潮読みは、経験則を一方に持ちながらも、片方では呪術性を発揮した、というのが一説。古代より月の運行は知られていた。また潮汐も知られていて、地域別の潮汐暦（地形による差がはげしいため）が作られてはいた。ただ、潮汐と月の運行との関連が示されたのは十七世紀ケプラーによってではないか。したがって、これはただ満月の夜の舟遊びの歌である（満月とは、額田王のこの歌には、いっていないにもかかわらず。熟田津が夜満潮になる六六一年頃の日時は暦研究家におまかせしたい。ただ、関数は作れなくとも、太陰太陽暦ならば、月と潮との関係は、ある程度は、経験によって把握できたであろう。月を待つといった表現には、満月の意はなかったのではなかろうか）というのが一説。六六一年にもなれば女帝はつなぎの王であって、ヒメ王ではなかった。呪力を持った歌人をそばに置く必要はなかった。したがって、これは額田王の才能によって作られた叙景の歌である（となると「こぎいでな」はすこし変である）というのが一説。

『万葉集』のなかの一首をめぐっても、人びとの見解は、さまざまにわかれる。このわかれは斉明天皇の担っている場そのものについての認識の差異につながる。

月を読み、潮を読みして、出船の時刻を指示する女たちの存在に、なにがしかの重点を措くならば、「女人政治」のなかにヒメヒコ制（**能澤壽彦論文**）の遺存を見ることになる。

斉明天皇（天皇名は、諡《おくりな》であるが、錯雑をさけるために、天皇名を使う）が、六四二年、皇極天皇として、即位した年について、『日本書紀』（岩波書店『日本書紀』「日本古典文学大系」版、一九六五年を使用）はつぎのように記述している（要旨、現代語に訳す）。

　この年六月は大旱魃であった。降っても小雨だけである。群臣は、「村々では祝部《はふりべ》（性別不明）に導かれて、ありとあらゆる社の神に、いけにえを捧げたり、市を移したり、河の神に祈っていますが、いっこうに効き目はありません」という。それで大臣《おおおみ》蘇我蝦夷《えみし》は、自ら僧侶たちを集めて「大雲経」等を読ませて、香をたいて、雨乞いをしたが、かすかな雨が降っただけで、いっこうに雨は降らない。そこで、経を読むこともやめてしまった。

　そこで八月一日、皇極女帝は、自ら、南淵《みなぶち》（地名）の河上に出て、ひざまづいて、四方を拝み、天をあおいで、雨を乞うた。たちまち雷がなり、大雨が降って、五日も続いた。九穀も夏野菜も、豊作となった。国中の百姓《おおみたから》、こぞって喜んで「至徳の天皇である」といった。

ここでは『日本書紀』はまだ女帝について呪力を書き込んでいる（**奥田曉子論文**）。となれば、女帝の呪力についての思い込みが、「おおみたから」の間にあったことを思わせるものがある。

これはまた、三世紀、ヒミコにふれた『魏志倭人伝』の「鬼道につかえ」がこの時期（七世紀）まで残っていたともいえる。

しかし学界があげてヒメ王（呪力を使う王）の存在を認めているわけではなかった。ジョウン・R・ピジョー「『ヒメヒコ』と『ヒメ王』」（『ジェンダーの日本史　下』東京大学出版会、一九九五年）はヒメ王の存在を認めているが、歴史学者（男女を問わず）のなかには、「ヒメ王」を幻想にすぎないとする人も多い。

八世紀初頭に成立した『古事記』（成立時については、二十世紀末になっても論争中である。太安万呂の墓誌が発掘されてもなお疑われている）には、制度としての「ヒメ王」については、明記されていない。また『日本書紀』も同様である。「天つ神」の時代を除いて、「ヒメ王」らしい行動が書き記されているのは、推古・斉明（皇極）だけである。皇后としては、四世紀古墳時代中期神功皇后がヒメ王らしく振る舞うが、「日本」の「王朝史」は、ヒミコの三世紀半ばを過ぎると、空白の時代に入り、半ば疑惑につつまれながらも、一応年表に王朝史が記されるのは六世紀からである。

この空白の時代についても、『古事記』『日本書紀』などは、ともに記述はしている。しかし『晋書武帝紀』『宋書倭国伝』『三国史記百済本紀』などと対比するとき、同定するのは困難を極め、学界の見解も入り乱れはじめるのである。

したがって、この乱れに乱れた見解の間をくぐって、五世紀末までの女性の像・男性の像・相互作用の像を結ぶことは、もつれにもつれた糸で、布を織るようなもので、「海松《みる》のごと　わわけさがれる」（山上憶良「貧窮問答歌」『万葉集』前出、巻五・八九二）となるのは必定である。

このもつれ糸のなかにあっても、人はなお固い事実のように見せかけるために、想像力を複合させ加速させねばならなくなる。無邪気に信ずることができる、「事実」など、よほどバイアスをかけねばあらわれ出ては来ない。にもかかわらず、『古事記』『日本書紀』の記述を、「すべて嘘八百」とするわけにいかぬのが、厄介な所である。事実との照合となると、八世紀初頭に完成した（といわれている）『古事記』『日本書紀』をめぐってさえ、新説・奇説もあとを絶たないありさまである。

上限は動く

原始・古代（日本列島にヒトが定住しはじめたのは三万年前からだといわれている。しかし、この頃は、日本列島というわけにはいかず、大陸と地続きの所があったことになっている。紀元前八千年頃、日本は本物の列島となって、現在の形に落着いたとされている。最初の縄文文様土器は紀元前六千年頃。しかし、考古学資料の上限は、遡る可能性を持っている。本巻では、縄文期より記述をはじめる。この時期は、草創期・早期・前期・中期・後期・晩期の順で進行したと考えられている。縄文期に、日本の根源的な心性、社会性などが形造られると見ることもできるが、八世紀末までの間には、定住と流動と出会いが累積して、世界史の渦も波及して複雑性を増大させている）を問題にするとき、私たちは、歴史叙述上のカオスと、ヒトが関係のなかで進行させるカオス状態の双方に直面せざるを得ない。まず、私たちは、このシリーズの主旨にそって、双方のカオス状態のなかで、叙述を進めるために、方法上の試案を提出した。

二　複雑性のなかの方法

男女共生原理

相接する存在は、生物体では、自己を変え、相手を変える力を持っている。昆虫などの擬態は、必—

ずしも、外敵から自己を守ろうとして獲得した形質だけで、説明できるものではないであろう。男女が相接するとき、それぞれ自己の領域に、相手を引き込もうとずる熱意を持って共生の場を増大させてきた。縄文期採取・漁労・狩猟などの活動が、はじめから、男女の役割分担であったと見るのは、現代の視角に犯された想像のなせる業である。共生の視角で見るならば、縄文の「生死観」と「生命愛」は、土偶土器にも読みとることができる**(西宮紘論文)**。さらに、万葉集の時代に入ると、男女はそれぞれの場の違いに、哀しみを持ってはいたが、積極性もあった。妻問い期に「朝川を渡る」夫問い(当時は男女いずれも相手をつまと言った)の歌もあった**(河野裕子論文)**。また、男女は愛の形代《かたしろ》として相手の衣を着た**(重久幸子論文)**。しかし、事態は安定するわけはなく、「対称と非対称」の視点から見れば、共生原理も、乱れ騒ぐ相と相対的に安定する相を示す**(山口康子論文)**。

▨対称と非対称▨

ヒメヒコ制は対称性の原理のもとに成り立っている。自然霊との交霊を(遊離魂であれ憑依霊であれ)祭祀権のもとに集約したのがヒメであり、軍事権・生産権・行政権を握っていたのがヒコならば、対称性はなり立つ。しかし、ヒメとヒコが、権力のバランスを欠いたとき、ヒメを擬制するヒコもあらわれ、ヒコに介入するヒメも出て、心優しきものは、つねに強く荒びたものにからみつかれる。文明の進展は、この非対称性によって、可能であったと思える程の相を呈するときがある**(能澤壽彦論文、奥田暁子論文)**。

▨エンドとエキソ▨

農耕であれ、冶金であれ、人は罪責（自然霊に対する）の意識と、産出力讃美の意識の両義性のなかにゆれている。罪責の意識はまず内へむかう（エンド）。律令によって定められた盗・殺・姦などの悪行におよぶものではなく、地を掘り、鉱物を取り出し、地表を掻き起し、植物を栽培し、動物を養って屠殺するなどの生産行為すべてが、自然霊に対して許しを乞わねばならなかった。そのために、人びとは犠牲を捧げ、自らも精進した。しかし、内へむかう心と行為の凝集度は低く、やがて人は、居ながらにして、罪責の担い手を外へ（エキソ）に求める。自然が利用し支配し征服するだけの対象になるのは、近代以後のことであるが、それ以前でも階層分化のなかで、最下位においた人、あるいは女性を罪責の担い手にする。ここで女の血は、はじめに、生命力であったものから、穢れに転化し、さらに進んで女そのものが穢れの担い手となって、共同の妄信となる（**石井出かず子論文**）。

▨リゾーム（根茎）▨

高群逸枝は、母系から父系への過渡期の現象を「多祖現象」のなかに見た。過渡期というからには、婚制のなかで日本では、母系制に先行されていることになる。これは、歴史を一方向時間軸で見た場合の認識方法であるが、一筋縄でいかないのが日本の婚姻形態である。およそ三万年まえから、日本列島には、定住組と移住組とが形成され、渡来人のルートも北方系・南方系・大陸系・大洋系をはじめとして、すくなくとも七方向を考えておかねばならぬ。さらにこの七方向もまた、それぞれにいっそう遠方より渡来した群団との混成群団となって、文化・習俗を混成させていた。八世紀までにはシルクロード経由の文物・文化も新しく流入している。流入だけにとどまらず、日本列島から出かけていって、混成集団を作って、帰って来たものもいる。

両義性
エンド
エキソ
高群逸枝
一方向時間軸

となれば相当に多様であって、漠然としていたものと見なければならない。とても、母系から父系へと一方向時間軸は成りたたず、せいぜい、「いまだ父系制定着せず」というしかないところである。これは『正倉院文書』の戸籍を分析してみることによっても浮かびあがってくる（**野村知子・河野信子論文**）。高群逸枝は、六年毎に行なわれる戸籍調査に、大宝律令から年数が経過すればする程、「もとの形」にゆれもどす点に注目した。しかし、時間の流れは空間に合成場を持っている。その合成場で断面を描けば、双方社会が浮かびあがってくる（**山下悦子論文**）。双方社会の複雑性は、因果律を自己の内部だけに求めることもできず、他からの作用因だけに求めることもできず、自他の相互作用にだけ閉ざすこともできぬところにある。これが歴史叙述の難関となる。この難関がまた微妙でもあり、ダイナミックでもある。そこに本篇の多くの論文も参集しているといってもいい過ぎではない。

幻想界でさえも、神話・祭祀に変成される過程ですでに遊離魂と憑依霊の観念が定着してくる。この出かけて行くものと、訪れるものを待ちつづける心性は、人間界に正負両面の作用をもって、女たちも男たちも、自己の創造態でしかないものに、振り舞わされたり、呪われたりもする（**能澤壽彦論文**、**松岡悦子論文**）。

この遊離魂と憑依霊によって、人が、集団を改変していく場は、原始・古代よりも、中世といわれた後の時系列のなかで、より視覚・聴覚をはじめとする五感にひびくものとなって、形を得るであろう。

幻想界との濃密な関連を抜きにしては、原始・古代を考えることはできないが、ふたたび高群逸枝の生命体の本源的適応力（**山口康子論文**）を探るための、初期性へのこだわりを示した婚制と族制に視点を定めて、関連する範疇をたぐりはじめると、人はつぎつぎに派生する範疇をめぐらねばならなくなる。たとえばつぎのように。

婚制——婚姻交換（女性あるいは男性の流通）——親族社会——親和制——インセスト・タブー——外婚の強制——共同性——自己と他者——誇示的消費——象徴的消費——生活世界——権力に服従する主体——儀礼的実践——詩的想像力——死の欲動——転移と逆転移——暴力——攻撃性——自律性——集合的無意識——非在の現前——同意——正当化——物神性——疎外——野生の存在——共同主観性——共同幻想——相互浸透性——身体性——非連続性——平衡状態——言表行為——贈与交換（ポトラッチ）——社会的役割の形成——異化（以下略）。

高群逸枝の『招婿婚の研究』から、婚制を出発点として、からみ合う範疇を作ってみると、すくなくとも、これだけの作用系は浮かび出てくる。本篇でも、これらの作用系が、リゾーム状態になる面も存在のリゾームとともに考えておきたいことであった。しかし、本篇で、これらすべてに言及できたわけではない。

▨周辺諸科学の捲き込み▨

歴史の再考にとって、いますぐにでも必要なものは、文献史料に、書きこまれたことだけではなく、考古学と言語学からの思考が必要である。これは高群逸枝の方法を超えてやらねばならぬことである（西宮紘論文、遠藤織枝論文）。

考古学ではすでに、石器をめぐる地質学からの参与（たとえば、遺構から出土した黒曜石素材による生産材、武器、祭祀用品などの、産出地域の類別による、流通域の特定などもそのひとつである）、分子生物学からの参与（墳墓から出土した人骨のＤＮＡ鑑定によって、血縁関係の在・非在の判定など）、発見された文献の紙質鑑定をめぐる物理学的方法による年代特定法などは、進んでいる。

それぞれの分野からの判定は、歴史学にたいして必ずしも解答をもたらすものではない。しかし、ひとつの判定は、よりいっそう再考の時空を拡げつづけるだけではなく、再考にむけての範疇を再編成させるものである。

いっぽう「物が語る」だけではなく、進化をめぐって、人類の記憶を引き出さねばならぬときもある。婚制・族制にとっても、動物生態学は無視できぬものである。

河合雅雄の諸著書（動物生態学・人類学にわたるものが多い。集約された解説をNHK人間大学『サルからヒトへの進化』一九九五年一—三月で語られた。生態学の論文ではないので、この序文ではこの折のテキストを参照することにする）には、サル社会のオイキア（種社会を構成する社会的単位——二百種いるから二百種の種社会があるとされる）が示されている。この分類は、（1）単独社会（シングル型）（2）ペア型社会（一夫一妻型）（3）単雄群社会（一夫多妻型）（4）複雄群社会（乱婚型）（5）重層社会（6）単雌複雄（一妻多夫型）社会となる。問題なのはヒト社会が立ちあがってきたとき、（1）から（6）までのどの型（『源氏物語』『今昔物語』には、精神性を複合させてはあるが、六種類とも登場している）が脱ぎ棄てられる必然性を持っているかにある。

サル社会もまた系譜観念があるかどうかは別として、家系が発生する。オイキアから雄が離脱する母系社会ばかりではなく、雌が離脱する父系社会もある。また雄も雌も離脱する双系社会がある。こうなると、事はしだいに複雑性を増して行って、重層社会の多様性を示す。

ヒト社会の場合、この六種に分類された型のいずれを継承しているかを、完璧に証明できないわけであるから、この六種を時系列の順位のもとに並べるわけにはいかない。サル社会もまた、この六種

母系社会
父系社会
双系社会
重層社会

のそれぞれから、面白い行動様式を派生させ、この複合性をヒト社会の類推に使わないとすれば、人間の精神性の作用が、なにがしかの単純化を可能（婚制から派生した範疇から、構築してみてもわかることだが）にしたとするしかない。

いっぽう言語から文字へ、文字から言語への相互変成の過程については、遠藤織枝論文も指摘するように、考古学的方法・文化人類学的方法に加えて、物理学的方法・生物学的方法なども必要になってくるであろう。日本の場合、すでに平田篤胤《あつたね》によって『神字日文伝《かむなひふみのつたえ》』（一八一九年著、『新修 平田篤胤全集』同刊行会編、名著出版、一九七八年第一五巻参照）も書かれ、相つぐ碑文の研究などによって、漢字到来以前の文字についての何種類かの仮説もある。立論の基礎が固いものになるときがくれば、よりいっそう文字文化内部の相互作用の展望も可能になるであろう。

本篇は、縄文期から律令期までの一万年前後（紀元前一万年頃から紀元後八百年あたりまで）を視座に据えている。この間縄文期・弥生期・古墳期・律令期……と変転していったと、日本歴史学は一応落着けてはいるが、文化史的範疇から行政史的範疇へと歴史学の時代区分が変転した底を流れるもののなかで起こった特異点の構図には、ただ、史料の存在状況の貧困によるだけでなく、観念領域が根を張っているはずである。

原始・古代にかかわるかぎり、人は特異点の構造にかかわる難関に出会いつづけるものである。

本篇の論文では、それぞれの執筆者が、この難関に果敢に立ち向かっている。しかし、完成度について現段階ではかることはできない。したがって、〈日本女性史再考〉のこれは始まりであって、到達点ではない。今回の執筆を初発のエネルギーとして、執筆者たちは、今後も残された問題点を担いつづけて行くであろう。多くの執筆者が、「残された問題点」を、本文とは別項に書きとどめたのはそのためである。

また本篇では、女たちの生活史について、多くの項目を削らざるを得なかった。この点に関しては、女性史は、東京大学出版会の『日本女性史』（女性史総合研究会編、一九八二年）『日本女性生活史』（女性史総合研究会編、一九九〇年）に発表された研究の領域との相互補足の場にある。女と男の〈関係史〉を書きつづける作業は、女たち男たちの多数の参加によって、分野を拡げつづけるとともに、内容を濃くする必要があるであろう。原始・古代に関しては、現代もなお、史料は探られ再検討され続けているわけだから。

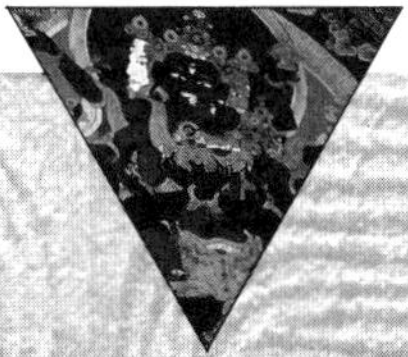

I

ほとばしる観念と手《て》業《わざ》

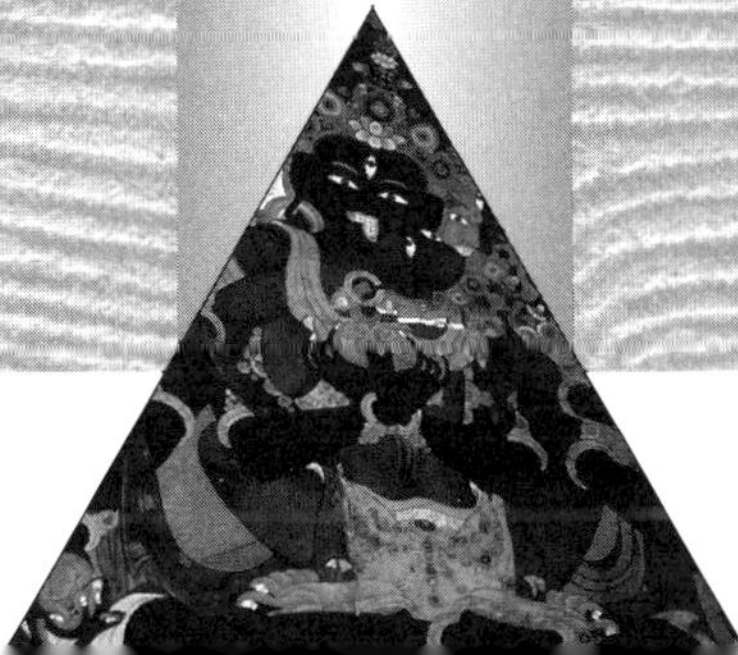

第Ⅰ部は、方法としてのクレオド（chreods）（進化がなされるとき、ひとつの型が固定されていき、発生の流れができる）に関わる試みによってなされたものである。共同の幻想が、共同の観念となり、それがモノ（物・者からものの怪に至る、すくなくとも六種――物体・法則性・意識対象・ものの怪・かくれたもの・存在一般――の存在と意識を対象としている）に凝集しさらにコトとしての時間性をもったラインに成長していく過程を、史料を透《す》かして見ることによって自己の仮説性を検証する試みである。

「縄文のシンボリズムと女たち」（西宮紘論文）では、紀元（グレゴリオ暦）前一万年あたりから紀元前三世紀あたりまでの土偶を中心として検証する。しかし、執筆者も危惧するように、この時空は、考古学的リサーチの先端が、とどいたとはいえない領域である。

この不便さを超えながら、縄文土偶の霊格を探り、女たちの造形志向を読みとる。

部分が示すサインから、全体を考察し、男性中心の社会ならば、存在するはずがない、サインを摘出する。

ここには、「死と再生」「光と闇」にかかわる原始の意識と、女と男が、中心原理を交換しあう、共生の原理もふくまれている。

「ヒメの力――古代の鉄と女」（石井出かず子論文）では、この国に、鉄の生産がはじまったのは六世紀頃からである。当然のこととして渡来の人びとの参入を必要とした。

金属文化には、王権成立の物語と、稲作技術の進展をふくむとともに、製鉄集団のなかに醸成された神話もある。

この三層の複合態としての鉄の産出である。コノハナサクヤ姫の火中出産も、イワナガヒメとの対なる関連も、〈たたら〉に発する、観念世界である。

「女神の時空へ――幻想の初期性」（河野信子論文）は「幕間」として書かれた。古代国家形成期に、観念界の充塡こそ諸部族の集参をとりつける一要素とした王権が、それぞれの部族の観念界とも渉り合いながら、創出した「女神像」に関わるひとつの仮説である。実像への言及は、II部の能澤論文と奥田論文においてなされる。

1 縄文のシンボリズムと女たち

西宮　紘

はじめに

縄文時代の人々が一体何を考えどのように行動していたか、ということに関しては現在のところあまりよくわかっていない。豊富な考古学的遺物は何かを語ってくれているはずであるが、ともすればそれらを見聞きする側の社会通念や固定観念が邪魔してなかなか聞き取れないのが現状である。また、さまざまな学的リサーチの先端も縄文時代にとどいているという確証は必ずしもない。しかし、土偶や土器に示されている形態や文様のある種の斉一性のなかに、独特な縄文時代のシンボリズムが存在したことは感じられる。そこには生き生きとした縄文の精神活動の跡が示されているはずだ。

この縄文のシンボリズムを解明する手だてとして、ヨーロッパの旧・新石器時代を通じて明らかにされてきた「パルス・プロ・トト（部分は全体）」という考え方を適用してみるのも一つのやり方であろう。その場合、縄文人が「パルス（部分）」としてどのようなサインを用いたかが問題となる。サインには抽象的なものもあろうし、具象的なもの（部分や全体も含めて）もあったに違いない。そういうもののキマイラ（一見無関係なものの直接的連結）としての全体が、縄文のシンボリズムを現象していたとひとまずは考えられる。つまり、「パルス・プロ・トト」をこのように解釈して利用してみるつもりである。ここでは土偶を中心に主要な遺構や土器等における縄文のシンボリズムの仮説的リサーチと、それを通して見えてくる縄文の女性像をデッサンしてみたい。

一　土偶のシンボリズムと女性像

前期の石偶と晩期の岩偶が意味するもの

秋田県鹿角《かづの》郡大谷地遺跡出土の縄文前期の石偶（図1―1）は不思議な形をしている。頭部はあいまいで、左右に長く垂らす髪でそれと知られ、胸とおぼしきあたりに手か乳房のようなデザインがあり、下半身にいくにしたがってゆるやかに棒状となり、下部の先端は一段小さく膨らんで丸くなっている。全体としては女性像と見るべきだが、逆さに見ると棒状の下半身は男性器を彷彿とさせる。つまり、この石偶は本質は女性だが、男性器のイメージももっている。これは明らかに女性原理と男性原理[*1]とを一体化したもので、しかも本体は女性であることを示唆している。この女性像はまさにある

パルス・プロ・トト

キマイラ

女性原理

男性原理

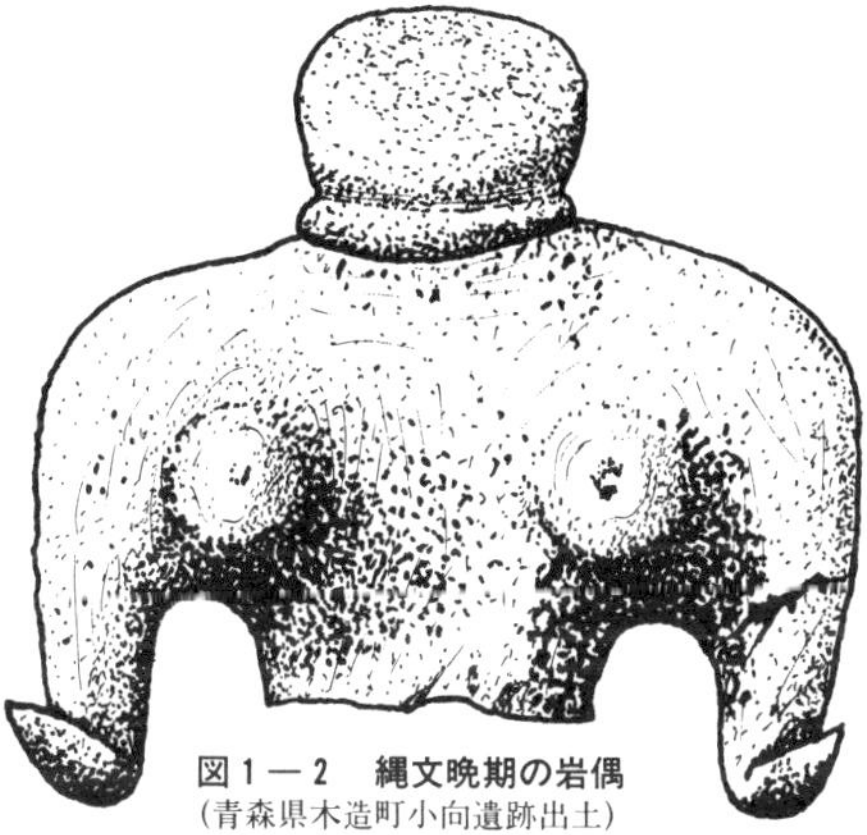

図１—２　縄文晩期の岩偶
(青森県木造町小向遺跡出土)

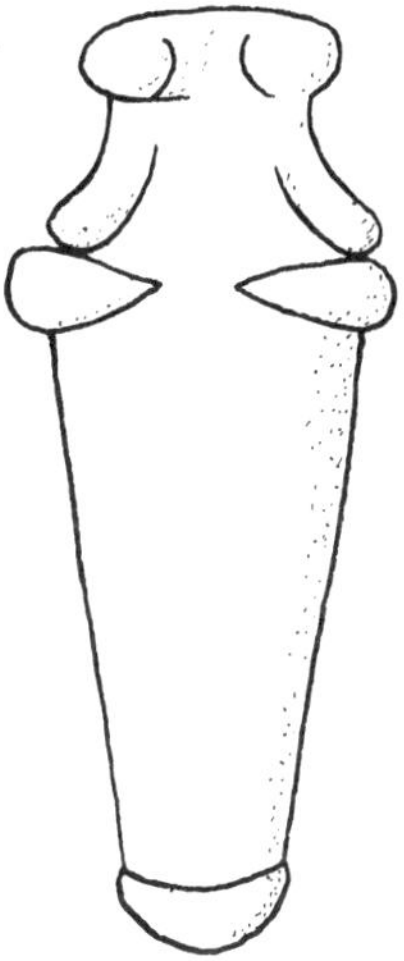

図１—１　縄文前期の石偶
(秋田県鹿角郡大谷地遺跡出土)

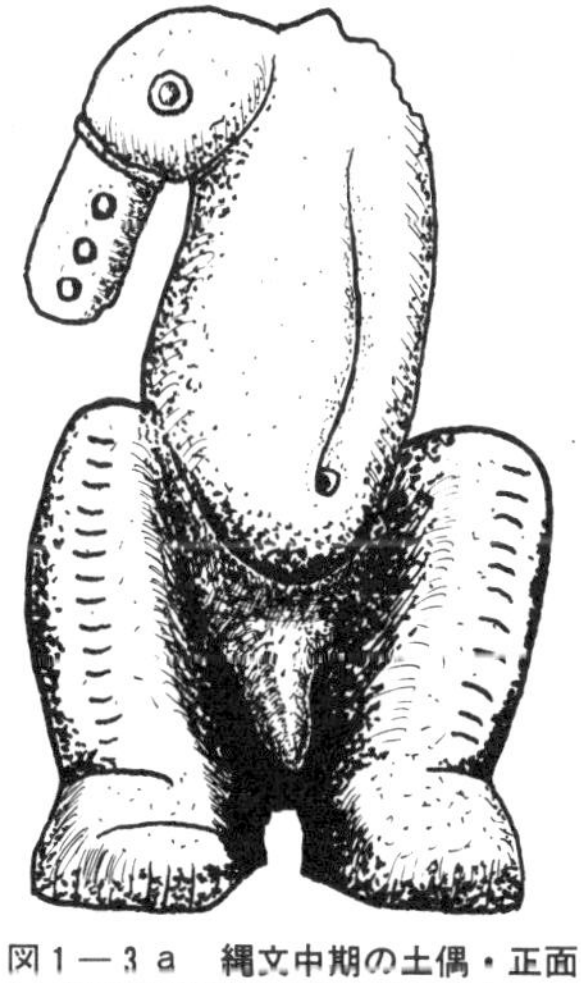

図１—３ａ　縄文中期の土偶・正面
(山梨県釈迦堂遺跡塚越Ａ地区出土)

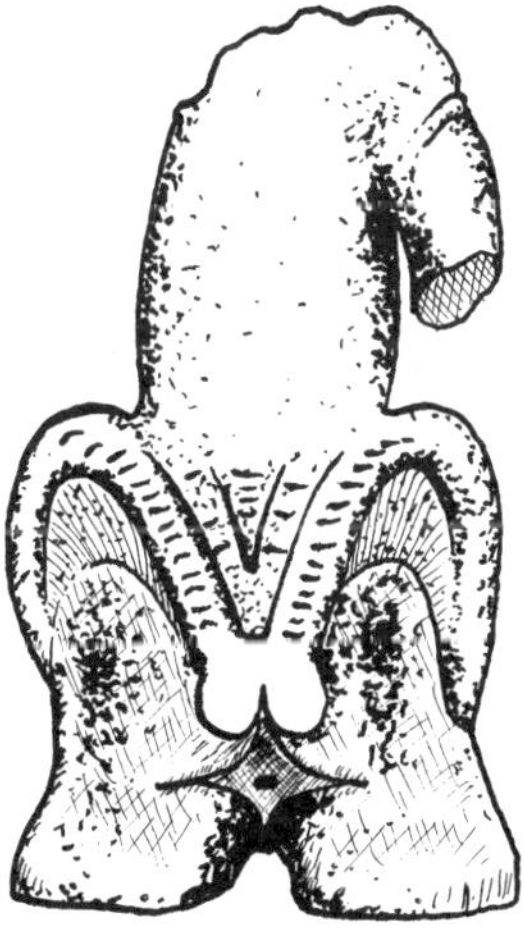

図１—３ｂ　同背面

種の両性具有的霊格[*2]をシンボライズしているのではないか。

一方、大谷地遺跡からあまり遠くない青森県木造町小向《こむかい》遺跡出土の縄文晩期の岩偶（図1―2）の場合、下半身は欠いているが、頭部そのものが男性器のイメージをもち、胸には立派な乳房がある。つまり、大谷地遺跡の前期の石偶とは逆に男性原理が頭部にあって女性原理が下部にあることになる。しかも本体はどちらも女性なのだ。前期と晩期とでは三千年以上の時間差があるのだが、この二つの女性像はその間に起こった変化を象徴していると言えるだろう。共に本体は女性なのだが、前期には女性原理が優位であったものが、晩期には男性優位の兆候を示していることになるからだ。以上の事実は、およそ縄文時代が女性中心の時代であって、女性優位の段階から男性の地位がしだいに上昇してきたという時代的変遷を表明していると読み取ることが可能である。しかも、この二つの女性像は両性具有であることも表明している。

両性具有と半陰陽

両性具有といってもいわゆる半陰陽のことではない。十世紀に成立した『和名抄』に半陰陽とは「半月」のことで俗に「はにわり」とも言うとある。「半月」とは「半月不能男」という仏教経典（『十誦律』等）における思想性からきたもので、本来、「はにわり」と「半月」とは別のものであったのではないか。「はにわり」はむしろ高麗楽曲「埴破《はにわり》」と密接な関係にあったと考えられる。この古い舞を行う際には五つの埴玉《はにだま》を身体に付けて割るらしいのだが、そういう行為は実に超古代的土偶破損のイメージを残している。そしてその土偶がかつて両性具有と考えられていたことの残照が仏教の半月（半陰陽）と結びつくゆえんであったのではないか。しかも、埴玉にはガマノホ（止血剤）を入れると

両性具有

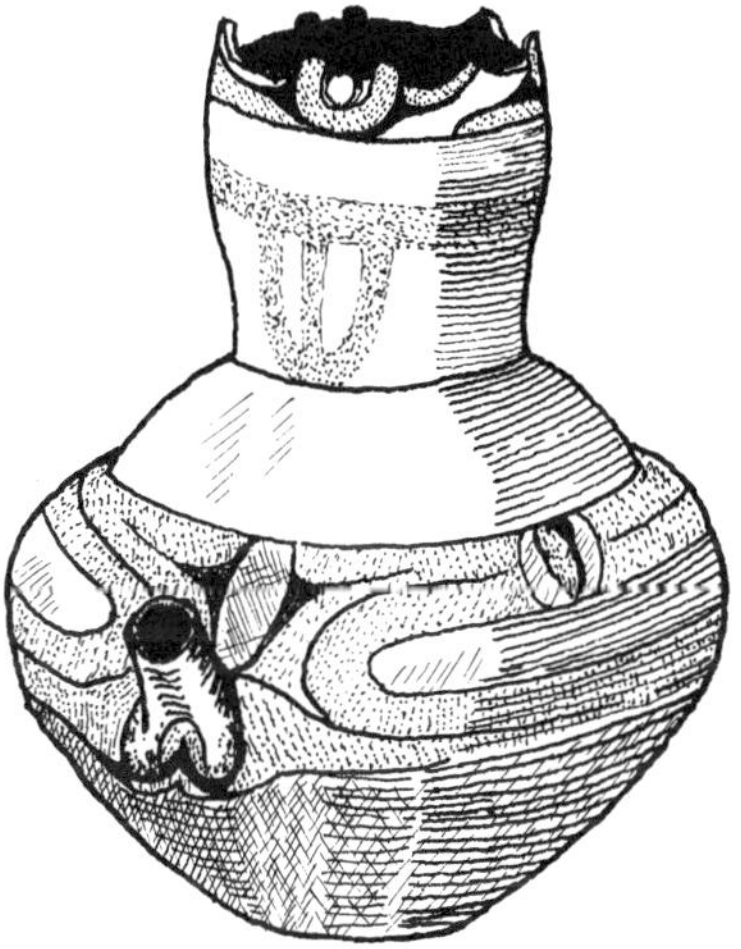

図１―４　縄文晩期の注口土器
注ぎ口が男性器を写す（青森市玉清水遺跡出土）

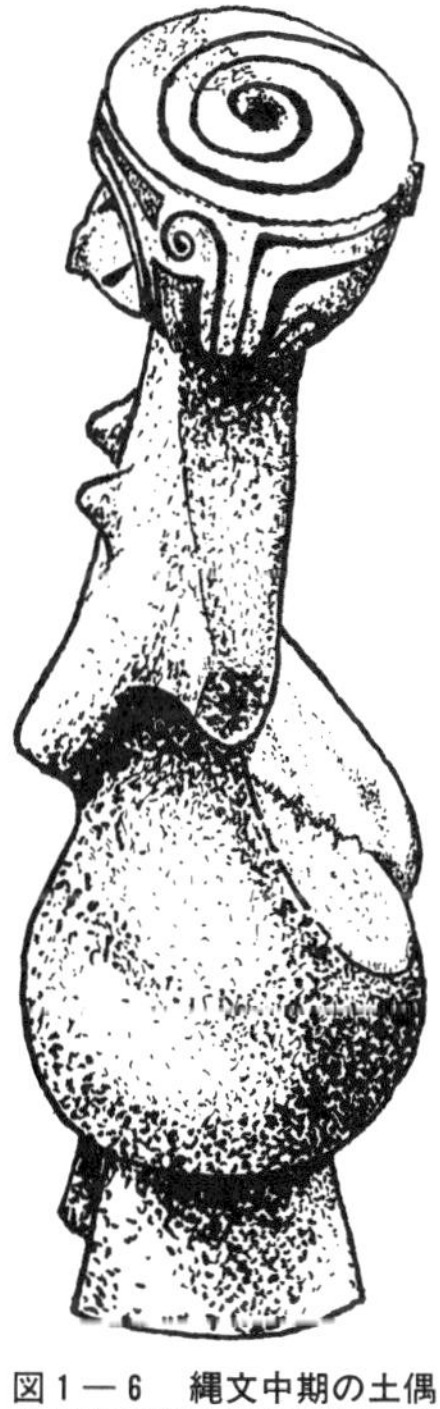

図１―６　縄文中期の土偶
（長野県茅野市棚畑遺跡出土）

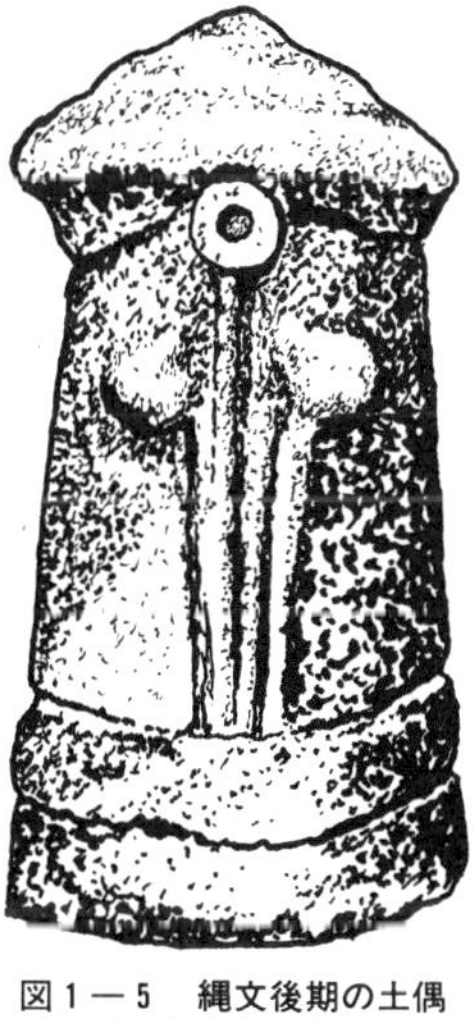

図１―５　縄文後期の土偶
（埼玉県飯能市中橋場遺跡出土）

いう説もあるから、逆推して縄文の土偶は呪術的医療に用いられたと推定することができる。おそらく「埴破」という曲は日本の超古代的な思想に基づいて作られたものに相違ない。要するに、縄文の両性具有とは女性原理と男性原理を兼ね備えていることであり、生物学的半陰陽のことではないことを強調しておこう。なお、両性具有の女性原理を指示しうる言葉としては「カヒ」(貝、容れ物)を、男性原理の場合は「カビ」(植物の芽、棱《ひ》)を挙げることができる。

▓釈迦堂の特異な土偶▓

山梨県釈迦堂遺跡塚越A地区から出土した縄文中期の土偶のなかに非常に特異なものが一点(図1―3a・b)ある。お腹の膨れた典型的な妊娠土偶でしかも出産時の様子を造形したものとされ、出産土偶あるいは誕生土偶とも言われている。確かにお腹の下から赤ん坊らしき棒状のものが突き出している。土偶の頭部や左腕、右腕の一部を欠いているが、右腕の付け根のところには立派な乳房が残っている。しかし、下腹部の棒状のものをよく見ると、それは赤ん坊というよりは、まさにこの女性の下腹部から突き出た陰茎と言ったほうがあたるのだ。一方、この土偶を下から見ると、小さな穴が開いている。臀部に近いから肛門ともとれるが、一般に土偶に肛門を造形する思想性は縄文にはない。しかし女陰はしばしば造形される。仮にこの穴を女陰とすれば、この土偶はあたかも半陰陽のごとく造形されていると考えることが可能なのだ。しかもこの土偶は単なる女性のイメージではない。まるで蛇の胴体そっくりにわん曲する両脚部、また右腕には蛇の斑文を思わせる円文が連なって印されている。明らかに一種の霊格としてのイメージがある。

ところで、この土偶の下腹部に突き出た棒状のものには男性特有の陰嚢がない。だからこれは陰茎

霊格

ではないという反論が出そうである。しかし、男性器を模した石棒の場合もそうであるが、一般に縄文時代の男性の象徴は、後期後半以降を除くと陰嚢を陰茎とともに造形するという傾向はないのである。陰茎のみの形象性をもって男性原理のシンボルとしたのである。こうした傾向は、男性のシンボルの造形が男性の目から見たシンボル化ではなく、女性の目から見たシンボル化が主導的であったことを示唆している。女性の主要な関心は陰嚢ではなく陰茎にあったのだ。縄文の社会が男性中心ならばこういうことにはならなかったであろう。陰嚢が造形として現れてくるのは、たとえば青森市玉清《たまし》水《みず》遺跡出土の晩期の注口土器（図1―4）のように、ずっと時代がくだって男性の地位が上昇してからなのである。また、埼玉県飯能市中橋場《なかはしば》遺跡出土の後期の土偶（図1―5）の場合は、乳房をもった女性の身体全体がそのまま男性器になっているが、陰嚢は示されていない。これも両性具有的形象である。

女性の造形志向

さらに右の釈迦堂の土偶の場合、臀部はきわめて小さく造形されている。一般に土偶の臀部は平たく尻下がりに造形されており、当時の女たちが尻下がりの体形をしていたことを示しているが、とにかく豊かな臀部というにはほど遠いものが多く、最も豊満さが強調されている長野県茅野市棚畑遺跡出土の中期の土偶（図1―6）でさえも背中から臀部にかけては平たく尻下がりである。釈迦堂の場合は極端であるが、こうした造形傾向は明らかに男性の目から見られたものではなく、女性の造形志向が主導的であることを示している。しかも、土偶のなかには女性器がなかったり、お腹の膨れていないものもあり、土偶というものが性的志向や豊饒性とはおよそ無関係な、まったく別の意識によって造形されていることが読み取れるのである。そのうえ、時期的地域的造形の相同性は土偶というものが一定の少数の者あるいは同一人物によって製作されたことを示唆している。

土偶のシンボリズム

土偶自体はかなり個性的であって、それは当時の女たちを写したからに違いなく、また、正中線や渦巻などの文様、妊娠の徴候、時には豊満であったりそうでなかったりすることは、その使用時における破損という事実とともに、土偶に示されているシンボル性と現実の女性の写しということと使用法とをいったん分けて考えねばならないことを指示している。しかも土偶の本体が女性であるということが、これらシンボル性・写し・使用法というものを女性原理によって統一していることを示唆している。

シンボル性をはっきり示しているのは土偶に刻みこまれている文様や誇張された体形である。しかし何のシンボルであろうか。端的に言えば大地母のシンボルである。大地母とは、いわゆる単為生殖を行なう聖なる母的存在であって、まさに大地そのものの両性具有的霊格と言えよう。この世のあらゆる生命はこの大地母が生み出すものであった。生き物は死して大地母の胎に帰り、またそこから再生するのである。サインとしての渦巻や円は大地母の霊力をシンボライズしており、さらに、大地母の身体性をシンボライズしているのが三叉文[*3]である（図1―7）。だから渦巻や円と三叉文との組み合わせは縄文時代前期末ごろに成立して以降晩期まで変わることなく普遍的である。これらのサインは土偶のみならず、他の土器、石棒、腰飾り等にも盛んに用いられている。

特に注目すべきは、正中線などの直線文様である。正中線は臍から立ち上がり乳房の間で消える場合が多いが、刻線や隆線で示され、時には臍の下から下腹部にまで達する。女性が妊娠するとこれに近い線が現れるが、縄文の女たちは、この線こそ自分たちが大地母の性格を分有することの証拠であ

大地母

三叉文

直線文様

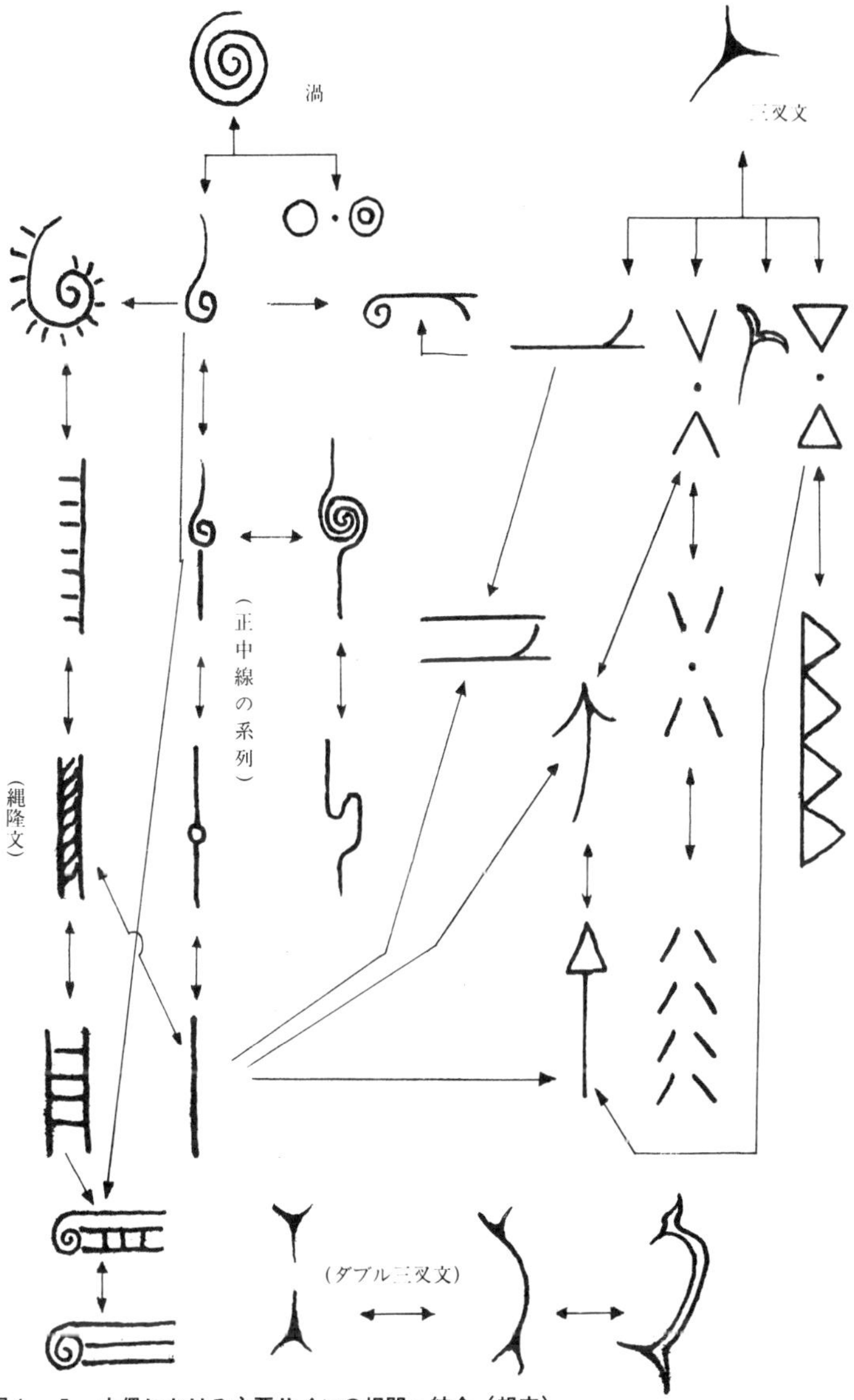

図1―7　土偶における主要サインの相関・結合（想定）

ると感じていたに違いない。つまり、大地母のサインとして認識されていたのである。しかし、このサインは大地母のどういう性格をシンボライズしているのか。それを示唆しているのは記紀神話にでてくるワクムスヒである。ワクムスヒという女神は焼畑の生産力そのものの神格であるが、その臍からは五穀が生じたとされる。このことは正中線が植物霊をシンボライズしており、ひいては男性原理をシンボライズしていることを示している。正中線が時には下腹部に達しているのは陰核という女性における男性原理のシンボルとの関係を示しているのである。要するに、正中線は大地母の男性原理としての側面をシンボライズしているのである。これが単なる妊娠女性の身体的特徴にとどまらないのは、それが時には隆線によって示されていることからも窺われる。また今、陰核にふれたが、この陰核を女性がもつということは、女性が男性と違って大地母の両性具有性を分有していることの証拠として縄文人が考えていたことを予測せしめる。女性は大地母のひな型であったのだ。縄文思想の根幹をなすものであったに違いない。

男性原理は女性原理における創造力を刺激し活性化する賦活性に本質があって、創造力を活性化した後は枯渇するという性格をもつ。再生して繁茂し枯渇するというのは植物に特徴的であって、したがって男性原理は植物の芽生えの形でシンボライズされる場合が多い。男性原理については、カエルの卵が精子の代わりに針でつついても活性化して成体に成長しうることを想い起こせば充分であろう。要するに、正中線によって代表されるサインとしての直線などは、渦巻や三叉文などと組み合わさって大地母をシンボライズしており、土偶の文様の基本をなしているのである。

土偶に写された女たち

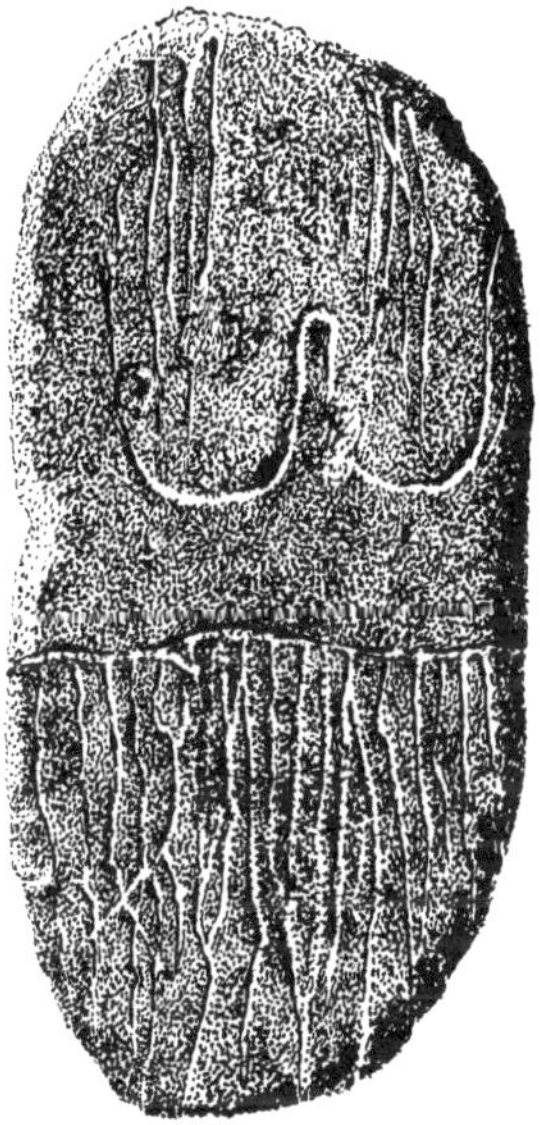

図１―８　縄文草創期の岩版
（愛媛県上黒岩遺跡出土）

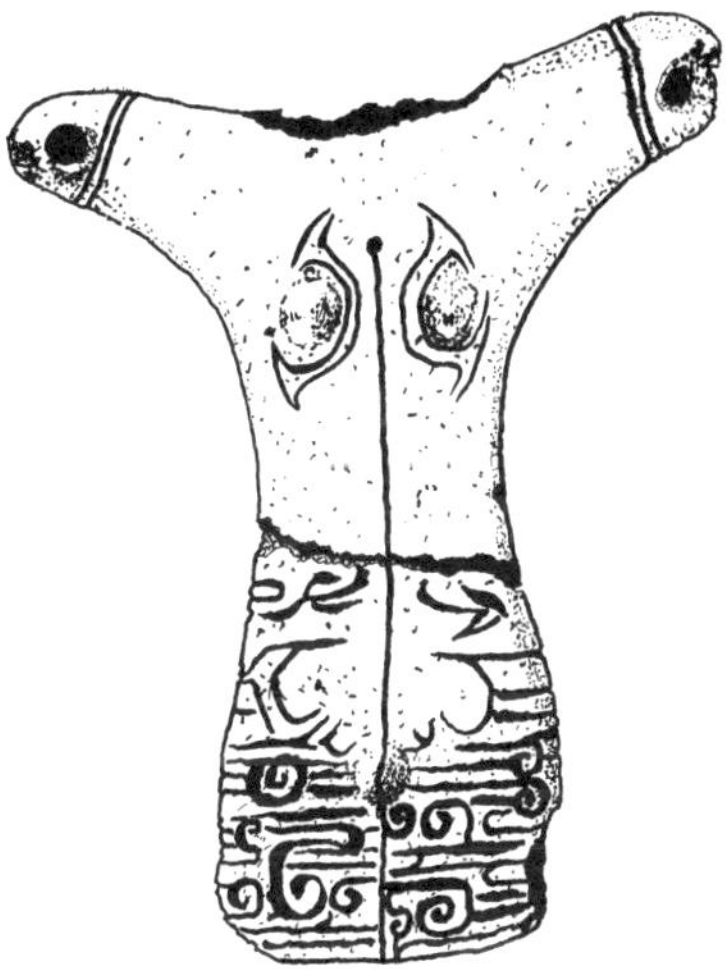

図１―９　縄文中期の土偶
文様は刻線（新潟県栃倉遺跡出土）

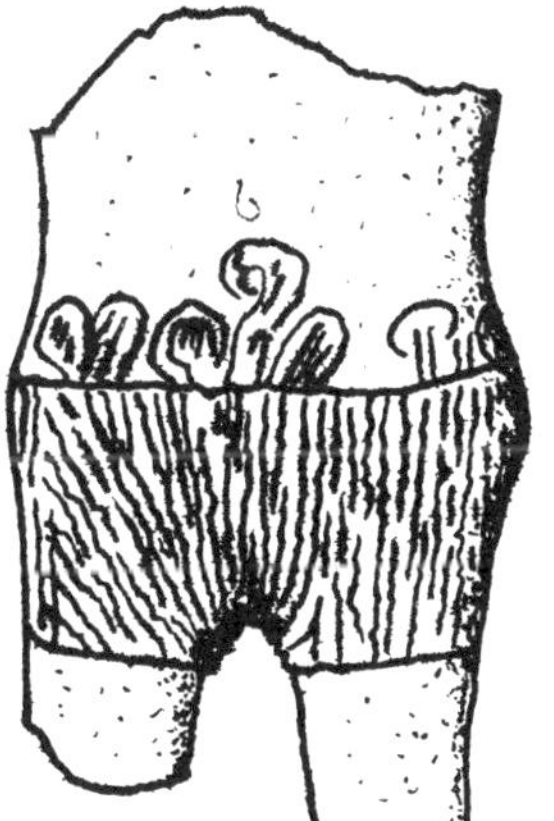

図１―10　パンツの縁飾り。縄文中期の土偶
（山梨県金生遺跡出土）

土偶は一方では現実の縄文の女たちを写している。どういう女性かと言えばまさに母親を写している。これは土偶の使用法とも密接な関係にあるのだが、本体は母親であって、それにその母親から生まれた女あるいは男の容貌や身なりが加味されている。だからなかには男性のような風貌のものもある。縄文草創期・早期のころは女性は長い髪を乳房あたりまで垂らし、上半身は裸で、下半身には腰蓑状のものをまとっていたことが愛媛県上黒岩遺跡出土の岩版の図像（図1―8）から知られる。中期ごろになると、たとえば新潟県栃倉《とちくら》遺跡出土の土偶（図1―9）からわかるように腰下までとどく長い筒袖のコート状の上着をきて、下にはパンツ状のものをはいていたであろう。上着は一枝でつながったダブル三叉文から発展した文様（図1―7）や渦巻・平行線などの複合するアイヌのアッシ文様に似た大地母のサイン（図1―7）がデザインされている。山梨県金生《きんせい》遺跡出土の後期の土偶（図1―10）の場合、パンツの上縁に呪草を模したような縁飾りをもったものもある。

体や顔面には入墨がなされた。体の場合は衣服の文様の場合もあろうが、顔面には明らかに入墨あるいは描かれた文様の形跡がある。特に口まわり、眉の上、頬にはダブル・ハ（片仮名の「ハ」字を二重に重ねた形の文様）や渦巻などの文様（図1―11a・b）がある。後期の山形土偶（図1―12）の腰まわりには連続する三角文が一巡しており、これは大地母の霊力を分有する火の精霊を表し、守護霊としての火のシンボルであり、同時に火は生命のシンボルでもあるから母胎に生命が宿ることをもシンボライズしている。山形の髪型は蛇頭すなわち男性原理のシンボルで、現実の女の髪型を反映しているのであろう。多くの土偶の体側腰部には特に渦巻を中心としたサインが与えられ、大地母の創造力をシンボライズしている。腿や手足にも大地母のさまざまな属性を表すサインが地域差を伴って与えられたであろうが、後期は寒さのせいか、腕や脚部に布あるいは毛皮のようなものを巻いている例

図１—11ａ　中期の土偶の頭部
両頰にダブル・ハの入墨
（山梨県釈迦堂遺跡出土）

図１—11ｂ　中期の土偶の頭部
両頰に渦巻の入墨
（山梨県釈迦堂遺跡出土）

図１—12　縄文後期の山形土偶
（福島県福島市上岡遺跡出土）

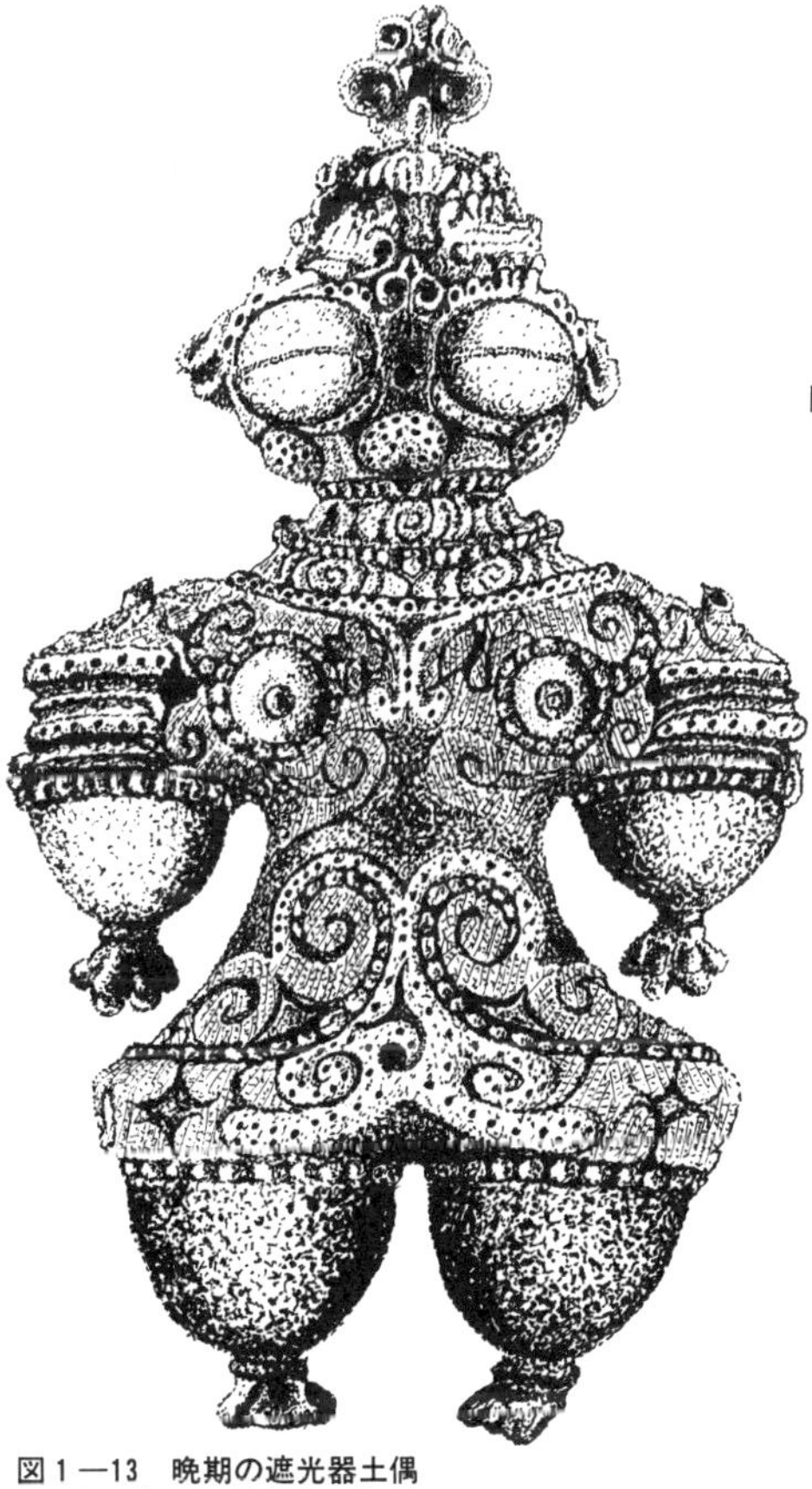

図１—13　晩期の遮光器土偶
（宮城県田尻町恵比寿田出土）

もある。晩期の遮光器土偶（図1―13）は、豪華なコートの存在したことが示唆されている。遮光器土偶の臍からは三叉文が双葉の植物となって渦を巻くように生え出ている。

髪型は、中期初頭ごろはオカッパの例が見られ、中ごろには奈良時代の樹下美人図のような豊かな髪型を結い、その基本は渦巻であった。後期になると先に例に出した山形など地域によってさまざまな髪型があり、晩期には遮光器土偶に見られるように冠状のものを被っていた可能性もある。

土偶の体形としては、両足を広げて自然体で立っている姿態が多い。これは当時の女たちが下半身に対する不安感をまったくもっていなかったことを暗示しており、また行動的であったことを示している。あるいは仁王立ちになって手の平を大地に向けているのは、女たちが大地母の庇護下に安定した立場にあることを意味していよう。だいたい胴長で脚が短く、尻下がりの体形が多い。あるいは、しゃがんで左肘を左膝に載せて腕を組み、長老会議での会議中の様子でも示すかのような前述の山形土偶もある。なかには、横坐りして乳飲み子をしっかりと抱きかかえている珍しいタイプの中期の土偶もある（東京都八王子市宮田遺跡）。この土偶は両膝に渦巻のサインがある。晩期の最後の土偶といわれる容器型土偶は、長いスカート状のものを身につけており、女たちの行動が制限され、下半身を時には乳房さえも隠すという意識があったことを示唆している。ただしこのことは仮面・仮装の儀式とも関連していたかもしれない。

胞《え》と蛭子《ひるこ》

土偶の顔面の頬につけられるダブル・ハのサインは成女式と関係している。ダブル・ハが渦巻によって代用される例（図1―11b）があることからもわかるように、これは大地母の創造力をシンボラ

ダブル・ハ

イズしており、ひいては中部山岳地方から関東南部で中期に起る住居入口の埋甕《うめがめ》*4の風習とも密接な関係がある。住居入口の埋甕は、おそらくその竪穴住居が建設されるさいに出入口に埋められる甕であると考えられるが、その中には子を生んだ後に出る後産《あとざん》すなわち胞《え》を入れるものとされる。胞は「えな」ともいい、胎児を包んでいる肉膜や胎盤の総称であるが、『日本書紀』本文によれば、イザノギ・イザナミが国生みのさい、「先づ淡路洲《あはじしま》を以て胞とす」とあり、次に国生みをしてさらに海や川など、次いで日神《おほひるめのむち》、月神、蛭子《ひるこ》などを生む。蛭子は三歳になっても脚が立たないのでアメノイハクス船に乗せて放ち捨てる。あるいは、同一書第八では、「オノゴロ嶋を以て胞として、淡路洲を生む」ともある。また、同一書第一ではそのオノゴロ嶋に天柱を立てるとあることは注目すべきである。

日本古代の胞《え》と兄《え》とは同音〈ye〉であって、『岩波古典文学大系　日本書紀　上』[3]補注1―二九によると、オセアニアの島々では胞すなわち胎盤が生まれてくる子の兄か姉であると信じられており、生児を守護すると思われているという。特に記紀神話で蛭子が不完全な子として表現されているのは、この蛭子こそその胎盤に相当するものとしての考え方があったことを示唆している。つまり、女性は出産にあたって胎盤に相当する第一子と第二子の生児との双子を生むという思想があったと言えるのだ。胎盤と生児は臍の緒によってつながっているが、それを切り離して生児を得ることになる。胎盤の方の子は未成熟なので船に乗せて海に放つのであるが、この「放つ」という言葉が蛭子の「ヒル」という意味なのである。また海の水は生命創造環境としての羊水をシンボライズしており、海に流すこと自体が母胎に戻すことをシンボライズしている。

ここには海岸地方での胎盤処理の仕方が暗示されている。この母胎に戻すという考え方は、縄文時代の山岳地方では埋甕に後産（胎盤）を入れるという風習となって現れたと言えよう。埋甕は大地母

胎盤処理

の胎のシンボルであり、その住居の主婦のシンボルであったからだ。だから、生まれたての新生児が死ねば、その骨も同じように埋甕に葬ったのである。新生児はいまだあの世すなわち大地母の胎に属する存在であったからだ。特に住居入口の倒立埋甕の場合が新生児のそれである。胞が生児を守護するという考え方もそういうところから成立したのであろう。また、日神が「ヒルメ」という名をもつのも、本来的にヒルコすなわち胎盤との双子的性格を表明していたと言える。しかもその双子的関係は男女一対としての双子であることを示しており、その関係は弥生時代のヒメヒコ制や縄文大地母の両性具有的性格へと確実につながっている。

こうして、出産にさいして胎盤と生児の双子を生むという思想性は、ダブル・ハというサインにおける「二」という数の原理性を表していることになる。その意味でも、女性が結婚可能であることを示すサインとして用いられるのは当然であろう。ダブル・ハは成人女性のサインであったのだ。

胎盤のシンボルとしての紡錘車

『日本書紀』一書第一ではオノゴロ嶋に天柱を立てるとあったが、この記事は縄文時代のシンボリズムの一端を覗かせてくれる。山梨県釈迦堂遺跡出土の倒立埋甕の中から、いくらかの骨とともに十個の有孔円盤と三個の土製円盤が発見された。このうち有孔円盤は紡錘車であると考えられるが、この円盤こそ胎盤（円形）のシンボルに違いない。その穴に棒を通した紡錘車は天柱を立てたオノゴロ嶋＝胞に相当するからである。紡錘車によって紡がれる糸は臍の緒をシンボライズしていよう。その糸を編んでできる布あるいは衣服はこの世の身体性（後世のウツハタ）をシンボライズしている。多分、倒立埋甕に葬られたのは女性であろうが、この甕は大地母の子宮のシンボルであり、そこに胎盤のシンボルである有孔円盤を一〇人の成人女性たちが死者の再生を願って入れたものである。

■土偶は何のために用いられたのか■

縄文人にとって無意識的衝動は外からくるものと考えられていた。さまざまな意識素材のキマイラというこの世の姿をとった精霊として立ち現れるのだ。わけてもヴィジュアルな定言命令を下したのは夢であり、夢のなかに現われる精霊である。意識と無意識との隔壁は脆弱で、昼間といえども無意識は意識のなかに絶えず浸透してくる。縄文人の最大の関心事の一つは、これらさまざまな精霊との関係をどう確立するかにあっただろう。それを仲介するのがシャーマンの役割であった。いくつかの主要な精霊は共同幻視の対象であったろうし、シャーマンはそういう精霊たちの遇しかたを充分に心得ていなければならなかった。

　自分の魂を精霊にさらわれた夢を見たり、森のなかで道に迷った夢を見る縄文人は確実に身体に変調をきたし、場合によっては病に陥った。道に迷うというのも精霊の仕業であった。あるいは特別な精霊ないし死者の魂が自分に取り憑いて激しい葛藤の末に病に陥ることもあった。こういう病は薬草薬石の効き目がない。シャーマンはそういうさらわれたり道に迷った魂を取り返し、あるいは取り憑いた精霊や死者の魂を取り除かねばならなかった。それが呪術的医療である。前者のような型の病は脱魂型の病であり、後者のような型の病は憑霊型の病といえよう。土偶はまさにこうした病の治療に用いられたのである。[*5]

　土偶の後頭部には穴があるのが一般的である。それは抜け出した病人の魂を探し出し容れて持ち帰るために、あるいは病人に憑いた精霊を移し容れるためのものであった。抜け出た魂を取り返すには

共同幻視

脱魂

憑霊

その魂の元々の持ち主である病人の母親の姿を写した土偶が有効であったし、精霊を移し容れるにはその精霊を支配しうる偉大な大地母のサインが必要であったのだ。取り戻した魂は土偶から取り出して（それはまた母親が子を生むというプロセスが呪術の内容を規定していたであろうが、またそのゆえに土偶は病人の母親でなければならなかった）、病人の頭蓋の割れ目から元に戻してやり、その後で土偶は破損して捨てられる。しかし、間に合わない場合もある。その場合は、魂の入った土偶に死を意味する破損を行なって人間の埋葬と同様に再生をこめて葬送するのである。憑霊型の場合は、精霊にとっては大地母の胎である土偶の中にひき移し、あの世に送る破損という行為を経てバラバラに土に埋める。土偶の破片はできるだけ引き離して埋められる。二度とこの世の姿をとれないように、そしてそれを通じて元の病人の中に戻らないようにするためである。特に死者の魂を扱う場合は、人間の埋葬と同様の形をとらねばならなかった。そういうものが特に集落の墓域から出土する土偶である。

シャーマンと呪具

縄文時代のシャーマンはおそらく女性のシャーマンが主流であったろうが、男性のシャーマンの場合もあった。たとえば静岡県蜆塚《しじみづか》貝塚のヒスイ大珠をもつ埋葬人骨は男性であった。

女性のシャーマンの典型例は福岡県山鹿《やまが》貝塚の第二号人骨である。まことに豪華な装飾品（呪具）を持ち、肋骨がすべてきれいに抜き取られており、その上に杖状の有鉤《ゆうこう》骨角器（**図1—14**）が置かれていた。彼女は脱魂型のシャーマンであったことが肋骨を抜かれているという点から知られる。脱魂型のシャーマンは、そのイニシエーションの過程において、肉体が解体され新しい丈夫な骨や内臓に入れ替えられて再生するという特徴があり、この場合も、彼女の死がより強力なシャーマンとして再

シャーマン

イニシエーション

生するためのイニシエーションとして認識されていたことを示している。

また、彼女が男性用とされる有鉤骨角器を持っていたということは重要である。一般に、縄文のシャーマンは大地母の性格を具備していたと考えられ、女性のシャーマンならばそのイニシエーションの過程で男性原理を身につけること、男性のシャーマンならば女性原理を身につけることを課せられたと推定できるからである（具体的には男性化と女性化ということだが、男性化した女性シャーマンが他の女性と結婚するというケースもあっただろう）。だから、豪華な装飾品を身につけていたのは女性であったからではなく、彼女がまさにシャーマンであったからだと言える。

山鹿貝塚の女性シャーマンはまたヒスイ大珠を腰椎の部位に置かれていた。このヒスイ大珠は大地母の子宮のシンボルであり、その穴は産道をシンボライズしており、ヒスイという石の質が再生創造のエネルギーのシンボルであった。これは玦状《けつじょう》耳飾*6（図1―15）の性格と相同であり、玦状耳飾そのものの形態も産道と子宮をシンボライズしていた。玦状耳飾が消える中期にヒスイ大珠が出現するのもこの相同性を示唆している。ヒスイ大珠が腹部に置かれていたのは、この女性シャーマンがいったん大地母の胎に入り、より強力なシャーマンとして再生することを願う意図の現われであったのだ。彼女は縄文後期のシャーマンであるが、中期の女性シャーマンの伝統を引く存在であったと言えよう。

*1　女性原理は生命を生み出す創造力あるいは再生力さらには生命の成育力を表している。また、男性原理はそのような創造力や成育力を刺激し活性化する賦活性あるいは生長を促す生気を本質としており、特に創造力を活性化した後に枯渇する＝死ぬという性格を持つ。その遠源はひょっとすれば生命の進化初期の触媒にあるのかも知れない。

*2　この論文で使う「霊格」という言葉は、非日常性あるいは精霊としての資格を意味しており、特に後世の「神格」概念と区別する意味で用いた。

*3　大地母のサインとしての渦巻や三叉文についての考察については、拙著『縄文の地霊』〔6〕を参照されたい。なお、他のシンボル類についての筆者の考え方についても同様である。

＊4　埋甕《うめがめ》は竪穴式住居の入口に埋め込まれた甕であって、正立埋甕と倒立埋甕の二種類がある。筆者は、前者の場合は後産を、後者の場合は死んだ新生児の骨を容れたものと考えている。後者の場合は、成人女性の死者がやはり倒立埋甕に容れられて葬られることと無関係ではないと思われるからだ。

＊5　土偶の終焉はこうした呪術的医療の変質（縄文時代後・晩期における医療技術の渡来と無関係ではないであろう）がもたらしたものと考えられる。

＊6　玦状耳飾は縄文早期末葉から出現し、その形が中国の「玦《けつ》」という佩玉《おびだま》に似ているところからこの名称がつけられた。両耳に着装するが、左耳に着装する玦状耳飾の方が右耳のものより古い形式であって両者に時間差が認められる。この耳飾は、縄文時代中期にカツオ節形などの長楕円形で穴のあいたヒスイ大珠が出現すると同時に消滅する。一方で耳飾そのものとしては、耳栓《じせん》と称される滑車形のもので耳たぶの穴に嵌め込む形式のものに変化する。

二　縄文女性の優位性

■女性と住居のシンボリズム■

縄文中期に竪穴住居の入口に埋甕を施設する風習が現れたということは、この埋甕がその住居に住む主婦の子宮のシンボルであり同時に大地母の胎のシンボルでもあったから、住居そのものが女性ひいては大地母のシンボルと考えられていたことは当然予測できることである。つまり、竪穴住居は女性の空間なのだ。たとえ埋甕が施設されていなくても、住居の入口には何らかの形で、たとえば乳房とか女陰のシンボルである逆三角形など女性のシンボルが掲げられていた可能性がある。あるいは住居の外観には何か女性の創造力をシンボライズしたものが表現されていたに違いない。岐阜県白川村加須良にある合掌造りの農家の草屋根の破風部分は、あたかもイノシシの頭部を思わせる構造になっているが、縄文の竪穴住居はまさにこの多産のシンボルであるイノシシのサインを具備していたことを時代を超えて示唆している。

住居の中心は何といっても炉である。それは炉を中心としたいわゆる台所が住居の中心であったことを示している。そして炉は「ホト（火炉）」であり同時に女性の「ホト（女性器）」でもあった。火が女性器の中にあるという思想性は、火山の噴火によって示されるように大地母の胎に火があることと相同であった。女性は火の管理者であり、住居内の一切を仕切る地位を占めていた。火は生命のシンボルであり、生命を生み出す女性こそ大地母のひな型であったのだ。炉には底を割り欠いた埋甕を用いることもあったが、それは五徳のような利便性だけでなく、炉が入口の埋甕と思想的には一体であったことを示している。中期の初めごろの住居址の入口に炉や立石[*1]のある例が出土していることがそのことを証拠だてている。立石は女性の陰核のシンボルであり、大地母の男性原理のシンボルでもある。炉とともに大地母それ自身のシンボルであったと言えよう。だから、炉とそのそばに立つ立石とはその住居の主人である女性とその家族を守護する霊格でもあったのだ。基本的には住居の入口と炉のみで充分にそのシンボル性を果たしていたことであろう。

■ストーン・サークルの女性原理■

立石もそうだが、石棒なども中期末ごろになると広場に石壇（石組）が造られ多数の石棒がそれに組み込まれるようになり、石棒は特に入口とか周囲、四隅に立てて置かれるようになる。四隅に石棒を立てるのは男性原理をシンボライズしているのだが、立石や石棒が立てられるというのは、この時代の体位が女性上位主流であったことをも暗示している。中期の巨大な石棒が地上にそそり立ってい

多産のシンボル

ホト

立石

石棒

る例があるが、これは男性の優位性を示すものではなく、むしろ男性が仰向けになった姿勢を示唆しているのである。女性上位は後世においても盛んに行なわれ、たとえば法隆寺金堂の楽書にも女性上位の性交図が描かれている。

こうした女性優位をまた別の意味で示唆する遺跡として、八ヶ岳西麓の阿久遺跡の巨大なストーン・サークル（前期）を挙げることができる。中心に大小二四個の板状の安山岩と半径一メートルに囲んだ立石があり、それらを囲むように墓穴とその上に積み上げた直径二、三メートルの円形集石遺構が多数取り巻いている。このストーン・サークルは指導的女性たちの指図に基づいて男女共同で構築したものだろうが、vagina dentata（膣内歯）のモチーフが秘められている。これは男性心理における女性に対する恐怖の観念を無意識的に表明している。それに縄文人が歯というものに対して大変な関心をもっていたことは、前期以来始まって晩期に一般化する抜歯や叉状《さじょう》研歯の習俗がよく示している。この習俗は乳歯が永久歯に生え変わること、したがって成人式とも密接な関係があろう。しかも、ストーン・サークルの中心は何といっても大地母のホトに相当するのだ。そのホトに歯があることになる。これに類するシンボルとしては子安貝を挙げることができる（子安貝にも歯を連想させるギザギザがある）。ほかのタイプのストーン・サークルもそうだが、要するに円形プランは女性原理のシンボルであり、方形プランは男性原理のシンボルである。円形プランと中心の立石の場合も同様である。両方で大地母のシンボルとなっている。中期に立石が住居内に取り込まれるのもそのことを示している。また、廃屋が墓として用いられるのもストーン・サークルなど墓域との相同性がもたらした結果であろう。

石川県金沢市チカモリ遺跡のウッド・サークルは晩期のものだが、石のかわりにクリの木柱が用い

膣内歯

円形プラン

方形プラン

られている。これは植物に代表される男性原理のシンボルで男性の地位の上昇を社会的背景としており、それでも円形プランであるのは女性原理主導である。門扉のある入口は大地母の妊娠の始まりと出産をシンボライズしており、一〇本の円形の柱列は一〇ヵ月の妊娠期間をシンボライズしている。柱が半月形の断面をもつのはまさに半月をシンボライズしており、月満ちて出産に至る時期すなわち月がまだ満ちていないことを示している。月が満ちた状態は円形プランそのものがシンボライズしている。明らかに多産と豊饒の祭儀の場であったこと、しかもそれが死と再生の原理によって行なわれていたことを示唆している。ここでは妊娠期間がはっきりと意識されているが、こういう祭儀は社会的活力が低下してその復活が求められたさいに繰り返し行なわれたものに違いない。この円形柱列の内外では、大地母を鼓舞するために円陣あるいは螺旋状に連なって大地を踏み轟かす女たち中心の舞踏が行なわれたのであろう。

縄文社会における活動的な女たち

ここで確認しておかねばならないことは、今まで見てきたように、縄文時代の女性は後世のような男性原理を抑圧された存在ではなかったということである。女たちは男と対等以上に活発で行動的であったに違いない。森の木陰や背の高い草むらのなかで堂々と男に言い寄りのしかかっていく女性も多かったであろう。労働はすべて男女の共同作業であった。諸集落間には土器製作や石器製作あるいは干貝の生産など地域的特性に基づいたある種の分業体制が中期ごろには成立していたであろうが、そういう分業的生産活動は男女の共同作業であった。家庭内作業においては男女の分業があったであろう。しかしそれも厳密な意味で男女差に基づいたものではなかった。むしろ家庭内にあっては女性

男女の共同作業

が主人であったのだ。また、狩猟や漁労、丸木舟の製作などがどうして男性の仕事とのみ限定できようか。力仕事であれ何であれ、縄文の女たちは積極的にどんどん参加していたのだ。むしろ指導的でさえあったのではないか。弓矢にしても男性の持ち物とするのは男性中心社会から見た発想にすぎない。[*2]東海地域に顕著な男性シャーマンを中心とした社会でさえも、男性原理が優位であったとは言えない。男性シャーマンは必ず女性化というイニシエーション・プロセスを要請されていたからだ。それにシャーマンは大地母の霊力を一部体現してはいたが、決して人々の主としての支配者ではなかった。人々の主は聖なる大地母であったのだ。

　死者の埋葬は前期前半までは各集落ごとに行なわれたが、前期後半以降はストーン・サークルや大型貝塚を伴う特殊遺構に集中的に埋葬されるようになる。しかも、特に女性の埋葬は丁重に行なわれた。シャーマンの場合は、墓域の中心近くに埋葬されるから諸集落の中心的存在であった。むろん各集落にもシャーマンはいたであろうが、特に中心的集落のシャーマンはそういう諸集落のシャーマンを率いる存在であっただろう。また、一般の縄文人の場合、埋葬する場所は墓域のなかでも集落別に定まっていた可能性がある。一方で、墓というものは再生の祭儀を行なう場でもあったから、こうした事実は、それぞれの集落の人々の祖先が大地母の体のどの部分から生まれたか、といった神話をもっていた可能性すらある。もっとも、注意すべきは大地母という存在を人間の姿として縄文人が考えていたというわけではないということである。土偶の場合も大地母のシンボル性と現実の女性の写しということを分けて考えたが、縄文人は大地母をシンボルをもって考えていたのであり、彼らに人格神のような存在を仮定するわけにはいかない。縄文人にとって大地母とは大地そのもののことであったのだ。

婚姻のあり方にしても、一人の女性が複数の男性と結婚する場合もあっただろうし、あるいは姉妹で一人の男性を共有する場合もあった。あるいは姉妹が兄弟をもらうこともあった。それらの場合、姉妹同士の結びつきは夫との結びつき以上に強いことが多かった。離婚となれば家から出ていくのは男のほうであっただろう。当然子供は置いていくことになる。いずれにせよ、結婚は母親の許しがなければできなかった。結婚した娘はやがて母親の住居の近くに新居を設けることになる。あるいは、娘が他の集落の男のところに婚入する場合もあっただろう。しかし、彼女のその家庭内での地位は夫の母親に次ぐ地位を獲得したといえる。そして夫の母親の家の近くに新居を構えることになろう。[*3]

たくさんの子を生み、活発に働く女性は当然その集落では重きをなし、将来は長老格の女たちの一人として集落内のさまざまな行事に参加して、シャーマンの助けを借りながらすべてを切り盛りし、年に何回かは大シャーマンのいる中心的集落へとおもむき、主だった人々やシャーマンとともにさまざまな祭儀に加わった。そういう祭儀のさいには、諸集落の若い娘たちがそれぞれに山野で摘んできたヤマグワやサルナシ、ヤマブドウの実をもちより、有孔鍔付《つばつき》土器[*4]（図1―16）で酒を醸す作業に従事したのである。また、こういう祭儀の場は交易やさまざまな情報交換の場ともなり、そういう場で女たちは生き生きと活動していたに違いない。祭儀や市が女性中心であった痕跡は記紀神話のカムオホチヒメとして残されており、中世のイチ、イチコ、イタ、イタコなどにつながっている。

なお、新潟県西頸城《くびき》郡能生《のお》町の井の上遺跡から出土した中期の土器には男女一対の人物レリーフが付けられている。両腕、両脚をひろげて立っており、手足の指は五本、性器もはっきりと描かれ、女性には乳房もある。この二つのレリーフは女性および男性の全体像をサインとする女性原理と男性原理のシンボルである。土器全体で大地母の両性具有を表明している。明らかに大地母の創造力をシンボライズしており、サインの性格から結婚の儀式に用いられたものであろう。これと同じ性格のものとしては、中期から晩期にかけて作られた双口土器《そうこう》と称されるものがある。二つの容器が底部で結合した形をしており、男女の接合のシンボルであって、これも結婚の儀式に用いられたものであろう。たいていは双胴に大小の違いがあり、特に中期から後期にかけてのものは大きい方が女性をシンボライズしていたに違いない。

▩シャーマンの養成▩

諸集落の子供たちのなかでも、特に資質の優れた子供、特に女の子はシャーマンの手元に預けられ、シャーマンとなるべく教育されることになった。シャーマンは結婚している場合もあったが、その子供はたいていそういう子供であった。

玦状耳飾は左耳につけられたものと右耳につけられたものとでは時間差がある。まず左耳につけられてその子が将来はシャーマンになることの表徴とされた。やがてシャーマンとなるべきイニシエーションを経た女性は右の耳にもつけられ、一人前のシャーマンとして認められることになる。おそらく耳栓と呼ばれる耳飾も同じ性格のものであったのだろう。シャーマンとなるべき人は、そのイニシエーションの過程で長い旅に出る。たとえば大地母のシンボルであるヒスイ大珠を求める旅に出る。こうしたイニシエーションとしての旅は、一方では大地母の胎であるあの世への旅に照応していた。途中で出会う人々は、彼女が左耳に耳飾をつけているのを見て彼女がシャーマンとなるべき旅の途中にあることを知り、その旅がつつがなく終わることを祈って見送ったであろう。このイニシエーションを通じて、彼女は世界についての知識を、あの世とこの世との構造についての知識をたくわえ、大地母のシンボルであるヒスイ大珠を手に入れるのである。これは死と再生の祭儀には欠かせないものであった。ヒスイの産地の姫川流域は、その意味では聖なる土地であったのだ。

＊1　立石は自然石あるいは多少加工した棒状の石を立てたもので、縄文時代中期の中部山岳地帯には、竪穴式住居の入口の埋甕と炉とそのそばの立石とが一直線上に並ぶ例がある。また、石棒と称されるものは男性器を模したものが多く、その性格は立石のそれとオーバーラップする。

＊2　このあたりのパラグラフについては、従来の民族学的成果が縄文時代よりずっと後の時代でしかも各地に男性中心の社会が成立していた時代のデータに基づいて得られたものであって、そうした成果をそのまま縄文時代に適用することの危惧から生まれた文脈である。つまり、女性原理優位の東洋的な社会というものがどのようなものかは現在の民族学的成果を短絡的に適用することはできないと考える。また、男中心か女中心かといった対立的な発想も西洋的発想であって、これをそのまま適用することはどうであろうか。分業体制に男女差を持ち込むのも男性中心社会に慣れ親しんだ者の発想ではないか。筆者は、女性原理を指導的な論理基盤とした場合の一つの可能性を問うたつもりである。

＊3　一夫多妻・一妻多夫とか姉妹と兄弟との婚姻あるいは女性の婚入といった婚姻形式については、どうしても男性中心の目で見る傾向がある。これを女性優位の視点から見るとどうなるかという可能性を、例えば千葉県市川市姥山遺跡の中期の竪穴住居内から発見された五体の人骨（小児一、二〇代の男女一組、三〇代の男女一組）などの例を念頭に置いて仮設したものである。離婚となれば男の方が家から出ていくという例は、西部インドネシアのいくつかの種族では現在でも行われているが、これは農耕社会における母親中心制という枠内でのことである。

＊4　中部地方を中心に縄文前期に出現し、中期には樽状に発達する土器で、口縁部にいくつかの小孔が穿たれ、その下部に鍔状のでっぱりが巡り、胴部には特異な文様が造形されている。果実酒の発酵に使用されたとする説が有力である。

図1―14　縄文後期の有鉤骨角器（宮城県気仙沼市屋敷浜貝塚出土）

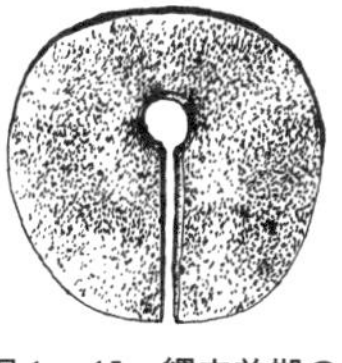

図1―15　縄文前期の玦状耳飾（栃木県宇都宮市根古谷台《ねごやだい》遺跡出土）

図1―16　縄文中期の有孔鍔付土器（長野県原村大石遺跡出土）

三　農耕の祭儀とシンボル

縄文時代の農耕

北海道渡島《おしま》支庁南茅部《みなみかやべ》町の臼尻B遺跡は縄文中期に属するが、その第二〇号住居址の土から炭化したアワ粒一〇粒、第二〇六号住居址からはヒエが数百粒固まってクッキー状で炭化したものが出土している。アワは火であぶって脱穀したときに出た燃えかすであり、ヒエは煮炊き用土器の底に付着していたものである。また、山口県阿武町宇生賀《うぶか》からは縄文前期のソバの花粉や焼畑を裏付ける小さな炭の破片が大量に発見されている。さらに、青森県上北郡六ヶ所村の宮ノ沢遺跡の縄文中期の床跡からは三一七三粒のヒエが出土したが、これらは現在の栽培種にきわめて近く、馴化（人間が手を加えて環境に適応させた）が進んでいた。エゴマなども国内に野生種が存在しないのに前期以来各地で発見されている。こうした雑穀農耕の存在は縄文前期以降日本列島に存在したことはもはや疑いえないのである。雑穀農耕の存在は、それに付随した農耕儀礼の存在を予測させる。特に縄文中期の東日本では人口の増加が顕著であるのに遺跡の出土物は狩猟生活よりも農耕生活の様相を示している。

一方で、先に述べた記紀神話に出てくるワクムスヒは土神ハニヤマヒメと火神カグツチが結婚して産んだ女神であるから、これは明らかに焼畑の生産力の神格であり、この神の原像はきわめて古いと考えられている。ワクムスヒの「ワク」は「ワカ」であってウカノミタマの「ウカ」の転とも見られ、「ウカ」は一般的には食糧を表すものの、ウカノミタマが稲霊とされる以前はアワ、ヒエなど雑穀の

雑穀農耕

図1—17　縄文中期の霊格土器
(山梨県須玉町御所前遺跡出土)

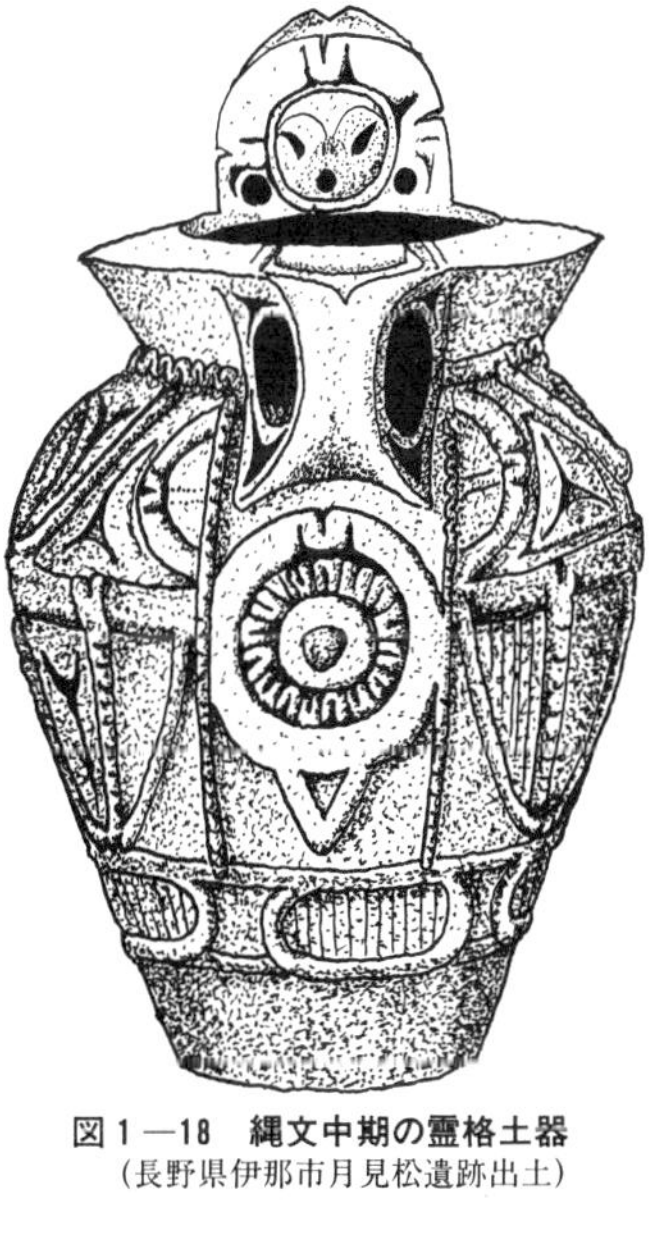

図1—18　縄文中期の霊格土器
(長野県伊那市月見松遺跡出土)

穀霊であった可能性がある。そしてまさにこのワクムスヒの臍から穀物が生じたとされるのである。このことと土偶の正中線との関係についてはすでに述べたが、土偶の場合は大地母の男性原理（植物霊）のシンボルとして用いられたにすぎない。しかし、同じ性格ではあるが別のサインを用いて穀霊そのもののシンボルを表したものがいわゆる祭祀土器にあり、なかでも献具としてより霊格としての性格の強い土器にある。

穀母と穀霊

霊格土器の典型的な例としては山梨県須玉町御所前遺跡第五号住居址出土の人面把手付土器（図1—17）や長野県伊那市月見松遺跡第二八号住居址出土の同様の土器（図1—18）がある。いずれも中期のものである。前者の場合は胴部正面および背面の中央に人面状のサインが、後者の場合は正面にのみ中心に突起をもつ円文のサインが与えられている。両者のサインの違いは地域差によるものであろうが、後者のサインのまわりを取り囲むサインはおそらく臍の緒をシンボライズしたものであろう。両者ともにそれぞれの造形のすぐ下に女性器のサインが添えられている。これら中心の二つのサインは明らかに穀霊のシンボルである。そして両者の把手部分の人面のサインは土器全体を含めていわゆる穀母をシンボライズしている。こうしてこれらの霊格土器は穀母と穀霊をシンボライズしているのがわかるのであるが、穀母という存在は他方では大地母の変身あるいは分身的存在であって、当然これらの土器には大地母のシンボルである円や渦や三叉文がちりばめられている。ワクムスヒ的霊格と言えよう。

ここでこれらの霊格土器を用いた縄文の農耕祭儀の一端に立ち入ってみよう。たとえばアワの種蒔

穀霊

穀母

きと収穫における祭儀はどのようにして行われるのか。まず秋の収穫のあと、畑では立ち枯れた穂のないアワや枯れた草木を燃して霊格土器が焼成される。つまり、アワの穀母がこの世に出現したことになる。そしてこの土器を用いて新穀を煮る。このことはそれ自体が穀母に収穫を感謝して食物を捧げたことになり、同時に大地母にも捧げたことになる。その後、収穫されたアワの実の一部は来年の種蒔きの種としてこの土器の中に貯蔵され、またそのことによって身体の中にアワの種をいっぱい胎蔵した穀母は収穫祭の御本尊となる。御本尊たる穀母はその身に多数の実を孕んだ豊饒性をシンボライズしている。翌年の春、種蒔きの時期になると穀母は神聖な穀物倉から出され、この世の姿を脱ぎ捨てて再生のために大地母の胎へと戻ることになる。そのさい、この世の姿を脱ぎ捨てるという行為として土器は破損される。中に貯蔵されていたアワの種は畑に蒔かれて大地母の胎に入る。破損された土器の人面把手部分は畑の土の上に据えられる。それは穀母が新たな生命＝穀霊を育んでいると同時に、土から姿を現しかけた穀霊の状態をもシンボライズしており、まさに発芽を予祝しているのである。このことは土器の胴部から顔を見せている穀霊と穀母の顔とが同形であることによっても示されている。土器の破片はばらまかれ、それぞれの破片が多数のアワとなって発芽することを願うのである。つまり一者が多者になるという豊饒の原理を表明している。他方では、霊格土器が去年の秋に作られたままの場合は、まだ処女のままである。穀母が穀霊を孕むためには破瓜《はか》しなければならない。それが穀母たる土器の底部穿孔《せんこう》である。底部穿孔の時期はおそらく収穫したアワの一部を種として貯蔵する直前であったのではないか。こうして、農耕の祭儀もすべては女性の妊娠と出産という創造力、さらには農作業に照応する女性の成育力という女性原理がベースとなっているのである。

　農耕儀礼は種蒔きから収穫という一連の毎年循環する農耕作業にかかわるものだが、そもそも農耕の開始には山焼を行わねばならないし、休耕地の地力が回復したならまた山焼が必要である。こういう場合には大地母のホトを設定して石棒を立てて山焼を行う。それが終わると焼かれた石棒を住居にもち帰り、注口土器など女陰のシンボルに相当するものとペアに置いて大地母の多産を祈る。こうした呪術的祭儀は、シャーマンを中心として、集落の人々全員が参加して行ったのであろう。

おわりに

縄文文化は何千年にもわたってゆっくり変化してきたのであるが、女性優位という点では一貫していた。しかし、縄文後期になると明らかに変質する。それは仮面などの出現によって示される。このことは全国的に普及した土偶にも現れている。関東ではハート形土偶、山形土偶、ミミヅク形土偶などが出現するのであるが、それらの土偶のあるものにはあたかも仮面を被っているような造形が顕著になる。実際、仮面自体がさまざまな遺跡から出土している。もう一つ、石棒などにも見られるが、この後期という時期は縄文時代を通じて最も写実的な時代であり、後期の土偶は現実の女性をきわめて写実的に造形したものが出てくる。たとえば山形土偶の場合、壷あるいは甕を左腕に抱えているものがあるが、これは土偶自体が写実化したためにその容器性を壷あるいは甕を抱えさせることによってシンボライズしたと言える。壷や甕は女性の子宮とその中に湛えられた羊水のシンボルであったからだ。石棒などはまさに男性器をそっくり写したものが多くなる。このことは縄文社会における男性の地位が上昇してきたことを反映している。石鏃《せきぞく》（石の矢じり）の出土数も急激に増加し、動物個体の写実的な造形も盛んになる。狩猟活動が活発化して組織的に拡大し、男性の役割が社会的に重要にな

呪術的祭儀

ってきたことを意味している。霊格土器のような祭祀土器が消えることと対照的である。これらは気候が寒冷化に向かっていたという環境の変化や渡来文化との拮抗・融合と無関係ではない。特に男性中心の北方系の文化の流入は大きな意味をもっていたであろう。

仮面の出現という事実は、縄文人の無意識と意識との隔壁が高くなってきたことを示唆しており、そのことによって現実意識が精霊や穀母などの共同幻視を妨げ、死と再生の祭儀は仮装など儀式化の度合いと繁縟《はんじょく》化を一層進めたと考えられる。特に狩猟活動を反映して、死と再生の祭儀に動物の皮を剝ぐ作業などが組み込まれて次第に血生臭い要素さえ帯びてきた可能性がある。抜歯や叉状研歯の習俗の普遍化などもそれに関連する。晩期の遮光器土偶には死を司る霊格のイメージが濃厚であるが、土偶の最後のものとされる容器型土偶には幼児の骨が入れられており、これは仮装して出現する祖霊像を示唆している。土偶はこうして埋葬儀礼のほうに追いやられ、最後は自らを埋葬してこの世から消える運命にあったのである。それでも最後まで女性像であったのは、縄文時代が女性中心の時代であったことの名残であろう。結論的に言えば、大地母こそ縄文の女性像の本質であったのだ。そして大地母は万物の死と再生の担い手であり、女性原理と男性原理を兼ね備えた聖なる大地そのものであったのである。

祖霊像

●いくつかの問題点について●

あまりまとまりはありませんが、思い付くままに述べてみます。まず第一に、縄文の文様については、資料的に文様に集中した良いテキストがなく、発掘現場ごとにパターン化した整理法によって報告書が、しかも発掘に携わる人たちの目から見た形でしか提供されないという点であります。文様は残らず鮮明な写真でもってどこか一定のデータバンクにでも集中し、一般に公開すべきでありましょう。これがない限り、縄文人の精神文化にはなかなか踏み込めないでしょう。

次に、ギンブタスが主張する両性をリンクした母儀とでも言うべき大女神の考え方は、縄文を考える場合、極めて有効だと思うのですが、例えば、蛇のトグロというシンボルを取り上げてみますと、古ヨーロッパの場合、かなりの比率で中心に頭があり、一方で、縄文の蛇のトグロはほとんど尾尻を中心にして頭が外側に向かっております。この差異は双方の文化に重要な意味を提示していると考えられるのですが、こうした、似たようなシンボルにおいても、重要な差異が現れていると見えるのです。ここには世界と自己との関係が示されていると思えるのは私の錯覚でありましょうか。古ヨーロッパのシンボルはそういう基盤に支えられて、次第に文学的な方向へと変化していくと思われ、それはシンボルが他のシンボルと独立的に取り扱われる方向をとっていくことと無関係には思えません（もっとも、これは現代の学者たちの志向が影響しているのかも知れませんが）。ところが、縄文の場合は、シンボルは他のシンボルと連結したり融合したり、あるいは変形したり崩れたりして、一向にサインとして確立する方向を示しません。つまり、サインと化す以前に絵画的な全体性の中に解消されていく傾向が強いわけです。我々現代人の目が、ヨーロッパ的な分析的傾向に慣れ親しんでしまっているせいではないかとも考えます。おそらく、縄文人は別の目でちゃんとサインを受け止めていたに違いありません。

シベリアを中心とした北方系の原始文化と東南アジア中心の南方系の原始文化（特に島嶼域）は、また重要でありましょう。まずは住居空間や集落構成の在り方、炉の位置や祭祀具等々が検討されるべきであります。縄文時代と言えども、それらの文化の影響に絶えずさらされているからです。ただ、どちらも、縄文に並行する、あるいは先行する文化が問題になるわけです。よく、未開の文化といわれるものの形をそのまま適用してしまうケースが多くありますが、そういう未開の文化といえども、随分新しい時代のものであって、必ずしも縄文時代ほど古いものではないのが多いわけです。どんなに未開に見えても、それはそれなりに相当な変貌を遂げている可能性があると思われます。それにシンクロニシティーということが……。東京もニューギニアの奥地の集落もアボリジニーも現代という意味ではまさに現代なのです。しかし、何等かのそれに特有のクレオドがあるはずと言えましょう。問題は、C・H・ウォディントンの言うクレオドではありませんか。

墓域の構造を深く考察することが、また、重要であると思っています。それこそ死と再生の典型的な場であるからです。当然、我々の持つ墓地というイメージは一掃したうえでかからねばならないでしょう。ただ、正確な図面を手に入れたり全体像をつかむことがなかなか困難で、多くの制約があるのが残念であります。たいていの遺跡は一部が発掘されただけで後は埋め戻されてしまったり、しかも奇妙でわかりにくく命名された用語を使って書かれた報告書に頼るほかはないのです。

しかし、何と言っても最大の課題の一つは、土器形式とその分布圏の問題でありましょう。例えば、「土器づくりが女の仕事であったとすると、同一型式の土器を出土するところは女を通じた地域性を示しており、とりもなおさず土器分布は通婚圏の最大の範囲を物語る」といった意見がいわゆる権威のある人によって出されますと、次の段階では土器づくりが女の仕事であることが決定的なふうにして議論が進められてしまいます。第一、土器づくりが女の仕事だなどということは、比較的新しい時代のアメリカ・インディアンにおける慣習をそのまま適用しただけで、何の確証もないのです。無論、大きなヒントにはなり得ます。その上、それがすぐ通婚圏に短絡するのは、いわゆる民族学によって形成されてきた妻方居住制・夫方居住制といった一定の定義づけをそのまま適用したからにすぎないのであります。こうした婚姻居住制の在り方は、どちらかと言えば男性中心社会の目から見た定義づけの傾向を保持しているのであります。つまり、縄文時代よりももっと後のさまざまな民族のデータが元になっていると考えられるのです。例えば、一夫多妻という言葉にしても、一人の男が二人以上の妻を持つと考えるか、二人以上の女が一人の男を共有すると考えるかでは大変な違いがあるわけでして、たいていは前者の考え方を自然に（？）とってしまっているのであります。それに加えて、社会というものを男中心に考えるのか女中心に考えるか、といったいずれかの立場でしか考えられないのも男と女を対立的に考えるヨーロッパ風の伝統的な思考法に根差したものとしかいいようがありません。その意味では、エイスラーやギンブタスの主張するジャイラニイ（Gylany 両性が平等である社会構造に対して与えたターム。Gy は Gynous〔woman、女〕を、an は Andros〔man、男〕を、l は Linking の頭文字を示す）という考え方は画期的なのかも知れません。それに、縄文早期末に定住生活に移ったとされると、縄文人はあたかもほとんど一ヵ所に固定したまま動かなくなってしまったかのごとく考えてしまう傾向があります。とんでもない話でありまして、我々現代人でさえ、遠近を問わず一生のうちに何度も居住地を変えるではありませんか。前期北白川下層II式の土器の分布は富山から愛知を結ぶ線から山口・高知に及ぶ広い地域でありますが、あたかもこれを領域とする国があったかのごとく人々の動きを固定して考える傾向がなきにしもあらずと言えましょう。その上、土器年代というものは、およそ百年の時間尺を決定し得るほどは厳密ではないのであります。土器の斉一性はむしろ、いかに縄文人の精神生活が安定していたかを示すと言っても過言ではないと考えます。彼らは原始的であって野蛮なのではなく、精神が安定していたのです。であればこそ、縄文時代一万年の重みは我々の中にずっしりと湛えられているのではないでしょうか。とはいえ、この土器分布圏の問題は大きな課題であると言えましょう。

　最後に、縄文のシンボリズムの問題について述べますと、まずは、文様や形態のより広い収集とサインの抽出作業がやはり課題であります。それと地域差・時間的差異とが密接に関連してきます。私はむしろ特殊なケースから始めて一般化の方向をとってみたのでありますが、これはタブローが本物か偽物かを見分ける時に、誰にでも目につくところでなく、誰も気が付かないちょっとした筆のささいな処理の仕方がキーポイントになるのと似たような手法と言えましょう。しかもそれは同時にカテゴリー化を踏まえて行わねばならないのが重要と考えます。それには大地母の性格についてもっと踏み込んだ考察が必要のように思われます。この点に関しては、河野さんに大いに期待するところであります。私自身、今回は大地母の性格についてはあまり踏み込まず、河野さんにお譲りしたわけですが、大地母も含めて、女神という性格の汎世界的な見地からの考察を期待しています（そのカテゴリー化も含めて）。あるいは、女性の目から見た女性優位の社会というものがどういうものか、あるいは女性と男性が平等な社会というものがどういうものなのか、今のところ私には混沌といった方が正確であります。縄文の場合は、女性優位という視点から見ますと、意外に見えてこなかったものが見えてくるという側面もあり、これはいけるかも知れないといった予感があります。現在の情勢下では、女性優位で徹底的におしまくって、やがては男女平等というところに落ち着くのではないかと考えて……そして、このことが未来的展望につながると思うのですが……。

2 ヒメの力——古代の鉄と女

石井出かず子

はじめに

律令期の近江の中心地域であった瀬田丘陵（大津市と草津市の境界附近）一帯は、近江国庁（八世紀中頃—十世紀末）の造営とともに開発された地域で、周辺に多数の製鉄遺跡が散在している。

その一つである野《の》路《じ》小《お》野《の》山《やま》遺跡（八世紀中頃）は、官営的な性格を持つ製鉄遺跡として国史跡に指定されている。

律令国家の充実期を支えた大規模な古代製鉄コンビナートの一つであるこの遺跡は、斜面に整然と並んだ一〇基の製鉄炉、炭窯、工房、管理棟など一連の遺構を持つ事が調査されている。

近くに同じような規模で製鉄のみでなく製陶、梵鐘鋳造遺構まで持つ総合生産遺跡「木瓜原《ぼけはら》遺跡（七世紀末—八世紀）がある。さらには京都府弥栄《やさか》町の遠所《えんじ》遺跡（六—八世紀）も製鉄コンビナートとしての大規模な遺跡である[*1]（図2—1）。

国内で鉄生産が行われるようになったのは、全国的な遺跡の出土情況から五世紀後半から六世紀頃が有力な説であった。しかし、一九九四年の『山陽自動車道建設に伴う埋蔵文化財発掘調査報告』によると、小丸遺跡（三原市）から出土した製鉄炉の炉形や土器から三世紀のものと判明した。鉄鉱石や鉄滓も出土しており、弥生後期すでに小規模な鉄生産が行われていたことを示唆しているが報告例は僅かである。

渡来技術が地についた七世紀、八世紀は、天武朝に源流を持つ撰史事業の元で和銅五（七一二）年に『古事記』が、さらに八年後の養老四（七二〇）年『日本書紀』が完成した時期である。「記」の太安万呂、「紀」の舎人親王等編纂者達は、昼夜を分たず山中に炎を吹きあげる製鉄コンビナートを充分知見していたはずである。

それ故に彼等は王権に投影する鉄の力が、一方では王権の象徴となる剣となり、その表象である武器となる。他方では生産の利器として人間の暮らしに欠くことのできない用具の顔を持つ故に、この両義性をたくみに捉え王権生成と権威を語る神話を成立させたのである。巧緻なパッチワークを思わせる説話の展開は、さまざまな女神達の身体を通して金属の神を生み、火の神を生み、さらに鉄製錬の様相を仮託させている。

マツリからマツリゴトへと古代律令国家形成にとって、軍事力を司り農業による経済基盤を確実に進めるために、鉄は不可欠なものであった。鉄の支配を背景にマツリゴトが現実性へ向かっていった

王権

両義性

図2―1　木瓜原遺跡（7世紀末―8世紀）**発掘現場**

のは、神マツリと統治の融合によって行われていたマツリゴトが、天武朝により編纂された浄御原《きよみはら》律令（六八九年）で祭事と政事の分離が見られる。さらに大宝律令による官司機構の整備が整うと神祇《じんぎ》官と太政《だいじょう》官のそれぞれの機能がはっきりとした分離を見せたからである。神話から血縁系譜を正当化し、祭祀の主権を握る天皇を頂点に、神祇官による巫女の支配が行われる。また神々の呪縛から解き放たれた政事は戸籍によって、班田制、税制、軍制と国家体制の充実に向かっていった。

かつて神託を聞く女性司祭者の神マツリと統治の融合によって行われていたマツリゴトが、制度の基軸から女の霊力をはじき出し、巫女達は漂泊の群へと寄り処を求め、中世には芸能化へと傾斜し巫女性は希薄になっていく。

聖性と畏怖の中にあった金属工人集団も、大王をはじめ有力な首長層の掌握下に置かれ歴史の中で自らが権力を担う事はなかった。その金属製錬や鍛冶の場に巫女を必要とした工人集団が、同じアウトローの中に組み込まれながら、何故生身の女達を穢れときめつけ極端に嫌う場となり、以後、後世にまで固く禁忌が維持されて来たのであろうか。

外来文化である鉄文化が社会性を持つ中で男と女の場がどう変化していったか、歴史と「記紀」の語りに読みとり、古代の「鉄と女」の関わりを明らかにしていきたい。

＊　松田常子は『日本通史』月報第一〇号でこうした近江の製鉄遺跡の報告と共に、木瓜原遺跡の製鉄炉が現在、立命館大学びわこ、くさつキャンパス（理学部）の地下室に保存されていると記している。

一　鉄の渡来の中で

▩鉄の渡来▩

アジア大陸の東辺を縁どる日本列島は、円弧を太平洋にむかって張り出し、弓状に連なった島嶼《とうしょ》は、別名花綵《かさい》列島とも呼ばれる。

この列島を囲む海が海上の道として開かれたのは、縄文前期をめぐる時期における漁撈による外洋航行の技術の発達にあった。紀元前から南朝鮮や中国と交流した海上航海者である海部《あま》氏や安曇《あずみ》氏等海人《あま》族は日本の海岸ぞいから各地へ進出し、交易の拡大をはかっていた。古代もっとも開かれた対馬、朝鮮海峡の海上の道は、交易と共に文化を運ぶ道として列島へ変革を促した道である。

稲と鉄文化の先進地中国では秦（前二二一年）に続いて漢（前二〇二年）が全土を統一し、争乱の中で民族の大移動がはじまり、集団の中に女や子供達もいたであろう。こうした渡来の背景を持つ人々が携えて来た農耕文化と共に金属文化（鉄、銅）が紀元前三世紀のはじめ頃、北部九州へもたらされた。

「記紀」にはこうした渡来の金属工人達の落した影を語る説話のいくつかが見られる。その一人『古事記』では天之日矛《あまのひぼこ》と言い、『日本書紀』では天日槍《あまのひぼこ》として語られている。

『古事記』が語るこの天之日矛の渡来説話の一節に「新羅の王子である天之日矛が、赤玉から化生した妻の阿加流比売《あかるひめ》が毎日こしらえる珍しい食物を当然と思い、心奢り詈《のの》しる言葉に比売は『凡そ吾《あれ》は、

海人族

金属文化

汝《いまし》の妻《め》となるべき女《おみな》にあらず』と言い放ち、ひそかに小舟に乗り、日本に逃げ渡り難波に留まる（こは難波の比賣春曾《ひめこそ》の社に坐す阿加流比賣神と謂ふ）」と述べている。妻を追い渡来した天之日矛は各地を遍歴し最後に但馬に留まり後に、但馬一ノ宮の出石《いずし》神社の祭神として祀られている。『播磨風土記』『筑前国風土記』にも記される天之日矛の遍歴の地は金属伝承との関りを持ち、金属伝播の道順を語っている。

谷川健一は『青銅の神の足跡』の中で「天日槍は朝鮮半島の新羅や伽耶《かや》の豊富な鉄の生産をふまえた技術者の一群であったと共に、また青銅技術の表象であったと考えられる〔9〕」とこの外来神を評している。

▨稲と鉄▨

縄文社会への稲と金属文化の流入は、異質な信仰や祭儀と共に墓制もともなった世界であるだけに、反発、混沌、融合、浸透と地域差を持ちながら弥生社会へ向かったであろう。やはり先住者達と新しい文化を携さえて来た人々との婚姻が文化受容へ向かって果した役割がもっとも大きかったのではなかろうか。

採取植物の生成を身近に知る女達は命を生み出す自らを重ね、生きている大地を感得しているだけに、稲は容易に受け入れることのできた植物であったろう。

北部九州へ伝わった稲作技術は、当初から高い水準をもち百年を経ずして津軽平野まで達している。大地から再生産できる稲は魅力的な食糧であった。

■鉄器の普及■

鉄は初期の段階では、主として中国や朝鮮から製品が舶載されてきたもので、わずかな分布しかなく、列島内では石器が主力であり稲ほどの強力な伝播にまでは至らなかった。弥生中期が稲作と鉄にとって画期的な時代である。輸入された鉄素材によって鉄刃先を装着した鍬と鋤が製作される段階に入り、後半から鉄器が普及しはじめ、渡来した金属工人集団の鍛冶技術の広がりが窺われる。

社会の生産力の上昇が急速な人口増加にあらわれ、百年間の人口上昇率が二倍も超えたと鬼頭清明は『六世紀までの日本列島――倭国の成立』[4]の中で推計している。不安定な食糧採取から食糧生産を基盤とした生活の所産である。しかし、耕地の拡大は反面女達に労働力の再生産を促すものである。

鉄は工具として発達し、木製農具の加工が主力であったが弥生後期になると、武器を含め石器や木製具が鉄器にとってかわられる。まさに日本の古代社会が数十万年もの長い石器時代に別れを告げ、鉄器時代の夜明けを迎えたのであった。しかし石器の消滅にはそれぞれの地域差があるが、鉄器による人工灌漑の開発で生産高の上昇による剰余生産物が形成され、竪穴住居群の中に高床式の倉庫が現れてくる。

それぞれの共同体の精神的な支柱であった族母の存在が失われていくのは、生産経済によって富を掌握した者による共同体の支配であった。弥生時代（いちおう前三世紀から紀元後三世紀まで）は日本列島にもたらされた鉄と稲の文化が、政治支配と階級社会を生み出した時代であり、男と女の場が対等を失い、大部分の女が労働力として集約化されていく時代へ向かっていくのである。

鉄器

階級社会

■卑弥呼に見る鉄のマナ（呪力、霊威）■

弥生時代後期における鉄器化の時代は鉄器の掌握こそ政治的優位に立つ決定的要因であった。倭奴国王《わのなのくにのおう》が一世紀初頭に後漢の王朝と修交し、三世紀の邪馬台国が魏の王朝と積極的な外交交渉を行ったのは、鉄素材の入手にその目的があった。

『三国志』魏書東夷伝倭人条（二二〇―六五年）に、

　其の国、本亦《もとまた》男子を以って王と為す。住《とど》まること七、八十年。倭国乱れ、相攻伐《あいこうばつ》すること歴年。乃《すなわ》ち共に一女子を立てて王と為す。名づけて卑弥呼と曰う。鬼道を事とし、能《よ》く衆を惑わす。年已《すで》に長大なるも、夫壻《ふせい》無く、男弟有りて、佐《たす》けて国を治む。王と為りしより以来、見ること有る者少なし。婢千人を以って自ら侍《じ》せしむ。唯々男子一人有りて、飲食を給し、辞を伝え、居処に出入す。宮室、樓観《ろうかん》、城柵《じょうさく》、厳かに設け、常に人有りて、兵を持して守衛す。

「倭国乱れ」とあるのは二世紀における桓、霊の間の大乱の事を言い、その結果、邪馬台国の女王卑弥呼が共立され平和が回復する。卑弥呼が二九ヵ国の首長連合体を統治し得たのは、鉄の〈マナ〉（呪力、霊威）を身につけた巫女王であるからだった。

古代から石は神の憑代《よりしろ》として霊力を帯びていると信じられており、鉱石から鍛えられた鉄はさらなる霊威と呪力を持つことになる。この強力な鉄の〈マナ〉の化神である剣には雷を呼び稲妻を起す聖なる力が賦与されている。卑弥呼のシャーマン性はこの鉄の〈マナ〉が持つパワーで超自然的な幻視力を能《よ》くすることが鬼道とみられたのであろう。この鉄の〈マナ〉を具現化したものが鉄そのものとしての男弟でありヒコの表象であった。このヒコの暴走を制御できるのは鉄の〈マナ〉を身につけた卑弥呼でありヒメである。こうした機能が祭事と政事のバランスを得ていたと見ることができよう。

卑弥呼の死後バランスの崩れた邪馬台国は争乱が再び起るが、台与《とよ》*によって〈マナ〉が引き継がれ平和を取り戻すことができた。

鉄と同じように朝鮮から流入してくる青銅器はその輝く光から、銅鏡、銅矛、銅剣が祭具として呪術を媒介とするシャーマンの宗教的威信財となり、首長層にとっては自らの権威と支配を高める威信財として求められた。卑弥呼が首長層に分配したとされる三角縁神獣鏡も、支配と連合の大きな潤剤となったであろう。

東夷伝弁辰《べんしん》の条は「国鉄を出す。韓、濊《わい》、倭みなしたがってこれをとる。諸市買うにみな鉄を用い、中国の銭を用うるが如し、またもって二郡に供給す」。弁辰で採掘される鉄を倭人が交易によって輸入していることを伝えている。

＊〔校異〕臺與、底本は「壹與」に作るが、宋本『太平御覧』所引の『魏志』や『梁書』『北史』に従う。

威信財

二　金属に関わる女神たち

古墳造営と神話

弥生時代を通じて展開されてきた墳丘墓の、発展過程の中で最大の画期は巨大な前方後円墳の出現であった。築造を可能にしたのは、鋤、鍬など深耕可能な鉄器の進歩であり、土木技術を持つ渡来人集団の力によった。

初期のヤマト王権が、三世紀前後に奈良盆地の統一に動き始めたその頃に造営された箸墓《はしはか》古墳（桜井市）は、特殊器台形埴輪の立っていた丘長二七八メートル、後円部の径一五〇メートルもある最古の前方後円墳である。「紀」の崇神紀十年九月条にこの箸墓に関わる神婚譚と古墳の名の由来が語られている。「三輪《みわ》山の大物主神《おおものぬしのかみ》の妻となった倭迹々日百襲《やまとととひももそ》姫は、毎晩姫のもとに訪れる神が、いつも夜明け前に山へ帰ってしまうので不思議に思い神に『御姿を見せて下さい』と頼んだ。神は『明朝、姫の櫛笥《くしげ》に留まっていよう。願くば私の形に驚かないで下さい』の言葉に夜が明け櫛笥を見ると、中に小さな蛇がいたので姫は驚きのあまり声をあげてしまった。神は怒って足踏み鳴らし山に帰ってしまったので、悲しんだ姫は女陰《ほど》を突いて死んだ」。時の人は大阪山から大市まで人を並べ、手から手へと石を送り姫の墓を作り箸墓と名づけた。

「是の墓は日《ひる》は人作り、夜は神作る」とある。三輪山に坐す大物主神は大和の地主神であり、水に関る蛇をシンボルとし、また大己貴神《おおあなむちのかみ》（大国主命）の幸魂《さきみたま》、奇魂《くしみたま》であることから鉄との関りも仄見える神である。この神を祀る巫女であり神の妻である倭迹々日百襲姫は、同七年二月の条では疾病の流行の原因は大物主神によると託宣、巫女の顔をのぞかせている。こうした説話を持つ倭迹々日百襲姫や、埴輪の起源説話を持つ日葉酸《ひばす》姫陵、神功陵などの古墳の存在は聖なる領域に関わる女達の存在を語るものではあるまいか。

四世紀の初頭から七世紀の初頭にかけての、およそ三百年間列島内は前方後円墳造りに狂奔する。その特異性は定形化された古墳の造築がヤマト王権と地域首長との政治的連合と従属から展開されていった事である。さらには支配領域のみでなく、従属した族の祭祀を司る女を采女として差し出させ信仰の統一をはかろうとしている。

図 2 — 2　日刀保たたら（鳥取県仁多郡横田町大呂）

図 2 — 3　菅谷高殿内部（島根県飯石郡吉田村菅谷）

大型の前方後円墳が数多く営まれた五世紀は、数々の古墳に多量に埋納された鉄素材や鉄製武器が見られる。奈良市佐紀《さき》楯列《たたなみ》古墳群の一つウワナベ古墳の倍塚《ばいちょう》である大和六号古墳から出土した鉄鋌（製鉄した鉄を延板にしたもの）大型一八二枚、小型五九〇枚などその一例である。

地域の首長達も鉄素材や先進的な文物の交易ルートを手にし、傘下に鍛冶工人集団を擁し労働力の動員が可能になったからである。

朝鮮半島に依存していた鉄も、大化改新（六四六年）前後から国内の鉄生産が急に高まり律令体制の整う八世紀以後には、調、庸として鉄生産地から納められ、貴族や官人に給与として給され、交易と共に文化の流入も盛んとなる。『延喜式』（九二七年）には調庸国として伯耆《ほうき》、美作《みまさか》、備中《びっちゅう》、備後《びんご》、筑前《ちくぜん》を挙げており、備前も調として鉄を出している。こうした中国地方の諸国の鉄が近江の鉄と共に国家の必要とした鉄をまかなうようになる。

鉄製品でもっとも小さな釘が一般民衆に広がったのも、立川昭二『鉄』[8]によると七、八世紀頃で各地の竪穴住居跡から出土している。

■金属製錬と聖性■

「女と鉄」離れがたくさまざまな伝承や説話が世界の民族の中に語られて来たのは、鉄の生み出される過程が男女の性行為の原理と重ねられて理解されて来たからである。鉄生みはまた子生みの様相と重ねられている。

宗教史学者のエリアーデ（一九〇七―八六年）は、『鍛冶師と錬金術師』[3]の冒頭に、鉱物的物質は大地母に帰属する聖性を分有しており、大地母の母胎内で成長する鉱石を取り出す鉱山師は胎生学の開

鍛冶工人集団

大地母

明に関与し、冶金術は産科学の性格を帯びていると述べている。このような観念と技術が母性に重ねられる金属工人達特有の精神世界はさまざまな国で、神話、儀礼、シンボルの中に内包し共通したものが見いだされる。

稲の生成が人の生殖と重ねられているが、鉄の生成が稲と異なるのは、鉱石と鉄の間に金属工人達の技術的関与によって、まったく様式の異なる物質を生み出すからである。一見ただの石のようなものから鉄が生まれ、道具が作られることは、古代の人々にとって、それを可能にする工人集団への畏敬を呼び、さらなる恐れの眼差しで対したであろう。石器、木器よりも遙かにするどい強度を持つ鉄器、その根源となる鉄は「鉄霊」を背負った神として、それも形となって目の前に現れて来た神である。鉄が聖性と呪力を持つものとして古代の人々に受け止められていたことは当然であろう。

鉄作りは金属工人集団の推戴する神との聖儀であり秘儀として行われていたのである。鉄を加工し鉄の両義性を生み出す鍛冶の場に於いても同じであった。「記紀」に語られる数々の金属神の中で、唯一人の女神伊斯許理度売命《いしこりどめの》は太陽神である天照大神を天の石屋戸から迎え出す祭器の鏡を鋳た神であり、鏡作りの祖として鋳工集団に推戴された神である。天の雷神を呼び、水底の龍神を起し、大地の蛇神を目覚めさせる鉄の呪力の生誕には、工人集団にとって司祭者である巫女の霊力が欠くべからざる存在として必要であった。巫女は推戴される神と一体であり、産の介添役として産屋《うぶや》であるたたら場（製鉄場）に奉仕した。巫女の力なくして鉄は作れなかった。

この巫女の残影が、後世女人禁制のたたら場で「うなり」と呼ばれ炊女《かしきめ》として働く老女である。巫女に替わり祭祀は男性の神官が行うようになり、たたら場は生身の女の月穢、産褥を徹底して嫌う場となり、別火が行なわれる。

鉄霊

たたら場

うなり

▨王権生成に投影する女神たち▨

王権生成にからまる「記紀」の鉄神話は、まず女神の体を通して生み出された金属神に始まる。伊《い》邪那美《ざなみの》命が国土となる多くの島と大勢の神々を生んだ後に、燃えたつ火の神迦具土《かぐつち》を生み出すことで「ほと」を焼かれ、嘔吐しながら生まれた金山比古《かなやまひこの》神と金山毘売《かなやまひめの》神の二神である。さらに土の神、水の神、食物の神など生産の神々を生み遂に命果てるが、死後、冥界を支配する女神となる。

逆に剣から生まれた宗像《むなかた》三女神は、天照大神と須佐之男《すさのをの》命が天安河で誓約《うけひ》した折に、大神は須佐之男命の佩《は》いていた十拳《とつかの》剣を三段に折り、天真名井《あまのまない》の聖水を振りすすぎ、嚙んで吹き棄てた。その気吹きのさ霧から生まれた多紀理毘賣《たきりびめの》命は宗像の奥津宮に坐し、次に生まれた市寸島比賣《いちきしまひめの》命は中津宮に坐し、田寸津比賣《たきつひめの》命は邊津《へつ》宮に坐す。九州と朝鮮をへだてる玄界灘の要所にいまし、航海守護の神として海人族に奉戴され「記」によると多紀理比賣は大国主命と結婚しており、宗像の海人系の氏族と出雲系の氏族との通婚や出雲の鉄との交易があったことを暗示している。剣から生まれることによって、三女神もまた鉄の呪力を身につけた神々である。

支配と征服の象徴として描かれる数々の剣の中で、王権象徴の剣として表れるのは須佐之男命が退治した八岐大蛇《やまたのおろち》の尾から出た草薙《くさなぎの》剣である。

出雲の国の肥の河上、鳥髪の地に住む国つ神大山津見《おほやまつみの》神の子足名椎《あしなづち》、手名椎《てなづち》の女櫛名田姫《くしなだ》（紀では奇稲田姫《くしいなだ》）を八岐大蛇から須佐之男命が助ける説話はアンドロメダ型の神話が祖型と解される。しかし一歩進んで大蛇を退治することによって、剣神の性格を持つ須佐之男命が、肥の河の水神に奉仕する女神である櫛名田姫との聖婚で、農耕神としての性格を持つようになる。元々稲霊を持つ櫛名田姫

金属神

鉄の呪力

図2—4　菅谷山内金屋子神祠（島根県飯石郡吉田村菅谷）

と暴力的な剣神須佐之男命との聖婚は剣が農耕の利器として開拓神に転化し、二神は大原郡の地に須《す》我《が》の宮居を造る。

川がさまざまな生物や物質を胚胎する母胎としての豊饒性を持つように、肥の河（斐伊川）も砂鉄を宿す豊かな河である。源流の鳥髪《とりかみ》の地は良質な砂鉄を産し古来より製鉄の盛んな地で、土砂と共に流れ込んだ砂鉄が川床に推積しながら河口へと運ばれていき、砂鉄は浜でも採取でき川の中でも採取できる。もっとも良質なのは山で採取された山砂鉄である。

エリアーデは川の水源は大地のヴァギナ（女性の性器）であると表現しているが、まさに肥の河の水源に坐す水の女神はそのヴァギナの奥に胎蔵する砂鉄を、ヴァギナからとめどなく肥の河へ生み出し続ける鉄の精も合わせ持つ女神である。

朝鮮から日本海を渡りこの河を遡行して来た流域の製鉄集団にとって、砂鉄を胎む肥の河は母なる河であり聖なる河であった。この水神を祀る櫛名田姫に製鉄神の色彩が窺えるのは、姫が生まれた鳥髪の地はさまざまな製鉄集団が跋扈《ばっこ》していた地であったためであり、山神の裔である足名椎、手名椎もまた一つの製鉄集団の長ではなかったろうか。

古代の砂鉄採取は砂鉄を含む土砂を用具に掬い水中でゆり動かして採るような小規模な方法と思える。『広島県史（民俗編）』によると戦国時代頃から行われたとされる砂鉄採取の方法は鉄穴《かんな》流しと言われ、砂鉄を含む山腹を崩し山土を急傾斜の水路に流し、下流に設けた池に沈澱させた比重選鉱によるもので充分な水を必要とし膨大な土砂を流出している。中国山地では鉄穴口（採掘場所）には鉄穴《かんな》師《じ》によって水神、山神、金屋子《かなやご》神（製鉄神）が祀られていた（図2―4）。

しかし流域の農耕民にとって田に流入する土砂に悩み、洪水が起こればたちまち耕地に土砂が推積

聖婚

金屋子神

するため、農耕民と砂鉄採取集団との争が絶えなかった（藩政期に入り鉄穴流しの行われる地域の各藩は規制を設け、秋の彼岸から春の彼岸までが採取期間とされた）。

須佐之男命が天照大神に献じた草薙剣、八咫《やたの》鏡、八尺《やさか》の勾璁《まがたま》（珠）を推戴し八神の神々を従え降臨した天孫邇邇藝《ににぎの》命は、日向《ひむか》の笠紗《かささ》の岬で美しい木花之佐久夜毘賣《このはなのさくやびめ》に会い求婚し、姫の父の大山祇神《おほやまつみの》は姉の石長比賣《いわながひめ》を副え邇邇藝命のもとへ送りとどけたが、姉の姫の容貌が醜いと返し佐久夜毘賣と結ばれる。大山祇神は「石長比賣を差し上げたのは、天孫の寿命が岩石の如く永久に変わらないよう、木花之佐久夜毘賣は木の花のように栄えますようと差し上げたのですが、姉を返され妹の方を留められたので、天孫の寿命は木の花のようにはかないでしょう」と申し送ったことから天皇の寿命は長久ではないと、姉妹の巫女によって生と死のバランスが量られていることを語っている。

やがて佐久夜毘賣は身ごもるが、身勝手な邇邇藝命は「一宿《ひとよ》にや妊める。これ我が子には非じ必ず国つ神の子ならむ」と疑い、「吾が妊みし子、もし国つ神の子ならば、産むこと幸《さき》くあらじ、もし天つ神の御子ならば幸くあらむ」と姫は疑いをはらすため、産屋《うぶや》に火を放ち火中で三柱の神を生む。壮絶な意思の行為である。この火中出産はまさに姫に仮託されたたたら製鉄行為そのものと見る事ができる。

「たたら」とは、広義に使用される古代製鉄用語で踏鞴と書いて「たたら」と読ませ、炉に風を送るふいごを意味し、炉も「たたら」と仮名づけし、炉のある建物を高殿と書いて「たたら」と読ませる。たたらの操業をたたら吹きという。

たたら製鉄法は基本的には、粘土で築造した炉へ原料となる砂鉄（古代近江の鉄は鉄鉱石の使用が認められるが全体としては砂鉄が主流である）と火力となる木炭を交互に入れ鞴《ふいご》で風を送り製錬する方法で、

火中出産

単純な製法である。語源としては諸説あり、製鉄技術の源流とされる中央アジアにいたダッタン人タタールが転訛したとも、朝鮮語のタリ（足）からとも言われるが確かではない。

木花之佐久夜毘賣が火を放った八尋殿《やひろどの》は産屋であり土の炉である。「紀」神代史上の一書第三に「初め火焔《ほのほ》明る時に生める兒《みこ》、火明《ほのあかるの》命、次に火炎《ほむら》盛んなる時に生める兒《みこ》、火進《ほのすすみの》命、又曰く火酢《ほのすせ》芹《りの》命。次に火炎避《さ》る時に生める兒《みこ》、火折彦火火出見《ひをりひこほほでみの》尊。凡て此の三《みはしら》の子《みこ》は火害《そこな》ふこと能《あた》わず。母《いろは》亦少し損う所無し。時に竹刀《あをひえ》を以て、其の兒《みこ》の臍《ほそのを》を截《き》る」と火中出産の様子を語る。

たたら師の口伝によると「炉の火の色を見る時、第一日目のコモリには朝日の昇る色に吹け、中日の二日目は太陽の日中の色に吹け、三日目のクダリは日が西山に没する色に吹け」と伝えられて来たとある。「紀」では三柱の神の生まれ出る様子を火の変化で語り、たたら師は火の色の変化で語っている。

神阿多都比賣《かみあたつひめ》の名を持つ佐久夜毘賣は、阿多隼人《あたはやと》族の守護神を姉石長比賣と共に祀る巫女である。姉の石を鉄鉱石のように堅い石と解するなら、それを溶かす火の性を持つ佐久夜毘賣であったからこそ、戸無き八尋殿を土で塗り塞ぎ火を放つことができ、火の名を持つ三柱の子神が生まれたのである。姉石長比賣の鉄霊が共に炉にあって妹の介助をしたのではと想像もできよう。男神の妻問いによって神武への系統譜が綴られていく。

「記」では三柱の神のうち、火照命（隼人阿多君《はやとあたきみ》の祖）海幸彦、火遠理《ひをりの》命（紀では火折彦火火出目尊）は山幸彦となり、海彦幸の鉤を失くした山幸彦は佩いていた十拳《とつかの》剣《つるぎ》で千鉤も作り償うが聞き入れられず海神《わだつみ》の宮を訪ねる。そこで海神の娘豊玉比賣と結婚し、三年後、一尋鮫《ひとひろわに》に送られ陸に帰った山幸彦に比賣は「天つ神の御子は、海原に生むべからず」と渚に鵜の羽で葺《ふ》いた産屋に急ぎ入る時「凡そ他《あだし》

妻問い

国《くに》の人は、産む時に臨《な》れば、本の身をもちて産まむとす。願くば妾《あ》をな見たまひそ」の言葉を残す。約束を破り八尋鮫となって子を生む姿を山幸彦は見てしまう。海神の巫女の持つ禁忌を破られた比賣は鵜葺草葺不合尊《うがやふきあへずの》を置き、綿津見の海神宮へ帰ってしまった。豊玉比賣は妹の玉依毘賣《たまより》を送り子育てを頼む。後にこの叔母と鵜葺草不合命は結婚し生まれた四柱の神の一人が神倭伊波禮毘古命《かむやまといわれびこの》、後の神武天皇である。

▨神武と鉄の巫女王▨

日向から兄の五瀬命《いつせの》と共に東征に向かった神倭伊波禮毘古命は、道々の部族を平定し畝火《うねび》の白檮原《かしはらの》宮で即位し、皇統譜初代の神武天皇となる。「記紀」にはこの大和の覇者となった神武天皇に鍛冶王としての衣裳を着せねばならなかった。大和の統治は王権の象徴である剣を強化することにあり、鍛冶集団の掌握によって地方の首長を従属させねばならなかった。そのためには鉄の〈マナ〉を持つ巫女王が后になることで鍛冶王の機能が果たせるのである。

神武天皇の皇后伝承は「記」によると三島溝咋《みしまみぞくひ》の女《おんな》、勢夜陀多良比賣《せやだたらひめ》の美貌を愛でた三諸《みもろ》山の神大物主神が丹塗矢《にぬりや》と化して溝を下り比賣の陰《ほど》を突いた。驚いた比賣はその矢を持ち帰ると神は麗しい壮夫《をとこ》となり勢夜陀多良比賣を娶り、生まれたのが富登多多良伊須須岐比賣命《ほとたたらいすすきひめの》であり又の名は比賣多多良伊須気余理比賣《ひめたたらいすけよりひめ》（陰を云ふを悪みて後に名を改める）と丹塗矢の神婚が語られている。「神武紀」によると、神武天皇の皇后の姫踏鞴五十鈴《ひめたたらいすずひめ》には、事代主神が八尋熊鰐《やひろわに》と化し溝樴姫《みぞくいひめ》（玉櫛姫ともいう）のもとに通って生まれた子と伝えている。

ヒメの名の中に秘められた踏鞴《たたら》は金属製錬に関係する用語であり、多多良もたたらと同じ意味を持

海神の巫女

鍛冶王

つ。

「記」の比賣多多良伊須気余理比賣は母の勢夜陀多良比賣の鉄の〈マナ〉を受け継ぎ、また父の大物主神が大和の先住神であり地主神であるから、当然司祭者として母から娘へと祭祀が受け継がれ皇統譜初代の皇后として巫女王が配されたのである。

山の神、海の神の女《むすめ》達が天孫邇邇藝命から神武天皇へ至る系譜を生み、山と海を支配した天皇は、鉄の〈マナ〉を持つ比賣多多良伊須気余理比賣を后にすることによって、大和のマツリゴトを成立させることが出来たのである。

「記紀」の語る王権生成に至る女神と鉄の関りから「ヒメヒコ」制の原像が浮かぶ。

ヒメヒコ制

三　金属神と禁忌

▩金属神の往来▩

鉄と稲は相擁《よう》して我が国に渡来し、鉄器によって稲作は拡大したにも関らず、その性は互に対極に位置している。

列島に行き渡った稲作によって人々は、一定の土地に定住し季節の変化を生活暦とした。太陽と水の神への信仰を持つ農耕民にとって、たたらの操業は昼夜を分かたず山中に炎を吹きあげ、赫々と闇を照らす様はまさにそこは異界の地であった。

原料や炭材を求め山野を漂泊する工人集団は、小さな製鉄炉を山の中腹に築き、自然通風を利用した鉄生産を野たたらと言った。「紀」の巻第一に「真名鹿《まなか》の皮を全剝《うつはぎ》にして天の羽鞴《はぶき》を作り」とあり、鹿の皮を張った鞴《ふいご》を作ったとあるから、人工の風を送ることによって生産性は上がったであろう。しかしこの頃はまだ鉄器製作は製鉄、鍛冶、鋳造といった職能が分化しておらず、採鉱から製鉄まで一貫作業であったと考えられる。神もまた別個のものとはならない筈で、製鉄と加工（鍛冶、鋳物）の分離の時代に入り神も職能ごとになったのではないかと窪田蔵郎は「鍛冶屋の神々」[5]の中で語っており、『古事記』『日本書紀』の鉄神話に登場する神々は未分離の混沌とした状態で記され、複雑なものとなっている。

伊邪那美命が加具土を生んだことで「ほと」を焼かれ、苦しみの中で生まれた金山比古神と金山毘賣神は金属生産全般を司る神とされる。鍛冶、鋳造の神天目一箇《あめのまひとつ》神は『青銅の神の足跡』[9]では、金属製錬の技術が至難の業とされた古代に、目一つの神は銅や鉄を精錬する人達が長い年月炉を見詰めながら、作業をおこなったあげく一眼を失うことから由来すると述べられている。この神は一つ目小僧の民間伝承とも重なり、どこかアウトローの横顔を持つ神である。さらに大之日矛（天日槍）、伊斯許《いしこ》理度賣《りどめの》命（石凝姥《いしこりどめ》命）、天津麻羅《あまつまら》、武の神であり兵器製作の兵主《ひょうず》神、今も刀匠鍛冶関係に信仰厚い、稲荷神や八幡神など多彩である。

「記紀」に往来するこうした金属の神々の中に名を見せず「延喜式」にも載らぬ金屋子神は、中国山地のたたら地帯に祀られる女神である。生成の時期はさだかではないが、工人集団との一体化は深く、近代に至るまで篤く抱かれた神である。この神を中心に女人禁制のたたら場へ関与できた唯一人の女性「うなり」の存在、信仰、女達への禁忌に焦点をあて、鉄と女の関りのミクロな部分を探ってみたい。

金屋子神

女人禁制

▨金屋子神とは▨

中国山地は良質な砂鉄と豊富な山林に恵まれていたことから、五、六世紀には吉備地方の南部から山地へとたたらの中心が移行し、近代に至るまで稼行されていた地帯である。

金屋子神の降臨譚にも諸説まちまちであるが、民俗学の立場から書かれた石塚尊俊『鑪と鍛冶』〔1〕によると、一様に最初の降臨の地を播磨国志相《しそう》郡岩鍋（兵庫県宍粟《しそう》郡千草《ちぐさ》町岩野辺）とし、さらに白鷺に乗って出雲の西比田（島根県能義郡）の桂の樹に飛来し羽を休めているところを、狩に出ていた安部氏の祖正重《まさしげ》に発見され、神託により長田兵部《おさだひょうえ》朝日長者が宮居を建立し、神主に正重を任じ神みずから村《むら》下《げ》（たたらの技師長）となり、朝日長者の集めてきた炭と砂鉄で吹かれたら（鞴で風を起すことを吹くと言い、鉄作りもたたらを吹くと言う）限りなく鉄が湧いたという伝承説話がある。こうした伝承の地西比田に金屋子神が坐し、たたら稼行のもっとも盛んであった近世は同社の代々の神主阿部氏の巡回祈禱によって信仰圏が拡がり、職能神としてたたら師達に篤く崇敬されると共に、彼等の精神的な規範のバックボーンとなったのである。

天明四（一七八四）年、伯耆国日野郡宮市の人下原重仲の手になる『鉄山秘書』は、たたら全般の事を記した唯一の書である。この書をはじめ石田春律（一八二四年）の『金屋子縁起』や、筆者不明の『金山姫宮縁起』にしろ室町末期から近世に書かれた資料である。古代に溯るには、神と共に鉄を生み、鉄を加工する心性が近世以降のたたら師たちに刻まれ残されているとしたら、その痕跡を手掛りとして辿《たど》れるのではなかろうか（図2—5）。

推戴する神との交流が禁忌によって律せられ、その鉾先が生身の女人に向けられるようになったの

図2—5　金屋子神掛軸（卜《ぼく》蔵家蔵）（島根県仁多郡横田町大呂）

は何時頃からか。

▨金屋子神と禁忌▨

この章へ引用する禁忌については、『鉄山秘書』に記載されたものを中心に、たたら経営者が定めた「山内法」や口伝から見ていきたい。

「鉄山ニ血ノ穢ヲ忌嫌事
　月水ノ有ル穢女ハ、七日が間不㆓入ラ鑪ノ内㆒エ、子ヲ産タル時、女ハ三十三日不㆓入鑪エ㆒其夫ハ一七日カ間不㆑入、産後ノ女ト同火不喰事三十日」（『鉄山秘書』）

この條は近世に記された取締規則を規定した山内法の中の禁忌であるが、後世に至るまで鉄山師（たたら経営者）によって踏襲されている。踏襲された「禁忌に関する規定」を見ると「出産のあった家へは、出産の日から一七日間立入ってはならぬ。出産した女の夫は一七日間鑪《たたら》へはいってはならぬ。産婦は三〇日間家族のものと『別火生活』をしなければならぬ。『月次の障有女』は一七日間鑪へはいってはならぬ（血穢を忌むため）。一般に、高殿のなかは女人禁制とする（金屋子神が女神であるため）。しかし、死者を出した家のものが仕事を休む必要はない（死者を忌まぬ）。鑪や鍛冶屋のなかへ犬を入れてはならぬ（金屋子神が犬に追われてまろび倒れ『神去坐《ました》』という伝承による）。『籠《こも》り』の夜（たたら吹きの最初の夜）は村下と炭坂の妻は『鉄漿《かね》』をつけてはならぬ。高殿の中で四足の肉を焼いたり、食ってはならぬ。その他高殿のなかでは、諸職人は『穢不浄』の行為のないよう厳重に身をつつしまねばならぬ」という規定がある。しかもこれらの禁忌に関する規定は、たんなる空文ではなく履行されていたのである。*

血ノ穢

図2―6　「有声、金屋子図」（和鋼博物館蔵）

また『鑪と鍛冶』[1]による口伝には、「金屋子さんは女の神さんで、人間の女は嫌いである。妻が月の穢にあるときは、夫の村下も一週間鑪へ出なかった。産の時は男の子ならば三日間、女の子の場合は七日間鑪を休み、もし仕事がつかえてどうしても手が離せないときには、報せを受けてもそのまま鑪に籠って我が家に帰らず、産れたわが子の顔を見ないですごしたものだ。女はふだんは山内の風呂にはいってもよかったが、釜塗りの日と仕掛けの日とだけ絶対にはいらせなかった」。

▨「うなり」とたたら場▨

古代「神を祭る」司祭が女であったのが、いつからか祭りの場から遠ざけられ、月穢、産穢、別火とタブーに縛られ不条理な日常の中に閉じこめられ、特にそれは非農業民の世界により強くあった。狩猟、木挽、炭焼、漁民、石工、杜氏などの中でたたら師は直接火を扱い、マジカルな鉄作りは、常に神と一体であり極度な精神の緊張を必要とした。それだけに厳しい禁忌を女達に向けている。しかし内的に縛られていたのは、実は男達ではなかったろうか。

女人禁制とされたたたら場へ職人達の食事を運ぶ、うなりと言う役目の女性が唯一出入りを許されていた。たたら場では三昼夜から四昼夜の徹夜作業で製鉄の全工程が終わるのだが、その間職人達は家へ帰れないのでうなりは必要とされた。『鉄山秘書』では「月水なき少女か、姥を用ゆる」とある。しかし何故唯一人だけ女性が出入りできたのであろうか。食事を運ぶだけなら男性でもできた筈である。出雲飯石郡吉田村（島根県）菅谷たたらの伝承に、神は村下一人と十五になるお松という、うなりを連れて降臨されたとある。「有声、金屋子図」（**図2―6**、安来市和鋼博物館蔵）に、製錬中の村下、炭坂、鞴を押す番子《ばんこ》などの近くに飯《いい》を捧げて立つうなりは神への献供の姿である。神と巫女と村下の

うなり

図２―７　**菅谷高殿**（島根県飯石郡吉田村菅谷）

図２―８　**日刀保たたら鉧出し**（島根県仁多郡横田町大呂）

図２―９　**龍形の銑鉄**（亀山神社、広島県山県郡芸北町）

三位一体こそが古来からのたたら吹きの原型であり、うなりは単なる炊事女でなく、むしろ司祭者であった。潜在する古代の巫女の伝統がたたら場の根底にある以上、男性が関われない唯一の女性の仕事であった。

また田植時に昼餉を運ぶ女性を中国山地の大田植地帯ではオナリと言い、来降した山の神のために炊《かし》ぎ、神と人との相饗《あいにえ》の仕度をする司祭者としての役目を持つ聖なる存在であったとされる。田植で早乙女の唄う歌が男女の関わりを表現しているように、たたらの番子が鞴を踏みながら唄う歌も男と女の出会いであり関わりである。稲の豊かな孕みを、炉が孕む鉄の豊かさへの予祝の歌が人の生殖へ重ねられ、うなりもオナリも古代は大いなる予祝の司祭者であったろう。

沖縄や奄美など南西諸島では、姉妹《おんなきようだい》のことをオナリと言い、男弟《おとこきようだい》はイケリとかイキリとも呼ばれ、このイケリたちを守護するのがそれぞれのオナリたちであった。たたらのうなりと趣を異にするのは、オナリは家々の神に仕える巫女であると同時に、兄弟を守ることのできる生御魂《いきみたま》の呪力と霊力を持つ神である。「金屋子神は女神であるから人間の女は嫌われる」山の神にもこうした傾向があるが、女であるが故に女の穢れを嫌うと言うこのロジックの矛盾をどう解したらいいのだろうか。太陽神がもともと男性神で、それに奉仕する巫女である日女尊《ひるめのみこと》が後に太陽神自身となり、太陽神が女性に変わるという祭る巫女と神が同性化する傾向から、金屋子神はもともと男性神ではないかとの説があるが、男性神によって禁忌の言葉が正当化されるとするならば、たたら場への女人禁制はますます女性差別を表出するものではなかったろうか。

たたら場に展開される鉄生産は、性的な要素と出産の様相が複合しており、たたら場を覆う高殿《たたら》(家屋)は産屋であり、炉は母胎と言えよう(図2―7、8、9)。踏鞴《ふいご》の発達と共に炉型も大きくなり、

オナリ
相饗

近世のたたらに近い日刀保《にっとうほ》たたら（島根県仁多郡横田町復元。冬のみ稼行）の炉は高さ一・一メートル、巾一・三メートル、長さ二・七メートルで、やや舟型の長方形で両側から二〇本ずつ木呂《きろ》（風を炉へ送る管）が差し込まれ、一代《ひとよ》（全工程）ごとに炉は壊され再築される。たたら吹き全般を指揮する技師長である村下と向かい合う炭坂《すみさか》（副村下）が炉に炭を入れ、村下がタネスキ（木製の鋤）で砂鉄を掬い入れ炭と交互に投入される。最初の日は籠りと言われるのも産屋に籠る意と通じている。火性をもつ女神の母胎へ子種の砂鉄を入れる村下は、炉に差し込まれた木呂が象徴する男性神の代理を行ない、タネスキは村下しか持てない道具である。炉の下方につけられたホド穴は女性の性器の名であり、そこからノロを出しまた炉底に肥大する鉧《けら》（鋼や銑が均一化せずに出来ている鉄）を覗くのも、火の色の変化を知り風の調節をするなど産の介助も村下の仕事である。三日三晩たつと鉧に侵蝕された炉壁が薄くなり村下は風を止め金屋子神へタネスキを捧げ納める。いく人かの手子《てご》によって長い火かきで炉が壊され、舞い上る炎と人間の葛藤はまさに子生みの修羅場そのものである。炉底一杯に育った鉧が現れる。やはり金屋子神は女神である。『鉄山秘書』には、

「金屋子神ハ一向ニ姫神ナリト云習ハシタル也。神秘ナレハ安部氏ノ外神秘ヲ白《アカラ》地《サマ》ニ可二申顕《ス》一事ニアラサレハ、大略秘レ之畢」

とある。

製鉄技術の守護神である金屋子神は、山内集団の靱帯として同族意識の象徴であった。それだけに女は禁忌に縛られながら、ひたすら誓守する事が集団の守護に連がり男達の仕事に連がるとされた。女がたたら場へ入ると鉄が湧かないとまで言われていたのである。たたら師の火への清浄感が血穢への不浄感を増幅させ、日常の生活を支配していた。

たたら場では操業の炉から最初にホド穴から流れ出たノロを、初花と言い、えぶり（穀物の実をかきよせる木製の農具を言うが、たたらの場合は鉄で作られノロなどをかき出す道具）ですくって金屋子神へ供える習慣があった。鉄が仕上るための祈りと仕事への加護を願う行事である。流れたノロの形状が龍に似たものが、金屋子神の祠や神社に奉納されたのが見受けられる。イザナミから金属神が生まれるとき苦しみ嘔吐されたものからとあるのは、ノロの流れからの表現である。女性の生理が「穢れ」として忌み嫌われながらも、初めての生理の時は「初花祝」と言い成人の標《しるし》として、一般家庭では赤飯を炊いて祝う風があったが、女性の体の変化と同じ表現である鉄作りは、作るのではなく生まれる感覚であろう。何よりも神儀として行われていたのである。

こうして常に神聖であるべきたたら場が、一方では死を忌《い》まない風習があった。『鉄山秘書』には犬に追われて金屋子神が死んでしまわれ、途方にくれた人々がその死体をたたら場の四本柱に立てかけたところ、生前と変わらぬように鉄が湧いたなどの伝承があり、またたたら場では葬式が出ると棺を担い鑪の廻りを歩いてもらったりしている。炉への死者の供儀は再生を意味するものとして、金属精錬の工人集団の古層にあったものか、次の中国の説話の例からも考えられる。

伊藤清司「古代製鉄と民俗」に紹介されている中国の『呉越春秋《ごえつしゅんじゅう》』（一―二世紀）に伝わる話では、干將《かんしょう》莫耶《ばくや》は宝剣の名として知られ、またそれを鍛造した鍛冶屋とその妻の名ともされている。この干將が呉王に命じられ剣を作ろうとするが三ヵ月経ても成功しない。その理由を妻の莫耶に訊ねられた干將が、自分の師欧冶《おうや》が同じようにうまく行かなかった時、妻と共に炉を入ると鉄が溶けた話に、莫耶は形代《かたしろ》として爪や髪を炉に投じた。または莫耶自身が炉の中に入ったとある。

たたら製鉄は鉄が生み出されると母胎である炉を壊し、再び炉が築かれていく。壊された炉の再成

莫耶

形代

によって人間と金属神の「聖婚」が行われ新たな生命の誕生をもたらす、この死と生の操り返しが鉄作りの場であった。死者の供犠が必要とされたのは再生の前提であったが故に、死を忌まぬ心性が生まれ工人達の深層に内在していたのではなかろうか。

＊　山内（たたら場と職人達の住いを含め全体をいう）は一種の治外法権的区域で、山内法は山内だけの特別な法律で各鉄山経営者の家の家訓、家憲が基礎となっている。労務から日常生活まで厳しく規定がなされる中で禁忌に関する規定は山内の慣習が守護神である金屋子神の信仰と密接不離なものであることを物語る。＝尾高邦雄「職業の倫理」『職業と生活共同体』中央公論社、一九七五年）

●たたら製鉄における用語●

＊　鉄作りをたたらを吹く。鉄の溶解を鉄が沸く。

＊　山内を総称してたたらと言い、炉もたたらと言う。作業上の家屋を高殿と書いてたたらと言う。

＊　製鉄は製錬と表記。鍛冶は精錬と表記する。

四　女人を疎外する始原

▒仏教に見る女の禁忌▒

原料の炭材を求め山々を漂泊移動していた野たたらの時代から、一定の地に定着し高殿の中で鉄作りが行われるようになったのは、室町時代以後と推測される。刀剣の需要の高まりと共に、武士団へ権力が移行し、男権への集中に向かう時期であった。

この時期はまた仏教が庶民の中に浸透し、特に血盆経の流布は四二〇字ばかりの短い経文でありながら、女の血の穢れを徹底的に強調している。牧田茂『神と女の民俗学』[12]ではその概要を「目蓮尊者が羽州追陽懸の広野で血盆池の地獄をみたが、池の中では鉄の手かせ、足かせをはめた女人が罰をうけていた。目蓮が獄主になぜ女人ばかりがこの苦しみをうけるのかと問うと、獄主は女人は出産の時の血で地神をけがしまた穢れた衣裳を河水で洗濯し、その水が諸々の善男善女が茶を煎じ、諸聖に供えるという不浄をいたしたために、死後はこの苦報を受ける。ここを出離するには血盆斎を持し、さらに血盆勝会を結び、この経を誦し、受持し解脱し、書写すれば仏地に起生できる」というものである。さらに「唯識論」では女人を地獄の使者とみたてており、血の池が女性の胸の中にあり、月々の月経がその池から流れると説くものもあることは、神道の不浄観と相乗し女性だけでなく一般に信じられていたのである。この血の池に小さな蛇が棲み、女子の成長と共に大蛇に化身させるために成女になると女は鉄漿《おはぐろ》をつけて、鉄の毒で蛇を縮めてしまう、また抑えることができると鉄の呪術性がここにも見えるが、女達が穢れの観念の世界に追い込まれていく様がいろいろな場に禁忌として表れながら、仏教に救いを求める悪循環の中にいたことが想像できる。

神と祭祀の巫女と一体の鉄作りが、職能神の守護からさらに仏教や陰陽五行説と習合する事で、たたら場に女人禁制のさまざまなタブーを作りあげていくのも室町時代後期からであろう。

中国山地の山陰、山陽の脊梁地帯に中世武士が同族団を率いて土着しはじめ、開拓を進め豪農となり山地一帯に散在していた製鉄や鍛冶の工人集団を掌握し、鉄山経営に乗り出し小領主的性格をもつようになる。彼等が当時の精神文化として神道と共に儒教、仏教に浴していたことが、素朴な神を推戴していた工人集団の精神支配として、山内構成の中で禁忌の受容が織り込まれていったと思える。

▒東大寺の大仏造立▒

奈良、東大寺の大仏鋳造用の銅を産出した山口県美祢《みね》郡美東《みとう》町長登《ながと》銅山跡から、女性も銅の精錬作業に従事していた事実が分かった八世紀の木簡が出土している。出土の情況を『中国新聞』は、十七歳以上の成人男性だけ徴税対象としていたため、納税手段である銅山での労役に女性が加わっていたことは、当時の女性の役割や律令体制を考える上に貴重である、木簡の記述には、「〇〇女が銅一枚三十六斤（約二四キロ）を作った」と伝えている。

鉱物資源の開発をぬきにしては、奈良の大仏の鋳造は考えられなかったろう。

秩父で銅が発見されて和銅と改元されてから三五年後の天平十五（七四三）年聖武天皇から大仏造立の詔《みことのり》が出される。

それ天下の富を有《たも》つ者は朕《ちん》なり、天下の勢を有つ者も朕なり。此の富勢を以て此の尊像を造る。事や成り易《やす》く、心至り難《がた》し。

聖武は国家的事業として人々へ一枝の草、一把の土を持ち尊像を造ろうと訴えている。六世紀末から大仏造立の七世紀にかけては、国内の資源開発が軌道に乗った時期であった。「紀」の天武天皇三（六七〇）年に対馬国司忍海造《おしぬみのみやつこ》大国が「銀《しろがね》始めて当国《このくに》に出たり。即貢上《たてまつ》る」と国産鉱物の発見記録の最初である。その後、金、銅、水銀など大仏鋳造に必要な鉱石が各地に続々発見され、特に天平二十一（七四九）年陸奥国から黄金の貢上が大仏の鍍金に大きな役割を果した。黄金の出現を祥瑞《しょうずい》とし年号も天平から「天平感宝」に改められた。

この頃の近江の製鉄遺跡に源内峠遺跡（七世紀中頃）があり、鋳造作業に必要な鉄器の需要に応えたであろう。聖武の発願以来、大仏開眼までに約二〇年もの年月が費され、その後も二〇年近くも仕上が続けられている。

しかし詔の出された背景は決して平安なものではなかった。天平六（七三六）年の四月と九月に大地震、同七年には天然痘が九州へ伝染し多くの人が亡くなり、同八、九年と凶作が続く。加えて帰国した遣唐使が「新羅の国は常の礼を失して、使の旨を受けざる事」と朝鮮との緊張した情勢を伝えている。さらに天然痘は平城《へいぜい》の都にも侵入し藤原四郷の命を奪っており、民衆の生活はきびしい租税と連年の不作、疾病のために困窮の度を加えた時代である。貴族層の権力争いが根本原因で大宰大弐に左遷された藤原広嗣の反乱が同十二（七四〇）年に起っている。

国家の体現者である聖武天皇としては、律令国家の安定と護持を、国家鎮護として受容した仏教のもつ呪験力に期待したのである。反面、巨大な金銅仏の偉容は国土の鉱産物を掌握した律令国家の顕示であり、国是とした仏教を国家イデオロギーとして、かつての神祀りの共同体であったヤマト王権からの飛翔を確実に見せたモニュメントであった。

和銅と改元された年（七〇八年）に建設が始まる平城京は東大寺の大仏と共に、律令国家を象徴する大都城であった。その造営に諸国から徴発された人々延百万人を要している。徴発された者の中には再び故郷の土を踏むことができなかった者が多く、一万人が勤めるという都城の巷にさまようこの人々を救ったのは僧行基であった。帰依し従う集団に、律令政府は聖道と称して百姓を妖惑する小僧行基と指弾する。この仏教統制の最たるものが「僧尼令」であった。僧尼の自由な宗教活動を認めず、厳重な国家権力下に置く事を目的とした法令である。僧尼は寺家に寂居して国家の安穏を祈る者であり、仏法全体が鎮護国家あるのみであった。鎌倉仏教による変革が庶民の仏教として浸透する室町末期、女人を疎外する始原はこの「僧尼令」辺りからではあるまいか。

むすび

掌に掬える砂鉄、掌に載る鉄鉱石、これらから金属工人集団の手で生まれた鉄がヤマト王権を生成、確立させた原動力であった。渡来文化の稲と鉄の受容拡大、生産上昇は階級差を生みさらに鉄が権力として象徴化されたとき、王権は国家へと結実に向かったのである。

政事よりウエイトの高かった祭事との統治形態が変化したのは、崇神紀六年の条に天照大神を豊鍬《とよすき》入姫《いりひめの》命に、日本大國魂神《やまとおほくにのたまのかみ》を渟名城《ぬなき》入姫《いりひめの》命にそれぞれ託《つ》け王宮外で祀らせるあたりからの伝えに見られる。大化改新以後の急速な政治機構の革新は巫女の機能を排除し、祭政共に男達による統治が律令国家の成立であった。しかし皇位継承権の抗争を治めるために、ときに女帝を擁立したのはやはり基層に女の霊性を必要としたからではあるまいか。

国家鎮護としての仏教受容は、神祀りと相乗習合の中で生まれていく女達へ向けられた血穢の禁忌として、後世に至るまで心性の中に背負わされ差別の根源となったのである。

〈幕間〉

3 女神の時空へ——幻想の初期性

河野信子

挿画・田部光子

はじめに

神は人の側の超えようとする意識、あるいは夢が共通性・共同性を得たものであろう。しかし、日本列島の住人たちの心に浮上した神は、多重性を持って、逆に、さまざまな祭儀・神話・信仰の形態などを作りだした。

「我々が今日でも持ってゐる神の観念には、(中略)非常に尊い存在としての神を考へてゐると同時に、さう言ふ我々にとって迷惑な存在、気の知れないもの、或は恐しい靈物、と考へられる一種の神もあることは事実です〔6〕」

女神の場合にも、この種の多様性も、多重性も付せられていて、威厳にみちている面もあれば、同じ神が、怒り狂う面も持っている。また慈愛にみちて生命を育てる女神が、いっぽうでは死を宰領する。さらになにがしかの人間性を帯びている神だけではなく、太陽から雷にいたるまでの天然の現象、植物から動物（気味悪いもの、恐ろしいものもある）にもまた女神の名が付せられている。

本稿では、これらの特性を担う女神として、イザナミ・アマテラス・アメノウズメの三様の型を取りあげた。

これらの女神たちは、いずれも基層となる生産と制度、文化のうえに立っている。どのように浮遊する心性も、なにがしかの現実との関係なしに、言葉を綴ることはあり得ない。

だがこれらを、過剰に現実の事態に結びつけるところにも危険がともなう。思い入れの深さは、時として、自他ともに縛られる縄に変成しかねないからである。

さらに、もういっぽうの罠は、古い時代の人びとの観念界を「低脳の現代人」のように思い込むことである。

現代は個体が受けとる情報量も、民族に伝達される情報量も古代よりは増加している。しかしこのことは、思弁力・内視力・省察力の増大を意味するものではない。

したがって本稿では、これら女神たちを生みだした古代の人びとの知力を、考えられ得るかぎりの高みのなかで考え出されたものとして見なすことからはじめたい。

本稿が「幕間」という場であることは、なにがしかの仮説、想像も許されることとして、考証だけ

観念界

に終始してはいない。

しかし材料として私たちの前にあるのは、『古事記』『日本書紀』『風土記』である。これらの作品が成立した八世紀の世界の知的状況も無視できないものとして、考えておきたいものである。八世紀末にむけて、シルクロード経由の文物と思想と文化はまことに華やかに、太平洋に縁どられた日本列島に流れこみ、凝集しつづけたわけだから。

一　イザナミ

■対の形成■

八世紀、前後して成立した『古事記』（七一二年）[*1]『日本書紀』（七二〇年）はともに国生みを、男女の対なる二神（イザナキ・イザナミ）においている。

イザナキ・イザナミの前に神がなかったわけではない。『古事記』ではアメノミナカヌシ[*2]（天之御中主）タカミムスヒ（高御産巣日）カミムスヒ（神産巣日）この三神は独神《ひとりがみ》で、身を隠してしまった。つぎはウマシアシカビヒコヂ、アメノトコタチ（天之常立）この神たちも、さしあたっては、何もしないで去ってしまった。

遠ざかる神はまだつづく。独神は、クニノトコタチ（国之常立）、トヨクモノ（豊雲野）、男女の対は、四組となっている。

これらの神名は、いずれも、宇宙創生期から地球生成期の自然現象を人びとが夢に見たに近い命名

対なる二神

法である。この点は『日本書紀』ではよりはっきりしている。

遠い昔のこと、天地も分れてはおらず、薄暗らく、陰陽も分れていない時に、混沌のなかに卵の胚のような「きざし」がふくまれていた。清明なものは天となり、重く濁ったものは土となった。（中略）天が先に出来て、その後に、地が定った。

そこに神が生まれた。土地は遊魚のようで、神は葦の芽のようであった。と、つづくのである（これらは、中国の神話『准南子《えなんじ》』などを原型とするといわれていて、しかも「天地剖判《ほうはん》」の神話の系譜に位置づけられてはいるが、本稿でこれらの追求は、本題からそれるので、おこなわない。中国の思想が、この時代、文字をあつかう人びとの間に大流行した様相は、『日本書紀』に、初期の強烈さをともなって、表現の形式を得ている。その強度は『日本書紀』のほうが高い。『古事記』は内向け、『日本書紀』は外向けといわれるのも、文体・思想から来たものであろう）。

とにかく神名からも察せられるように、イザナキ・イザナミよりも前の神たちは、宇宙を名付け、自然を名付ける過程に似ているが、ウヒジニとスヒジニからは男女の対となっている。

だが、これらの神々は、アメノミナカヌシが生んだわけでも創ったわけでもなく、「生まれた」のである。これをキリスト教（あるいはユダヤ教）の『旧約聖書』と対応してみよう。

元始《はじめ》に神天地を創造《つくり》たまへり。地は定形《かたち》なく曠空《むな》しく……（後略）（日本聖書協会による）

画・田部光子

一日目に光と闇を分ち、二日目に空と水をわかち、三日目に陸と海を分ち、四日目に太陽と月星を創り、五日目に魚たちと鳥たちを創り、六日目に家畜と昆虫と獣たちと人を創ったと「創った」ことに重点がおかれている。しかし『古事記』『日本書紀』の場合は、自然霊を背負ったかのように、「生まれ」つづけたことになっている。またこの「生まれた」自然霊も、生命体に近づけば近づく程、男女の対となって生まれ、イザナキ・イザナミは、生まれ、生みつぐ存在として、働きはじめる。

三貴子（アマテラス・ツクヨミ・スサノヲ）の誕生までは、この国の神話に人と自然との分離、対峙はほとんど見られない。人格を与えられた自然であり、自然霊を背負った人であった。もとより『古事記』生成の時まで、この国の人びとは、自然との有機性のなかだけで人の観念を紡いでいたわけではない。しかし原初についての夢は・他地域からの影響・流入の混在ぶりを示しながらも、人と自然とが有機的に相互創出されるものとして結ばれていた。そこに男女にわかれた性と、対なる関係の展開があった。

人と自然との有機性のなかで、国生みがはじまるわけであるが、『古事記』には「見立てる」にはじまる行為がある。天の浮橋は、天と地にかけられた「見立て」られた橋であり、淤能碁呂島《おのごろ》は見立てられた「天の柱」であり、八尋殿《やひろどの》であった。[*3]

つぎに来るのは、数多くの文献では、極めて、エロティックなものとして、例示されている「成り合はざる處《ところ》」と、「成り余れる處」が出合わねば、国土は生めぬと語るところである。この段階で、この国の神話世界は、両性具有の超産出力を離れて、自然の性として、両性に分断されてしまったといった思想に立った。したがって、双方の性は、相手をもとめてやまぬものになる。これはヒト科だけにかぎるのではなく、すべての生命体に共通の原則であるとしたのである。[*4]

自然霊

相互創出

さらにこの種の「欠如」と「過剰」について、はじめにいいだしたのは、女神であるイザナミのほうである。また「まあ、何と美しくすばらしい男の人」と先にいったのもイザナミである。ここで、「女が先に語りかけたのは、よくない」としたのは『古事記』『日本書紀』の双方ともである。しかし、両者にはなにがしかの差異がある。

二神の婚姻によって生まれたのは「ヒルコ」[*5]（『古事記』では水蛭子、『日本書紀』第二の一書では蛭児）ただし、『日本書紀』本文では、イザナキは、イザナミに「なんてすばらしいことでしょう。美しい男のかたに会えましたとは」といわれたイザナキは、不機嫌な顔をして「私は男なのだ。男が先に唱えるのが道理というものだ。女のくせして、先に言うとは何事だ。やり直そう」といって、やり直したとある。ここでは、ヒルコは生まれていない。

これは、母権制期に割り込んで来た父権観念であるといった受けとられかたをしているが（完全な父権制ならば、女が先に言ったとする展開もあり得ない）、「先に行動する」ものについては相反した二つの型（毒味をさせられる型と、寄せ鍋に箸をつける順番をいう型の双方）があるので、即断はしがたい面がある。

『古事記』『日本書紀』とも対なる領域に「区分化」を持ち込み、欠如と過剰の凝縮と憧れに水をさしてはいるが、以後に「国生み」「万象生み」などで計二三神が『古事記』ではつづけられる（国名と数に『古事記』と『日本書紀』では差がある）。

対の破れを展開するのは、火を生んだことによるイザナミの死の記述によってである。

ヒルコ

■対の破れ■

イザナミは火の神を生んだために死に到った。[*6] このくだりを、「火が人を殺した」ととるわけにはいかないのは、「子の一つ木《け》に易へつるかな」（「子の一人にかえた」の意。一人とはいわず「一つ木」と表現している。死↓火↓生とする観念から、「易える」であって、「死滅」ではないとされた）の説明がつかないからである。

ここでイザナキは言った。「愛しい人を、ひとつの木に易えてしまった」といって、頭のほうに這っていっては泣き、足のほうに這って行っては泣きする。（『古事記』）

このときもナキサワメが生まれる。イザナキは、神話文学としての『古事記』のなかで、はじめに大泣きをした男である。この点に関して、中西進は「当時の葬送儀礼の反映」[21]とした。「匍匐《ほふく》礼」であると。『古事記』が書かれた時代、アジアの諸国（文化の流入にかかわりがあったと思われる）で、妻の死にあたって、この種の「匍匐礼」があったとしても、謎は残る。

神話文学には部族あるいは王権の中心部分と広汎な周辺部分との観念の共通部分がなければならない。変成可能な許容度は、限りなく高くなるわけではない。そこに「男が泣いても、理に反するわけではない」とする観念の根の拡がりがあったと、考えることができる。これもまた復活をねがうモティーフを内に込めていると中西は指摘している。

個体の復活は地母神の質を残しているイザナミにはあり得ぬことであって、〈生み出すものの死〉（あるいは被殺）。つぎに新しい死を媒介として、新しいカミたちの宇宙が発生する。被殺の血は、ほと

地母神

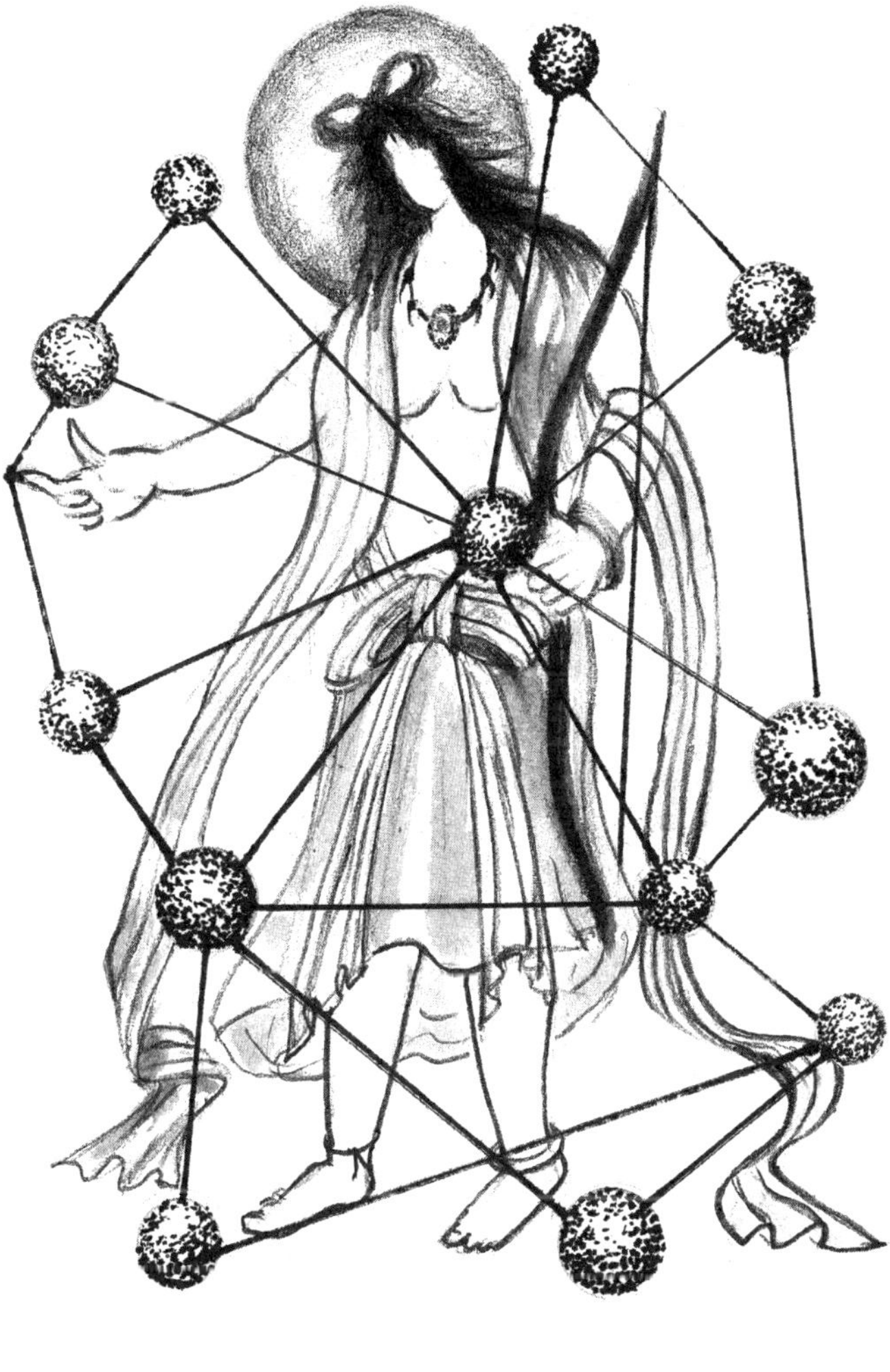

画・田部光子

ばしってイハサク（石拆）ネサク（根拆）とつづく、まことに激烈なカミたちである。さらに斬り殺された火の神（カグツチ）の体からは、マサカヤマツミをはじめとする山津見《やまつみ》たち八神が生まれると、ここでは、イザナミの産みは、万象の進化系譜神話へと移って行くが、単一ではなく、地母神は、つぎの段では、「黄泉の国」の段へと移って行く。

　イザナキはイザナミを追って黄泉の国へ行く。ここで生者と死者との対話がはじまる。「ふたりして作っていた国は、作りかけなのだ。だから還ってもらわねばならないのだ」が生者。「あなたが、くずくずしているから、私は黄泉の国の釜の飯を食べたではないか（かまどの共食は共住と所属の強い意味を持っている）。だが、せっかく来てくださったのだから、私も帰りたい。黄泉のカミとしばらく言い合ってくるつもりだ。その間、私を見てはならない」というのが死者。

　だが生者は禁を犯してしまう。ここで覗き見を禁じたのは、ギリシャのオルペウス神話（ふりかえることを禁じた）のように「死の神」ではない。また、超越的な唯一神ではなく、死者イザナミ自身である。ここにも、イザナミの対峙性が書きこまれている。

「見てはならない」といわれていたにもかかわらず待ち切れずに、イザナキは、頭に挿した櫛の両端の太い一本を折りとって、灯をつけ内を覗いてしまう。そこにイザナミは、

　——蛆《うじ》たかれころろきて、頭には大雷居り、胸には火雷居り、腹には黒雷居り、陰には拆雷居り、左の手には若雷居り、右の手には土雷居り、左の足には鳴雷居り、右の足には伏雷居り、并《あわ》せて八はしらの雷神成り居りき。[*7]（『古事記』）

と、雷の発生源のようなありさまである。地球創生期の生命の進化に電気現象が関与しているといった仮説が現代の自然学に提出されているところから見ると、「神話的直観」を思わせるくだりであるが、伏在した直観域をいまここで探ることはむずかしい。ただ、昼の地上は太陽の国・夜の地下は雷の国といった観念はあったと思われる。またギリシャ神話ゴルゴーン三姉妹のように髪が蛇ではなく、雷であるところに、日本の神話文学はひとつの個性を持っている。

つぎの段は、イザナキ遁走の段となっており、『日本書紀』第十の一書は「族離《うからはな》れ」と書き、『古事記』には、道教の呪術[*8]をたっぷりとり入れた遁走の場となって、ここで対の破れは決定的となる。黄泉比良坂の対決の場でイザナミは「汝の国の人を一日に千人絞り殺す」と生者の国の死を司ると宣言し、イザナキは「一日に千五百人の産屋を立てよう」と宣言する。この数を現実のものと考えるならば法外な数である。二千年で三億六五〇〇万人（百万未満捨、五〇年で二倍になる鼠算よりははるかにすくない）増加するというのは、この国の「時間」意識が『古事記』成立期には、比較的短いインターバルをもとにした（過去よりもむしろ未来において）ものであることがうかがえる。[*9]しかし、ここでは、事態を厳密にしない神話的現実観と考えるしかないところである。

ここでイザナミは死神と設定され、イザナミの産む機能は、死者の国への呼び込みと、宰領の二重性においてのみ存在していて、地母神の「産み育てる」機能は、創造神となったイザナミの終りの段階で否定される。

さらに対の破れは、「けがれ」と「みそぎ」の観念へと転化されていく。ここで「けがれ」の担い手は「死せる肉体」であったが、その後、生者たちのなかに性あるいは職業の異種性をもとに「けがれ」の担い手を創出する可能性を内包しはじめてくる。

神話的直観

族離れ

神話的現実観

けがれ
みそぎ

私は見るのもけがらわしい、穢い国に行ってきたので、この身を禊ぎしなければならない。*10

(『古事記』)

とイザナキは言って、持っているもの着ているものを、何もかも投げ捨て(つぎつぎに神が生まれる)て身を洗う。その終りの段階で、万象神ではない神として権力を持った「行政神」「文化神」が生まれるのである。

この禊祓は現代の神道にも残っていて、県神社庁発行の毎年の『神社暦』(社務所で一般に販売されている)には次のようにある。

祓詞《はらへことば》

掛《か》けまくも畏き　伊邪那岐《いざなぎの》大神　筑紫《つくし》の日向《ひむか》の　橘《たちばなの》小戸《おど》の阿波岐原《あはぎはら》に　御禊祓へ給ひし時に生《な》り坐《ま》せる祓戸《はらへど》の大神等《おおかみたち》　諸諸の禍事《まがごと》罪穢有らむをば　祓へ給ひ　清め給へと白《まをす》す事を　聞こし食《め》せと　恐《かしこ》み恐み白す

(各県の神社庁発行の暦は祓詞は同文である。ただし、神宮司庁発行の暦には祓詞は掲載されていない)

これらは、この国の固有の「けがれ」観を形成するが、禊観と複合されているために、相互創出の複雑な作用を、この国の人びとの潜在した意識領域に定着させるのである。

*1　『古事記』には偽書説がある。古代の「天皇制」の地固めのために作られたものであるにもかかわらず、内容に差

行政神

文化神

異があり、時期も『日本書紀』に平行しているために、検討・新説は現代もいたって絶えることがない。偽書説の代表的な人びとは、賀茂真淵・沼田順義（以上近世）・西田長男・鳥越憲三郎・大和岩雄などの諸氏である。しかし、本稿では、真偽を問うことはしない。本稿の目的が成立期の観念と、共同化された（王権による主導があったとしても）記憶の相互作用に主要点をおくためである。

＊2　『古事記』『日本書紀』の神名は、カタカナで表記する。引用部分はできるだけ現代語訳とした。

＊3　国生みを「見立て」によってはじめるのは、『古事記』。『日本書紀』本文では「見立てる」といった表現はなく、「柱《みはしら》として」となっている。『日本書紀』の「第一の一書」（一書に曰《あるふみ》く）のみ「化作《みた》つ」「化竪《みた》つ」となっている。

＊4　動物たちにとっては自然でも、ヒト科の段階では、相手を求めはしても子生みにいたる方法はわからぬとして、他の動物を手本とするしかなかったと書いたのは『日本書紀』第五の一書である。「しかもその術を知らず。時に、鶺鴒《にはくなぶり》（せきれいのこと、いしたたき、かわらすずめなどの和名があって、古名には、妹兄《いもせ》どり、婚ぎ教えどりなどがある）有りて、飛び来りて其の首尾を動かす。二の神《ふたはしら》、見《みそなわ》して学《なら》ひて、即ち交《とつぎ》の道を得つ」と、複雑化した生命体では、ヒト科だけではなく、サルでも教える必要があるとしたのは、最近の動物生態学からの報告である。神話系文学のなかに、どのようにして、このことが混入したかは、現在の段階では結論は出しがたいが、この国固有のものでもない。

＊5　中西進『古事記をよむⅠ』[21]には、ヒルコには「日る子」であって、「日《ひ》る女《め》」との対応神（ヒルメはアマテラス）であったとする説への言及がある。「天も海のアマであり、彼らにとって海と天は連続した、あるいは対応した同質の世界だった。ヒルコを海に流したということは、天に放ったということともとれる。水蛭子は〈日る子〉だという説は肯うところが多い」と。〈日る子〉〈日る女〉の対応は、神話文学を、歴史文学としてとった場合、一組の司祭（男巫と女巫）と考えられたということになる。

＊6　火を生んだことで死にいたるとしなかったのは、『日本書紀』本文である。イザナキと共に日の神、オオヒルメノムチ（天照大神）、月の神（月読命《つくよみ》）、スサノヲを生んでいる。またヒルコが生まれるのも、ツクヨミの後である。また、ヒルコが生まれる順位を、日月両神の後にもって来たのは『日本書紀』本文、第二の一書である。

＊7　『日本書紀』のほうはこれだけの迫力はない。黄泉の国訪門があるのは、第六の一書、第九の一書、第十の一書、だけである。第六の一書には、「膿沸き蟲流《うじたか》る」とあるだけである。また第九の一書は「脹満れ太《たた》高えり（ふくれあがっていた――岩波・大系本註）、上に八色の雷公あり」となっている。第十の一書ではイザナキは「離婚しよう」（族離《うからはなれ》なむ）という。族離れは、後世は氏族から追放されることを意味しているので、八世紀の思想と族制の混入も考えられる。

＊8　吉野裕《ひろ》子は著書『持統天皇』『五行循環』『隠された神々』（いずれも人文書院、一九九二年）で、タオイズム（道《タオ》）の古代日本文化への流入と天武・持統期（『古事記』企画のはじまり――後述する）について論じている。『古事記』

成立の事情を考えるためにも、『古事記』記述内容のなかの道教に影響されたと思われる部分を考えるためにも重要な著作である。

＊9　桜井邦明は著書『天文考古学入門』（講談社現代新書、一九九三年）において、飛鳥地方の巨石「酒船石」と「益田の岩船」についてふれている。これらの巨石が天文観測につかわれていた可能性を指摘している。となれば『古事記』成立期には、これらの装置は存在していたと推定できるので、時間意識・空間意識の極端な低さを考えるわけにはいかない。

＊10　『日本書紀』で「三貴子」誕生をイザナキ、イザナミの対によって生みだしたのは、本文、第一の一書、したがって、これらの「一書」には、禊祓いはない。

二　アマテラス

三重の質

アマテラスには、太陽神性と神女《ひめ》機能と天皇家の祖神性の三種の観念が複合している。また、イザナミのように、地母神性と魔神性がメビウスの輪の形に連結しているわけではない。またシャーマンのように、トランス状態と狂乱によって霊界に人びとを導くわけでもない。

天皇家の祖神とするためには、魔神性と憑依性は、注意深く排除しなければならない。さらに、太陽神なのか太陽崇拝なのかも、曖昧にしておく必要があろう。また、魔神性と憑依性を排除したり太陽神型の発想を霧のなかにまぎれ込ませたりする「作為の跡」を残したりするわけにもいかない。

あくまで祖型を神話に借りて、天皇家の系譜を語るためには、幼年期の発想に似せて、「無邪気」でなければならない。

神女機能

アマテラスが太陽神のようでもあり、神女（巫女）のようでもあり、大王のようでもあるのは、現実のヒメあるいは女性を神格化したのではなく、幻視した架空性のなかに、時代の相を「支配的な観念」にまとめあげるためでもあった。[*1]

まずその発生については、『古事記』と『日本書紀』にはなにがしかの差異性がみられる。列記すればつぎのとおりである。

『古事記』 イザナキの禊の終りがけに、左目を洗った時に生まれたのが、アマテラス、右の目の時はツクヨミ（月読）、鼻を洗ったときには、スサノヲ。イザナキは三人の貴子が生まれたと喜んで、アマテラスには高天《たかま》の原を、ツクヨミには夜の国を、スサノヲには海原を治めよと命ずる（はじめから天照大御神となっていて、王権の祖神観に合致させられていて、太陽神であれなどとはいわず、性別も書きこまれてはいない。ただ、名付で天照[*2]として太陽を暗示しているだけで、メタファーとして使われている）。

『日本書紀』本文 イザナキとイザナミは、二人して、海を生み、川を生み、山を生み木の精を生み、野の精を生んだあとに、「大八州国と山川草木を生んだのだから、『天の下の主《きみ》たるものを、生まねばなるまい』と、日の神を生んだ。[*3]名付けてオオヒルメのムチ（大日孁貴）。この子は光り輝いていて、六合《りくごう》に照りとおっていた。イザナキとイザナミは喜んで『これほどまでに、霊異を持った子は見たことがない。すぐに天に送ろう』と宣言した。この頃は天と地の距離は、今（『日本書紀』編纂の頃）ほど大きくなかったので、送り上げることができたのである（面白い弁解をつけているのは、『日本書紀』編纂の頃、地球と太陽との距離について、なにがしかの情報が入っていたためであろうか）。

第一の一書では、イザナキの願望によって左手の白銅鏡をとったときに生まれたのが、オオヒルメのミコト（左尊思想）。第六の一書は『古事記』の記述に似て黄泉の国がえりの後にアマテラスを生んでいる。

アマテラスの記述にくらべて、「三貴子」のうち、残り二人のあつかいには怪しさがある。『古事記』ではツクヨミ（月読）は「夜の国を治めよ」といわれながら、その後は無視されたに近いあつかいを受けている。また『日本書紀』のほうでは、ツクヨミを「月の神を生みまつります」と、「その光うるわしきこと、日の神につぐ」として天に送る（本文）。第十一の一書では、アマテラスの命によりツクヨミは（ここではアマテラスは、皇祖神）葦原の中国《なかつくに》に保食《うけもち》の神を見に行く。ここでウケモチの神は、口から飯を出し、大小の魚を出し、食料となる鳥獣を出して、食卓に供する。ツクヨミは怒って、「なんと汚ならしい」とウケモチの神を切り殺してしまう。このことを、帰りついてアマテラスに報告すると、アマテラスは「何というひどいことをした。顔も見たくない」と激怒する（ここでもアマテラスは皇祖神）、となっている。

つぎはスサノヲである。スサノヲは命じられた国（海原）を治めもせずに、泣いてばかりいる。青山は枯山になり、河も海も乾上がってしまうほど泣きくらす。自身は、あご鬚が胸にたれるほどになってもまだ泣いている。イザナキは、「どうしてそんなに泣くのだ。国を治めもしないで」と問う。「妣《はは》の国に行きたいのだ」と答えたスサノヲに、イザナキは怒り心頭に発し、「ならば、この国に住んではならぬ」と追放してしまった、となるのが『古事記』。『日本書紀』では、スサノヲは荒ぶる神で、残忍きわまりない。そのうえ、泣いてばかりいる。そこでイザナキ・イザナミは「根の国に去《い》ね」と

妣の国

根の国

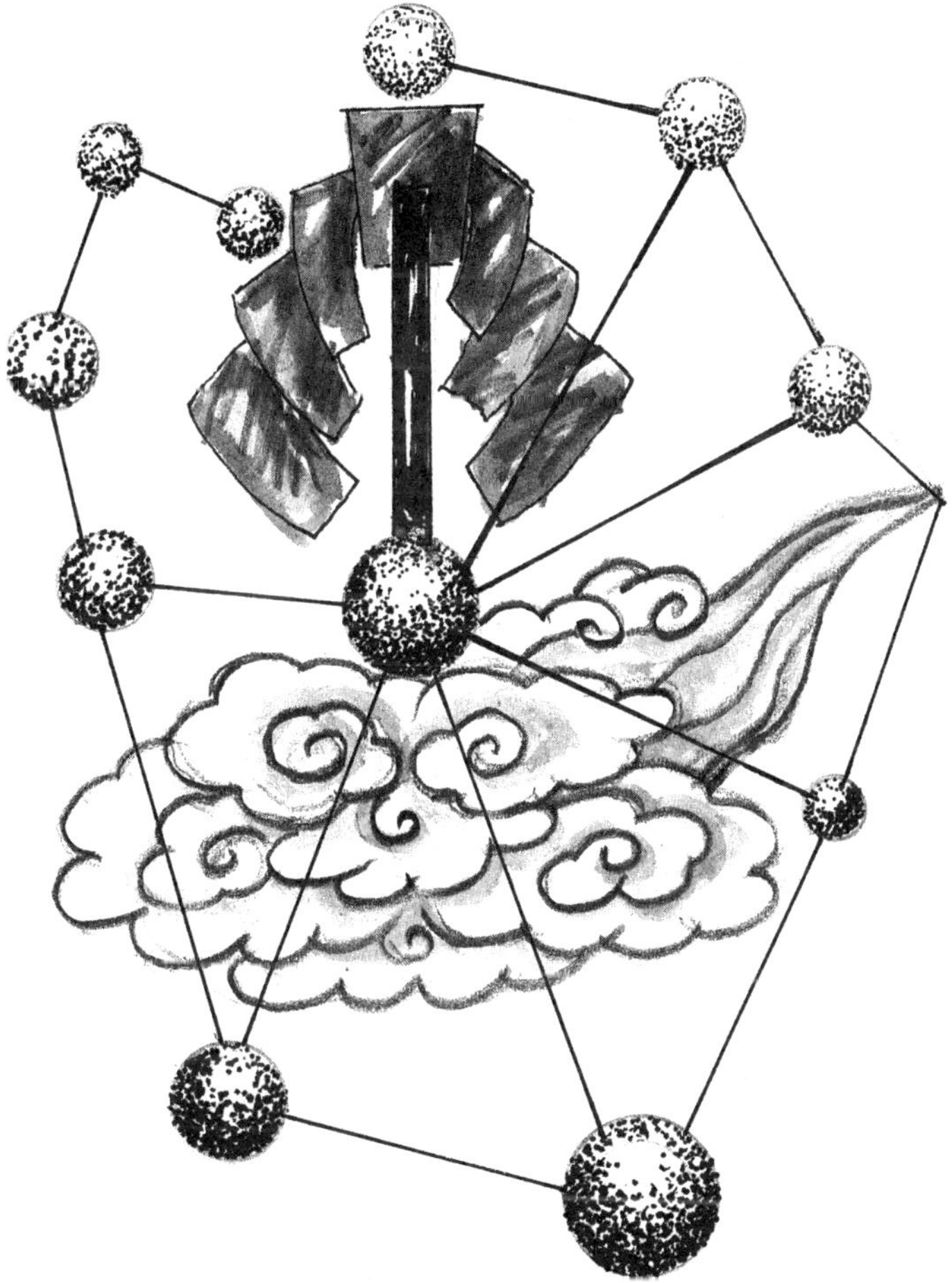

画・田部光子

追い出した、となっている（本文）。第一の一書、第二の一書、第六の一書も似た表現をとっている。

　ここで、月を奉ずる部族（潮汐力に関わることで、海岸地帯では無視できない）、と海洋を渡った部族（星を読まねば大海は渡れない。大草原も同じ。したがって北極星信仰を持っていた）を、何らかの形で隠し込む必要があったことを想像させるものがある。この隠し込みは、被支配部族にたいしてだけではなく、部族連合の場合でも、出自を隠し込む必要があったであろうと想像させるものがある。しかし、このことに関しては、本稿の主題からそれるので割愛する。

『古事記』で、それまで皇祖神あるいは太陽につかえる神女[*4]のように書かれてきたアマテラスが、太陽神らしい振舞をするのは、「岩戸隠れ」の場であるが、これは、アメノウズメの節でとりあつかうことにする。

■地動説と太陽崇拝■

　アマテラスの三重性（太陽神・神女性・皇祖神）を神話のなかに書きこんで、この国の天文観になにがしかの曖昧さを持ち込んだ意図について、現代から推測することは困難である。なかでも、アマテラスに神女性を重ねて、神話世界を、歴史的現実の残像のように織りあげている基層には、生産の様式、王権のなかの神秘性、部族の交替劇、氏族の内部に多様な族制の混合過程などがあるであろう。しかし上層部（世界をめぐる思想界からの情報が流入しやすい位置にあって、文字を伝達手段として、自在に使う人びと）の意識界は、書かれたものに残された場よりはいっそうの複雑性のなかにあったと見ておいたほうが、事態を推測する道ではないかと思う。

『古事記』が企画されたとき、天武「天皇」（在位六七三―八一年）持統「天皇」（天武の妻、天智「天皇」

神女性

複雑性

の娘、在位六八六—九七年）の二人のかなりな天文狂いと、北極星信仰は、吉野裕子『隠された神々』〔29〕（前掲書）にくわしい。

また「日本」にはすでに仏教とともに、道教思想が入り、また景教（キリスト教の一派）もなにがしかの形で混入していたと思われる痕跡がないわけではない。*5 さらに古代の祭儀に、ゾロアスター教の混入を見る人もあって、古代史学は、混乱の極みのなかにある。

ここには、原始・古代における渡来人と渡来文化をどうみるかということがかかわってくる。八世紀近くまで「日本」は、戦乱のなかにあったといってもいい程、政治は安定せず、部族間の抗争も完全に終ったわけではなかった。

縄文期から弥生期を経て古墳期末までの一万年におよぶ期間、戦乱状態のはじまりは何時頃かといった問いに答えることはできない。ただ『魏志倭人伝』に、「倭国乱れ、相攻伐すること歴年」しあるので、二世紀から三世紀にかけて戦乱のなかにあったことを推定することはできる。ただし、この戦争が渡来人たちに起因するものか、数万年にわたって住みつづけた人びとが起したものか、双方の要因が混在したかはわからない。

ここで「渡来」についていくつかの設問が可能である。まずこの人びとは、〈漂流の民〉なのか、〈貿易〉を目的とした人びとか、あるいは、〈侵略者〉か、ただの冒険者なのか、それとも部族の長を中心とする集団か、「国家」（できたての）によって招聘された人々か、とつづくのである。いっぽう渡来文化には、この人びとに加えて、「日本」国から派遣された人びとが持ち帰ったものもふくまれている。

おそらく、「渡来」にはこれらすべての要因が複合されているであろう。さらに、『古事記』『日本

渡来文化

書紀』の企画の時までに、「日本」に渡来し、定住した人びとのルートについては、南方系と大陸系とに大別される。学界のなかにもすくなくとも、中国南方経由、揚子江口経由、台湾・沖縄を経由するものから、フィリピン経由、ポリネシア、メラネシア経由のもの、大陸・朝鮮を経由したもの、北方から現サハリンを経由したものが考えられている。その上、ヨーロッパ系の文化が、海と陸のシルクロードを通じて、印度と中国から流入していることも考えられる。

となれば、ヨーロッパ系自然学が全く伝わらなかったと考えるわけにはいかない。仮に宗教の力が働いて、インドと「中国」が壁になったとしても、壁を越える思想というものはある。その上この両者も、安定した統一国家などではなく、渡来の人びとにあふれる流動しつづけた国家でもある。このなかには、壁を越えた地動説も混入していないとはいえない。

前二六〇年、サモスのアリスタルコスは、地動説をとなえた[*6]（前三三四年アレクサンドル大王が東方への遠征を開始した後のことである。東への道は開かれていた）。

のちに、後二世紀プトレマイオスが、著書『アルマゲスト』によって、地球を中心とする「天動説」を発表した。キリスト教会もこれを支持し、以後、千年を超える年月を、ヨーロッパの宇宙観は、「天動説」に支配されたままであった。

しかし、アリスタルコスの説が消えてしまったわけではなく、百年後、バビロニアのセレウコスが、アリスタルコスを支持し、また十世紀のはじめにも、クスター・イブン・ルーカーによって秘密結社経由でアリスタルコスの論文は翻訳されている。プトレマイオス以後、地動説は、秘密めいて、散らばったともいえる。

この散らばりの様相については、ここに示した二例をのぞいては、確証はない。したがって、現代

南方系
大陸系

の人びとは、日本への地動説の流入（秘説としてでも）について肯定も否定もできない位置にいることになる。

ただ、太陽こそ中心とする思想は、太陽崇拝に結びつきやすい。アリスタルコスにしても、コペルニクス（一四七三―一五四三年）にしても、太陽中心宇宙観（地動説）の根には、太陽崇拝があった。この観念の基層を考えるならば、八世紀太陽神への崇拝の根には、弥生期の稲作にまつわるものだけではなかったとも考えられる。加えて、アマテラスを皇祖神とし、北辰信仰を隠し込み、女神と神女の三重の構造を作ったとき、多岐にわたる根茎のなかに、ひとつぐらいは、地動説にまつわるものが流れ込んでいた可能性も、全面否定するわけにはいかないのである。

古代社会の文筆の徒（この国を「日本」といって、周辺諸国に宣伝した）の場に、太陽神にまつわる情報が説話化されるまでに、どのような曲折があったかを、明示することは不可能に近いが、曲折を内包したいくつかの断言も、アマテラスの女神化に関しては留保したいものである。[*7]

大学者による新しい論理の封じこめは、人文学だけではなく、自然学においても起っていたことの、これはひとつの例証である。また封じこめられた事態の自動作用を考えるとき、歴史の裏面史の浸出路のなかにも太陽崇拝はあると思える。

＊1　『古事記』『日本書紀』には、アマテラスの神女機能や皇祖性のほうを、その時まで各地で伝承された祭儀をもとにして、具象性をもって書きこんでいる。この点については、能澤壽彦の「ヒメヒコ制の原型と他界観」、奥田曉子の「王権と女性」において論究されるので、この稿では、初期の観念形成についてだけにとどめる。

＊2　天照《アマテラス》の名付けに関連しては、松前健『大和国家と神話伝承』（雄山閣、一九八六年）第四章「日本古代の太陽信仰と大和国家」に、各地で日神崇拝が行なわれていた形跡があるとして『延喜神名式』より、アマテル御魂神社――大和国城下郡鏡作、同国城上郡他田《おさ》、摂津国嶋下郡新屋《にい》、山城国葛野郡木島《このしま》。アマテル玉命神社――丹波国天田郡・粒《いぼ》坐《ます》アマテル神社――播磨国揖保郡のアマテル神社――対馬国下県郡などがあげられている。

*3　日の神、太陽神の性別については、『日本書紀』の頭註には、太陽を女性、月を男性とした観念を持つのは、極北、亜極北地方に広く分布しているとある。しかし、東南アジア、インドではアウストロアジア語族に多く、日本は双方の分布をつなぐ位置にあるとされている。さらに『日本書紀』の筆者は女巫の意をこめて孁《ひるめ》の文字を使ったと書かれている。さらに、松村武雄「太陽信仰と天照太神」(『神道学』3、一九五四年)では、太陽神と太陰神(月神)の性別は同一民族内でも一定していないとして、北方系、南方系のいくつかの例があげられている。

*4　アマテラスを神女性で展開した論文は、谷川健一「ヒルメとアマテラス」(『古代史ノオト』大和書房、一九七五年)、上田正昭『日本神話』(岩波新書、一九七〇年)荻原浅男「日神・素神の『うけひ』神話の機構」(『国語と国文学』36—9、一九五九年)、土橋寛「天真名井神話の構造と形象」(『国語と国文学』62—7、一九八五年)。

*5　直木孝次郎『日本の歴史2　古代国家の成立』(中公文庫、一九九一年)には、聖徳太子の廐戸《うまやど》皇子という呼び名にふれて、「中国では唐代にキリスト教の一派景教(ネストリウス教)が流行していたから、天智、天武朝ごろに入唐した僧侶がキリスト降誕説話をもちかえり、太子の誕生に付会したのではないか、という説がある。おもしろい意見だが、ほかにキリスト教の知識の渡来したあとが何ものこっていないので、なんともいえない」として結論を保留しているが、通史のなかに書き込まれたということは、無視もしていないためであろう。また『聖徳太子はいなかった』(石渡信一郎、三一新書、一九九二年)として『日本書紀』の記述を疑う文献も出ている。

*6　アリスタルコス「太陽と月の大きさと距離について」(種山恭子訳『世界の名著9　ギリシアの科学』中央公論社　一九九〇年)には、太陽と地球の体積(質量ではない)の比を「六八五九対二七よりも大きく七九五〇七対二一六よりも小さな比をなす」と見積っている(現在では質量約三三・三万倍とされている)。また距離は「月が地球から離れている距離の一八倍よりも大きく、二〇倍よりは小さい」としている(すべて証明付)。(現在では一四九五億キロメートルよりすこし大きいと考えられている。地球と月との距離は現在三八万四千キロメートルと考えられている)。アリスタルコスの地動説に関する文献は、アルキメデスの書簡体で書かれた(ゲロン王さま宛)「砂粒を算えるもの」(前掲『ギリシアの科学』)のなかに「アリスタルコスの仮定しましたのは、(1)諸恒星と太陽は不動のままであるということ、(2)地球は太陽の回りに一つの円周を描いて回転し、その円軌道の中心に太陽が横たわっていること、(以下略)(三田博雄訳)」とかなり気にしているらしい紹介をしながら、「だが、こういうことがありえないのは、みやすい道理でございます」(前掲書)と自説の証明を展開している。

*7　佐藤任《たもつ》『古代インドの科学思想』(東京書籍、一九八九年)参照。「紀元前三二七年のアレキサンダーの北西インド侵入以来、マケドニア、バクトリアのギリシャ人(ヤヴァナ)、シャカ人、パルチア人、クシャーナ人など、前三〇〇年から後二〇〇年にかけて絶え間ないインドへの侵入があり、それによりインドと西方の知識交流が進み、天文学の分野ではギリシャ暦法がインドへ伝えられた」とある。この頃すでに、ジャイナ教からバドラバーフの『スーリヤ・プラジュニャプテイ』(太陽の配置)にたいする注釈書、『バドラバーハヴィー・サンヒター』(天文学書)の二

著があって、さらにジャイナ教には二人（ジッダセーナとバットーパラ）の天文学者がいたと本書にある。これらのことから見ても、ギリシャの天文学を受け入れ、みずからの暦法も改める素地はあったと思われる。インドと中国が壁になったが、八世紀までの「日本」に浸み出す可能性を否定することはできない。

三　アメノウズメ

■たまふり巫女の踊り■

『古事記』上つ巻で、もっとものシャーマンらしく記述されている女神は、アメノウズメである。加えて、この部分は、演劇的な装置にあふれている。後の世に岩戸神楽[*1]として、いっそう多様となり洗練されたり、土の匂いと混成させられたりしたのも、アメノウズメをめぐる場面の展開に刺戟されてのことである。

『古事記』『日本書紀』本文双方とも、荒ぶる神スサノヲの暴行[*2]の後、太陽神アマテラスを、怒り狂う神ではなくて、石屋戸隠《ごも》りする神として展開している。七、八世紀まで持続された共同の観念（周縁地帯には異相もあり得る）には、太陽神の怒り（砂漠の神のように）を描出して、それに耐える心性はなかった。

だが「こもり」にも異変がともなわないわけではない。

――高天の原皆暗く、葦原の中つ国、ことごとに闇《くら》し。（この世は天上、地上、地下の三層構造であ

アメノウズメ
岩戸神楽
スサノヲ

る）天上、地上ともただただ夜のみとなってしまった。神々は勝手放題に騒ぎたて、妖事、悪事のありったけが発生した。（『古事記』）

『古事記』では、アメノウズメの神憑りに入る前に、神楽にふさわしい手順がとられる。八百萬《やほよろず》の神の集会――思慮深《おもいかね》の神への立案の依頼（集合の意志として）――立案による実行（太陽出現の呪術として常夜の長鳴鳥たちを鳴かせる。イシコリドメ[*3]は鏡を作る。タマノヤは、五百箇《いほつ》の御統《みすまる》の珠を作る。フトダマは、天の香山のまさか木を根こぎにして、御統の珠・鏡・木綿と麻をかざり、アメノタヂカラヲは天の石屋戸の脇に立つ）ののちに、アメノウズメ[*4]は登場する。

――アメノウズメの命、天の香山《かぐやま》のさがりごけを襷《たすき》にかけて、まさきの葛を頭に巻いて、天の香山の笹束を手に持って、槽を伏せて、足踏みで音を轟かしているうちに、神懸《かか》りする。衣ははだけて胸乳が露われ、帯は陰《ほと》のあたりまで押し垂れてしまった。ここで、高天の原鳴動し、八百萬の神は声を揃えて笑った[*5]。（『古事記』）

アメノウズメのこのくだりでは、演劇的な表現の重点は「神懸り」にあると見ることができる。この神懸りを導き出すための前段に、舞台装置はととのえられ、大がかりな祭儀空間が演出されて行く。この点に関して、中西進『古事記を読むI――天つ神の世界』[21]は「知力、呪力、体力、技術力、笑いの力というもろもろの力が集められており、これ以上盛大な祭儀はないというほどであった」と書く。太陽の子孫（太陽系の生成過程から考えるならば、それ程大きくは間違ってはいないであろうが、他の面

神懸り

画・田部光子

では、こぼれ落ちたものの子孫といった意味もある。子孫観はつねに両義性のなかにある）を自称する部族は、アメノウズメを記述する表現世界において、シャーマンに笑いの力を結合させた。

アメノウズメは、シャーマンに似て、忘我の踊りをおこなったが、どのような「お告げ」もおこなっていない。また天の岩戸（石屋戸）の外に、導き出されたアマテラスも、どのような「命令」もおこなわず、事の処理（スサノヲの追放）は八百萬の神によってなされた。

『古事記』では、シャーマニズムは神事の一過程として、形式化された段階を踏んでいて、「笑い」を引き出すためにだけ必要であった。

この「笑い」は、民俗の形態に結びついて、植物（農産物をふくむ）の季節による巡りと、人びとの願いに、神性を結合させたもの、外国の説話に源流を求めるものなど、現在の神話学では、多様であるが、[*6]本稿では「神話論」ではないので、これらの論点に深入りすることはさけたい。

ただ、『古事記』作成期に、「笑い」の群衆型伝染力を、重要な契機と見る部族がこの国に根づいていた事実と、この事実をめぐる記憶の流れが、後段「天孫降臨」につながれている。

▨第二段目の笑い▨

天孫ニニギの天降りにあたって、アマテラスはアメノウズメに言う。

——汝《いまし》は手弱女《たおやめ》ではあるが、相対する神に面勝つ神である。その面がまえて、交渉に当ってはもらえまいか。（『古事記』）

ニニギの天降りにあたっては、アマテラスは、はっきりとニニギに命令を下している。ここでは、アマテラスの太陽神の資質は消えて、皇祖神であり、神女である資質が前面に出る。しかし、命令はアマテラスひとりでくだしたのではなく、「高木の神（タカミムスヒ）の命もちて」となっている。タカミムスヒはもともと、天地が初めて開けたとき、アメノミナカヌシについで生まれた神であって、「独神と成りまして身をかくしたまひき」となっている神である。また、イザナキ・イザナミの国創りにあたっては、天つ神一同が（五柱で）命を下している。となると人格神とはいいがたく、自然神の象徴としての高木の神となって、アマテラスは命をくだすごとに、自然神としての高木の神[*7]にうかがいをたてる神女のようにふるまっている。

さらに、アメノウズメの行動は、『日本書紀』の第一の一書のほうが、天の岩戸の段とは異なって、いっそう具体的にこまかく描出されている。要約すればつぎのようになる。

天孫の天下りにあたって下調べの先見のものが、調査から帰って、報告するには、「ひとりの神が道の分岐点に居ます。鼻の長さは七咫《あた》（一咫は周尺で一八センチ、日本では親指と中指を開いた長さとして、現在でも箸の個人別の適合の長さを、一あた半としている）背の長さ七尺《さか》（春秋時代の尺は二二・五センチメートル）まさに七尋（一尋は八尺）というべし。また口のわきは明かりかがやき、眼は八咫の鏡のようで、赤いほおずきのように光っていました」と、人とは思えぬような巨大な異形の者とされている。

アマテラスは何人も何人もの神々を送り出して、巨人にたいして交渉に当たらせようとするが、誰もが話しもできずに帰ってくる。そこで、アマテラスは、アメノウズメに「汝は是、目人に勝ちたる者なり。往きて問うべし」と命ずる。そこでアメノウズメは、『古事記』の天の岩戸の段とおなじ衣はだけのスタイルになり、今度は、ひとりだけで笑いかける。異形の神は「アメノウズメ、何の真似

異形の者

だ」と問うて、相互の問答の後に、異形の神はサルタヒコで、道案内のために待っていたことがわかり、サルタヒコの先導でニニギの「天降り」は果たされる。

ここでアメノウズメは、サルタヒコに因んで、猨女《サルメ》の君の姓をたまわることになって、後の世の神事における、芸事を担う氏族の祖となる。

記紀の神代篇で、二度までも、「笑い勝つ」力が強調される観念の相が示される。この観念を共有してきた心性の根にあるものを、ここで究明することはできない。

これもひとつの演劇性をもった空間ではある。だが、笑いの力を共感呪術として持った民族は、すくないであろう。

このすくない笑いの力のなかで、サルタヒコに対面するアメノウズメの笑いは空転するだけである。『日本書紀』の第一の一書では、笑いを浮べて、衣はだけをやりながら、サルタヒコに「何の真似だ」といぶかられてしまう。これは同じ呪力を二度使うことの馬鹿馬鹿しさについての記述であるようにも見える。また『古事記』にたいして、なにがしかの批判をこめたともとれる。『古事記』のほうは、このようなアメノウズメの空振りは書かない。ここにも『古事記』と『日本書紀』の成立をめぐる差異性をうかがうことができる。

＊1　『折口信夫全集12　上世日本の文学』（中央公論社、一九七三年、三九四頁）では、「神楽は、神遊びから出て居る」として、舞の踏み鎮める意味だけではなくて「色々の動作をして揺がす、魂をえぶる、魂をゆすぶって完全に人間の身体に某外来魂を附着させる」ところに鎮魂の第一義をみている。さらに、神遊びは「あそび」の極限の形態であるとして、その祖型を、「天の岩屋戸」での神楽においている。

＊2　スサノヲの暴れぶりを、渡来系列の部族間抗争とか、生産様式の差異（狩猟、遊牧と稲作）とかに起因するとする説も多くあるが、ここではとらない。

＊3　高群逸枝『大日本女性人名辞書』『日本女性人名辞典』ともに女神としてあつかっている。鏡作部の遠祖とされて

共感呪術

差異性

いる。

＊4　『日本書紀』本文では「猨女《さるめ》の君の遠祖」とある。また第三の一書には、アメノウズメのシャーマン型の行為は記入されていない。忌部《いみべ》氏の遠祖フトタマの祈り（アメノコヤネの命により）だけとなっている。

＊5　『日本書紀』本文、第一の一書、第二の一書ともにアメノウズメの神懸りして、衣がはだける様子についての記述はない。本文には「手に茅纒《ちまき》の矟《ほこ》を持ち（茅を巻いた矛。矟は音サク、周尺で一丈八尺あって、馬上で持つ矛）天石窟戸《あまのいはやと》の前に立たして、巧に作俳優《わざをき》す」とある。この点について折口信夫は「猿女君の祖先といはれて居る天鈿女命は、女の身で一種の武力を持ち、一種の鎮魂法を伝へて居た」と解している。

＊6　天岩戸について諸説を整理し、論究したものに広畑輔雄「天岩戸神話について」（『国學院雑誌』77―4、一九七六年）、川副武胤「天岩戸神話の構造」（『講座　日本神話4　高天原神話』有精堂、一九七六年）、「アメノウズメの古代学」（『東アジアの古代文化68』大和出版、一九九一年）がある。

＊7　『日本書紀』本文ではニニギの天降りにあたってアマテラスはいっさいあらわれない（アマテラスの言動が書きこまれているのは、第一の一書、第二の一書である）。タカミムスヒ（紀ではタカミムスヒで統一）が、真床追衾《まとこおふすま》で、ニニギを覆って、天降りさせたことになっている。タカミムスヒもアマテラスに命令などはせず、ことごとに「諸神の命もちて」あるいは「はかりいて」となっている。また第一の一書では、アマテラスは、単独で命令を下している。皇祖神としての絶対性は、ここにつくられていると見ることができる。

結語と残された問題点

女神たちについて考える発端となった『古事記』は人を、謎解きにむかって誘い出しつづける文献である。だが、私はここできりもない謎解きの現状に加担する気はない。ただ、女性史にとって、今後考えねばならぬ問題のいくつかを列記することで、よりいっそうの混沌の坩堝のなかに、「我が思考」を投げ入る必要性を感じている。

一　文字文化と「語りの文化」の相剋は、すでに序文においてあらわれている。

『古事記』の成立期においては、漢字の流入と流布はたえまなく拡大していた。その力は、すくなくとも七方向（アマテラスの項を参照されたい）から流入し、定住した、各地の部族が使っていたであろうなにがしかの文字（あるいは記号）を一掃するだけの力を持っていたであろう。

漢字の表現力の豊富さに、人びとは魅せられ、漢字を知り、漢文による文章表現の術を磨くことから、漢字を手なづけ、その音韻と意味の双方を、「日本のことば」（『旧唐書《くとう》』日本伝に、貞観《じょうかん》二十（六四八）年、唐を訪れた遣唐使――六三〇年にはじまる――は、「日本をもって名を為す」と宣言したとある。倭という名をきらったためである。その時王権の近くにいる人びとは出来たての国家観を持っていたので胸を張っていた。大化の改新（六四五年）以後のことである。[19]）に引き寄せた。だが、「日本のことば」をそのまま文章語として敍述したわけではなかった。

――昔の言葉というものは、純朴そのもので、文章語ではございませんでした。訓だけを並べると、詞《ことば》は心に追いつかず。音だけを連ねると、よりいっそう意味不明となります。そこで音訓両用といたしました。（太安万呂序文）

引用部分にも示されるとおり、ただの聞き書きではないことは、太安万呂自身によって言明されている。たとえば「天地《あめつち》初めて発《ひら》けし時、高天《たかま》の原に成れる神の名は、天之御中主神《あめのみなかぬしのかみ》」（原文は「天地初発之時、於二高天原一」とつづく）は呉音からも漢音からも唐音からも離れた訓読みが定着していたことを示している。この点に関して、校注者倉野憲司は、太安万呂が当時すでに流布していた「変則漢文」を、いっそう工夫して、「新しい変則の漢文を作り出した」と指摘している。となれば、事と次

音韻と意味

変則漢文

第によっては、「日本」の文章表現は、新しい変則漢文を創り出す余地を残していたことを示している。しかし、歌謡だけは音をつらねて記述されている。たとえば「夜久毛多都　伊豆毛夜幣賀岐　都麻碁微爾　夜幣賀岐都久流　曽能夜幣賀岐袁」（八雲《やくも》立つ　出雲《いづも》八重《やへ》垣《かき》妻籠《つまご》みに　八重垣作る　その八重垣を）といった具合である。

七世紀末から八世紀初頭にかけては、歌謡を音で表わさねばならなかったというところに、音声が文章化されるとき、文字言語によって削ぎとられるなにがしかの精神界が存在していたことを示唆している。

ここで削ぎとられる精神界の住人たちが、女たちであり、削ぎとったことも気付かずに、ひたすら漢字文化の加工の側に走ったのが、男たちであったというつもりはない。ただ、何故に稗田阿礼《ひえだのあれ》を存在させる必要があったのかは、考えておきたいことである。

二　稗田阿礼は音が立つ場の精神界（以後音界とする）のためにこそ必要であった。「時に舎人《とねり》ありき。姓《うぢ》は稗田《ひえだ》、名は阿礼《あれ》、年はこれ廿八。人と為り聡明にして（中略）阿礼に勅語して帝皇日継《すめらみことのひつぎ》及び先代旧辞《さきのよのふること》を誦み習はしめたまひき」（『古事記』序文）

この時、勅語したのは天武天皇である。皇后はつぎに持統天皇となるウノノサララ（人名にも固有の音韻がみられる）である。ここに書かれた誦習の像を、現代の視角で、追求しようとすれば、散乱しつづけて、とどまることを知らぬものとなるであろう。

この誦習をめぐっては、近世以来暗誦説と訓読説の双方にわかれている。訓読ならば、その当時の「諸文献」を現在もおこなわれる「古文書読み」のように、手書きのために、幾通りにも見えるもの、

音界

誦習

あるいは半ば消えかかったものを考証し同定する作業に近くなる。暗誦ならば、現代にもなお残る「語り部」のようである。

　ここでいずれかいっぽうを選ぶとしたら、解せない場が浮上する。すでに「帝皇日継」「先代旧辞」といわれる諸文献があった時代には、人の記憶力は、どうしても縮小する。となれば、文字はあったが、記憶力の退縮にたいして語り部の部族はあげて〈闘った〉。ここには音界で働く固有の編成力を持った言語域があったことも考えられる。

　したがって訓読（背後に集団があったのか、個人であったのかは、いっさい序文にはかかれていない）と暗誦の双方が併用されたと見ることができるのではないだろうか。この時代、暗誦を前提とした訓読によってなる文章は、暗誦に耐えられるものにする必要があった（語り部の氏族は稗田一族であり、女系相続であったと柳田国男は考証している。[27] しかし現在に至っても、稗田阿礼をめぐっては、実在、不在両説があるだけでなく、性別から人名の特定まで諸説があってとどまるところを知らない。本稿は『古事記』論ではないので、性別、人名についてのさまざまな同定法の検討することはしない）。

　暗誦に耐えられる訓読が成った後に、書きあげの過程に入り、ここで太安万呂が参加したと、序文にある（和銅四年）。天武天皇の勅語による誦習の開始は六八一年であった。和銅四年は七一一年である。この間実に三〇年。「天皇」もまた天武——持統——文武——元明と交替した。うち持統・元明は女帝である。訓読と暗誦の併用がこの間なされていたとすれば、聞き手は天皇一族だけであったのか、それとも他の氏族も混じっていたのか、あるいは、稗田阿礼は巫女の動作に似て、神にむかって暗誦し、人間たちは稗田阿礼の後方に居並んだのかは、まったく不明である。これは今後「ひもろぎ」（**図3—1、3—2**）をはじめとする石の並び（古代の人は、場所の決定と石ならべを勝手放題にやって

女系相続

図3―1　ひもろぎ　宗像神社（福岡県）（松尾展子氏撮影，1994年夏）

図3―2　ひもろぎ　宗像神社（福岡県）　祭神はタゴリヒメ，タギツヒメ，イチキシマヒメの宗像三女神。ひもろぎは古名ひもろき。神を呼びこむ場所とされる。神籬の文字をあて，常緑樹で囲んだ石舞台のようなもの。神社によって形・設置場所は異なる。（松尾展子氏撮影，1994年夏）

はいない。ただ現代の風水学から類推するには無理なところがある）と人間の精神界（あるいは脳内物質）との相互作用についての研究の進展を待つしかないことである。この時『日本書紀』の編纂も進んでいる。こちらの編集作業は委員会システムのもとにおこなわれ、やはり天武天皇の詔に発している。音声相伝の場と文章作成との間に、なにがしかの事態が伏在していた事情を考えることもまた今後の課題であろう。

三　二八が二度使われた事情。『古事記』序文には、完全数（整数nの約数の和が2nとなる数。6、28、496、8128、の四個は、古代ギリシャで見出されて、神聖な数とされて来た。現代ではコンピュータ計算で三一個までわかっている。ただ、完全数が無限に存在するか否かの証明は未だなされていない）28を、稗田阿礼の年齢と、『古事記』三巻を完成し献上した日付（和銅五（七一二）年正月二十八日）の双方に使用している。太安万呂は、「下つ巻」といえども、年齢を書き込まない場合の方が多い（下つ巻で没年を書かれているのは、仁徳、履中、允恭、安康、雄略——百二十四歳、顕宗、武烈、だけである）。（下つ巻）諸文献に、年齢までは書かれていなかったので誦習の際にも、あらわれなかったといえないこともない。しかし、天武帝の詔の時に、稗田阿礼の年齢が二十八歳であると書き込まれているのは、ただの偶然の一致であろうかと異様な感がするのである。稗田阿礼をめぐる謎も案外このあたりに起因しているのではないだろうか。

タオイズムの影響を強く示す序文にあって、数秘術がどのようなものであったか、さらに究明しなければならないであろう。中国では、月と星座との関係に基づいた、赤道帯の区分法として、二八宿が使われて来て、日本では現在でも神社庁暦に記されている。

完全数

二八宿

ここで太安万呂が何かを暗示したかったのか、あるいは、王権の近くに居る人が何かを指示したのか、それとも、語り部の集団のなかから、特に二十八歳の人を代表としたのか、またどのような作為も含まれてはいなくて、唯の二十八歳だったのかといった疑問点については、おそらく稗田阿礼について、立証するにたる「事物」が発見されるまで、不明のまま残されるであろう。したがって、『古事記』が語る女神像は、基層となる文化を確定できぬまま、いまだにゆらぎのなかにある。

四　神話力をもつ女神は、イザナミを境として、しだいに衰弱している。

アマテラスを、女神性だけではなく、神女性と皇祖神性を重ねて、三重にしたために、人の側の罪責観、神の鬼神性は、ことごとくスサノヲ神話の側に移行してしまった。

したがって、アマテラス以後の女神については、神女性の研究に重点がおかれ、祭儀の分析と説話の周辺を場所（地名）の特定といった空間性のみに重点をおいて研究される傾向が強まった。時間性のほうは、各地の神話との比較神話学に求められたが、これもまた神話の構造差異性を空間によって把握することになって、内発力をもった時間のダイナミズムを幻想域で女神が担う力は消失し勝ちであった。

むしろ、時系列のダイナミックな展開は、出雲系といわれるスサノヲ神話の側に片寄って書き込まれているともいえる。

王権のもとに、整えられすぎた女神たちの、詩的構成力の弱さを、安易に「女権の時代」の実存を想定するための主素材とするわけにはいかない。「至高の存在」を創り出すとき、どうしようもなく人びとの、文章構築力は弱まっていく。この過程は洞察するしかない。また、この洞察には、月神、星神の女神からの遊離（部族、集団によっては、月神、星神を女神尊崇の中心にした場があったことも否定できない。となれば、月神星神の生成消滅の過程もまた、問題であろう）もふくまれるものである。

（追記） 本稿を書くにあたっては、能澤壽彦・野村知子両氏に文献蒐集の世話になった。記してお礼を申しあげたい。

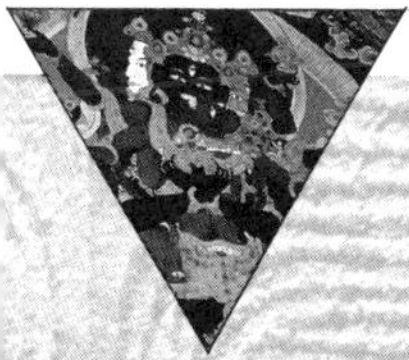

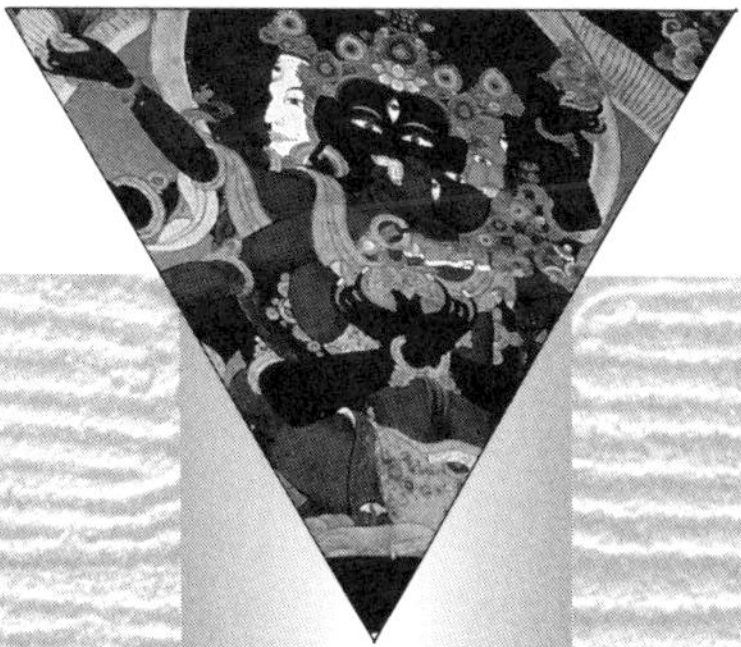

II

関係存在の初期性

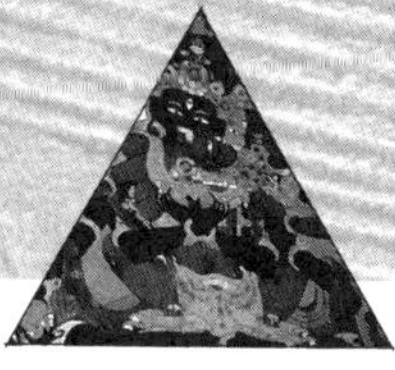

ここでは、弥生期から律令期までの、人間関係・社会関係があつかわれる。紀元前三世紀から、紀元後八世紀までの一千年にわたる期間である。倭国形成期の泡立ちと混乱模様がようやく文献にあらわれ、この国においても、モノとコトとの世界を記述する志があらわれて形を残した。律令体制にもとづく威令を可能なかぎりとどろかせようとした時代でもあった。しかし国家を形成し、族制をととのえようとした「変り目」の特異点の構造は、単純なものではなかった。

「ヒメヒコ制の原型と他界観」（能澤壽彦論文）では入れ子細工のように（フラクタル型）、対原理が組み込まれる領域を精神界と制度の両面にわたって考察する。主として、ヒメ王にはヒコがいる。巫女には審神者《さにわ》がいる。他界観に根ざしたシャーマンの存在には、来臨する神と遊離する魂の二様の方向が発生する。この頃から観念界にも文化神としての色調がしだいに自然神を超えながら制度へと集約される。主として、弥生期から古墳期にかかわる心性と制度の相互作用領域にかかわっている。

「王権と女性」（奥田暁子論文）では律令国家において、ヒメ王がしだいに、つなぎの女王となって行く、変転の過程を、追う。この転移性のなかには、しだいに神を遠ざけて行く、人間の側の時間性というものがあった。古墳期にふくまれる多くの謎はいまだ解かれてはいない。この謎の解読には、よほどのバイアスをかけなければ、これまでの歴史の叙述の偏倚性を触知することはできないとしている。

『父系母族』と双方社会論――可能性としての高群逸枝」(山下悦子論文)は、高群逸枝の批判的継承をまっすぐに提出した論文である。せっかく多祖現象に行きつきながら、観念の父系と実生活の母族(母所)に集約した高群逸枝の誤りを指摘する。しかしここには単系血縁原理でのみ族制を見ようとする時代(歴史学上の)の制約もあった。したがって、高群逸枝が分析対象としたと文献からは、母系制の末期状況ではなく「双方社会」(双系制をもふくむ)の多重性をこそ見るべきであるとする。

拾遺篇として収録した**「律令期　族制・婚制をめぐる問題点」**(野村知子・河野信子論文)では、律令制下にあって六年毎の戸籍調査、毎年の税収のための計帳、これは古代社会における唯一の「政府関係資料」であり、文学的なフィルターをかけられていない史料である。しかし、ここにも律令制度の強制力によるバイアスはかかっている。このバイアスの調整可能性を探りながら、八世紀の族制を考える。山下悦子論文と組になった企画である。

4 ヒメヒコ制の原型と他界観

能澤壽彦

はじめに

ヒメヒコ制という言葉を聞くと、古代に思いを抱く人たちは、ある漠たる郷愁を感じることが多いと思う。それは、『古事記』や『日本書紀』にあって哀切な文学的結晶をみせている、サホビメとサホビコの悲劇物語の印象などに負うものが大きかろうか。だがまた、こうもいえようか。それは今の世にもわれわれの心の奥に、ある幽《かす》かな気配を曳《ひ》いている聖なるものへの古い感覚を、ふと触発するからではないかと。

この男女対《つい》の古代的な祭政二重支配体制については、久しく史学や国文学その他の分野で論じられてきた。にもかかわらず、なかなか確たる像がむすばれてこないのも事実である。これは古文献の史料的限界によるところが大きかろう。関連の記事は少ない。かつまた、その史実と文献成立期とのはなはだしい時の隔たりもきびしく作用している。とにかく、目にしえるものは、幾重にも変容の波をかぶった小片というしかない。それといまひとつ、そもそも祭政なり祭祀なりが体現していた、その古代感覚や理念などに、今の世の意識をもってどこまで迫りえるかということも無視しがたい。

こうした状況を踏まえて、ここでは史学や国文学とはやや異なった角度から論を立ててみたく思う。ヒメヒコ制の原型を、弥生時代を対象に、おもに宗教学の立場から問うてみるつもりである。そして特に他界観とのからみで追ってみたい。私見では、そこに、ほとんど気づかれにくいが、ひそかな核心があると考えるからである。

ともあれ、主題の性格上、仮説と推論の積み重ねに大きく傾いていくかたちになろう。また紙幅の関係上、研究史に関する言及は少なくならざるをえなかった。私としては、この主題にまつわるいくつかの構図や展望なりを、粗けずりではあれ示しえればと考えている。

一　卑弥呼の鬼道

審神者をめぐって

ここにまず、ひとつの言葉に目を向けることから始めたい。それが糸口になればと考えている。それは、審神者《さにわ》である。一般的とはいえぬ古語であり今や死語に近い。しかしある場では生きている微

他界観

審神者

妙な語でもある。正式には神道的文脈で、巫女との対《つい》で用いられるべきであろう。しかしこの神道語は明治以降の神道界では伏せられている。戦後の神道学術の水準で基本をなす安津素彦・梅田義彦監修の『神道辞典』にも、この語の見出しはない。ある種の禁忌を察しえる。*

神道界からの沈黙に比べ、奇妙なことだが欧米渡来のスピリチュアリズム界では、この神道語は生きている。ただし欧米の本場のスピリチュアリズムには、審神者に相当する原語はない。いささか話が混み入ってきて、把握に困難かもしれない。補足すれば、こうである。日本では心霊学とも訳されてきたこのスピリチュアリズムは、交霊会を元来重んずる運動であるが、日本ではその交霊会は神道的色彩を帯びざるをえぬ面があったのである。それはキリスト教と多神教という背景文化の差と、とりあえずはいえよう。

さて、以上のような状況の鍵ともなっている審神者とは何であろうか。辞書には、神を招いてそのお告げをきく所、また、そこでお告げをききその意味を解く人とある。元の意味は沙庭《さにわ》で、斎場をさし、そこから派生し、巫女の神がかりを判別する司祭者をさすようになった。その役割は他にも、斎場の結界、清め、辟邪《へきじゃ》、異霊の制御など、まさに神事の核心を司る存在であった。

多神教的風土

こう見てくると、前節の話もやや整理されてこよう。死者や超越存在と交わろうとする会合は、この日本では多神教的風土の混沌とした状況にあって、特別な工夫を要するのである。乱調に陥らぬよう確固たる審神者的人物の介在が望まれるわけである。また、明治以降、政策もあってだが国民道徳の道を歩むこととなった神社神道が、審神者の語を封じたり、あるいは忘れ去ったりしたのもつじつまが合うはずである。

なお、少々付言したい。それは名称を異にしつつも、類似した内容を示すものについてである。それらは、山岳宗教、教派神道、新宗教、あるいは古伝的な民間神楽、一部の仏教などにもうかがえる。たとえば修験道の憑祈禱《よりぎとう》（寄加持《よせかじ》）における加持台と行者の対、木曽御嶽《おんたけ》講の御座《おざ》立てにおける中座《なかざ》と前座《まえざ》の対などである。背景の教理像や位置づけの差はあろうが、巨視的な構図からすると、巫女と審神者の対に通うものがある。また教派神道や新宗教系では、建前上教祖を頂点とする一元体制をとるが、最初期のありようや奥向きの神事などでは、二元体制がほの見える場合が多い。ともかく、この日本において、いわば本腰で神示を乞う神事を立てようとする場合、名称や教理の違いをこえて先の二元体制が求められるといえそうである。

以上、審神者の意味とその含みなどを追ってみたのは、そこにある種の古代ヒメヒコ制を遠望する足がかりを感じたからである。祭政時代は終わっても、まさに祭りを手放さぬ宗教界にヒメヒコ制の名残りがあるのは自然である。その地続き感覚を、とりあえずは確かめておきたかったのである。

鬼道の背景

さて、弥生時代へと眼を向けてみよう。するとまず、関門のように『魏志』（東夷伝倭人の条）の有名な一節に出合うことになる。邪馬台国の女王・卑弥呼と鬼道に関する記載である。ただし簡潔である。そこから無数の解釈を誘うことにもなった。だがここでは、本稿の主題にかかわる範囲で手短かな言及にとどめる。それはある種の展望の示唆である。私は三方向からの光でそれを試みたい。まずは古墳時代の先駆性としての局面である。ついで弥生時代的底流からの局面である。さらにはその過渡期の特異性という面である。

まず最初のものは、主に国家形成史的な脈絡のものである。『魏志倭人伝』には、「その法を犯すや、軽き者は其の妻子を没し、重き者は其の門戸及び宗族《そうぞく》を滅す」とか、「尊卑各々《おのおの》差序有り、相臣服《あいしんぷく》するに足《た》る」、「租賦《そふ》を収め」、「国々市有り」、「宮室・楼観《ろうかん》・城柵《じょうさく》、厳《おごそ》かに設け、常に人有り、兵を持して守衛《しゅえい》す」などと描かれている。すなわち、法、身分、税、市、卑弥呼の宮居や軍隊などのありようが記されている。それなりの文飾を割引くにせよ、ここにはすでに部族同盟的な段階を越えた印象を受けざるをえない。なおまた、女帝史的な位置づけもある。先の書には、「其の国、本亦《もとまた》男子を以て王と為《な》し、住《とど》まること七八十年、倭国乱れ、相攻伐すること歴年、乃《すなわ》ち共に一女子を立てて王と為《な》し、名づけて卑弥呼と曰《い》ふ。鬼道を事《こと》とし、能《よ》く衆を惑《まど》はす。年已《すで》に長大なるも、夫壻《ふせい》無く、男弟有りて治国《ちこく》を佐《たす》く。王と為りし自《よ》り以来、見る有る者少なし。婢千人を以て自ら侍せしめ、唯《ただ》男子一人有りて飲食を給し、辞を伝へて居処に出入す」とある。また魏により卑弥呼は「親魏倭王」に封ぜられ、邪馬台国と魏との交渉はさかんであった。鬼道の権威と、脱部族同盟的な規模と、そして魏王朝の権威とを背景として彼女は存在した。そのありようは、のちの推古女帝以降の流れから見るとき、先駆者的なものと映らざるをえない。なお以上の時代は二世紀末から三世紀半ばまでの範囲だが、近年の考古学説では古墳成立期の年代比定が徐々に遡っていく傾向も他方にある。となると同書の「卑弥呼以《もっ》て死す。大いに冢《ちょう》を作る。径《けい》は百余歩、葬に徇《じゅん》ずる者は奴婢百余人」という記載も新たな意味合いを帯びていくかもしれぬ。

　さて、今度は逆方向からの展望に移る。弥生時代的な底流への着目である。これは先の引用節の「男弟有りて治国を佐《たす》く」とある部分に、若干の手がかりがえられよう。卑弥呼と男弟が一対となって神聖王権をなしているととれる。女王とその政治的執行者である男弟という形は、先行する時代の祭政体であるヒメヒコ制に似かよった印象をうける。大まかな見当としては、ヒメヒコ制的な底流に

脱部族同盟

いくつかの要素が重なり、神聖王権が形成されたといえようか。なお、ここに少々触れておきたい見解がある。それは卑弥呼が「王と為りし自り以来、見る有る者少なし」とある記事から、〈見えない王〉なる神聖王権の特徴を読みとる、大林太良の民族学的知見を背景とした仮説である。氏は『邪馬台国』[8]で述べる。王というものはいつも宮室の奥深く隠れ姿を現わさず、また宮廷の中でも臣下の目には触れないようにしているという、古代の諸王国について多くの報告がある。また卑弥呼と男弟の構造に比すべきものは、細かい相違はあるものの、東アジアからインドネシア、ポリネシアに分布している。そして彼は、「おそらく漢文化に圧倒される以前の中国中南部にも卑弥呼と男弟に類似した構造の王権があって、それが一方では日本へ、他方ではインドネシアやポリネシアにも及んだのではないか」と推測する。ともあれ弥生文化の更なる源泉の問題とも絡んだ刺激的な見解ではある。

過渡期と鬼道

最後に、過渡期にまつわる面への着目である。これは巨大古墳出現期という画期へと至る時の流れの一部分を、それ以前とも以後とも異なる、史的特異期として捉えようとするものである。この視点からするとき、卑弥呼の位置や鬼道の性格にそれなりに踏み込みやすくなるのではないかと思う。まず念頭にくるのは、倭国の動乱があり、それで邪馬台および周辺の諸族が共立して、宗教的実力者である卑弥呼を王にしたということの意味である。そこには宗教が、ある意味で過剰に政治にかぶさっている姿が読みとれる。そうしたかたちをとりえる宗教とは、単なる巫術ではなく、ある種の東アジア的普遍宗教性とでもいうべきものを、条件として具《そな》えていなければなるまい。となると、近年論じられ出している、倭人伝の鬼道即道教ととる見方も無視できなくなる。この鬼道の語は、元来かなり

史的特異期

特殊な言葉で、道教の五斗米道の系統で張魯（？―二四五年）の活動あたりを指している。『魏志』の巻八張魯伝には、「魯遂に漢中（漢江の渓谷）に拠り、鬼道を以て民を教へ、自ら師君と号す」とある。むろん語義のみから直ちに彼我の内容の同一性は導き出せぬ。しかし同時代の大陸に、鬼道による神聖国家的な宗教共和国があり、編者によるその認識が、卑弥呼に鬼道の語を与えたことは確かであろう。後漢の後半に世の中が乱れ、それが魏国も巻き込んで深刻化する中で、圧倒的に宗教が求められた状況が考えられる。張魯の鬼道に、その構図、規模、印象が似ていることから、あえて名づけられたと思われる。弥生的底流からのヒメヒコ制的なものを根としつつも、そこに大陸鬼道とも通じる東アジア的普遍宗教性を組織することで、卑弥呼は成功したといえよう。なお、先に古墳時代の先駆性という角度から、卑弥呼の時代の法や宮居など諸局面における大規模性を確認したが、これも新たに宗教的な要因から把握することもできよう。つまり宗教的な熱の大きさと、更に演出とが、大規模性を生んだと。かつ、この演出については、前一〇八年以来列島にはいりこみ、倭人の諸国を結ぶ商業網を作り上げていた華僑勢力が関与していたとする岡田英弘の『倭国』[9]での仮説もある。氏の原始的な道教の教団組織の滲透を想定する説とからんで興味深い。

以上、ともかくも三方向からの光で浮上する像を描いてみた。ここではこれ以上は追わず、卑弥呼の時代の多元様相を指摘するにとどめたい。

＊　なお、審神者と辞典との関連で若干補足しておきたい。それは平成期の神道学術においては、やや変化があるからである。一九九四年初版の国学院日本文化研究所編『神道辞典』（弘文堂）では、審神者の語見出しは載っている。『古事記』、『日本書紀』、『政事要略』などの用例を引き、本居宣長の『古事記伝』の解釈などを簡潔に記載している。九〇年代に至り、当語も斯界において純粋に古語としての定着をみたということになろうか。

二　他界観の原像

古事記の根堅州国訪問譚《ねのかたすくに》

ヒメヒコ制の原型を問うには、卑弥呼の時代以前に遡らねばならない。その段階の祭政世界といったものに目を向ける必要がある。そのあたりを、以下、他界観をおもな軸としつつ追ってみたく思う。というのも、当時の祭祀には他界観が色濃く前提としてあり、それが政治にも作用していたはずと考えるからである。巫女と審神者のありかたについては先にやや触れたが、当時は後代以上に森厳に司祭者たちは他界なるものに関与していたであろう。そこから神示を得て、それが地域単位の政権の策に生かされていたはずである。

さて、こうした見通しを踏まえつつ、古典類を眺めわたしてみるとどうであろうか。私としては、まず『古事記』の出雲神話の段におけるオオナムチの神の「根堅州国訪問譚」あたりが念頭にくる。その説話中に、いくつかの弥生期にまで遡れそうな残響を感じるからである。とはいえ、神代記はその根底に、編纂時における相当強力な構想を反映している書である。そのあたりの力学に飲まれぬような配慮が必要といえようか。

ともあれ、当説話のあらすじを記せばこうである。オオナムチの神は、八十神《やそ》（兄弟神たち）の怒りをかい、二度までも殺されるが、そのつど御祖《みおや》の命のはからいで甦る。さらに難を避け、紀伊の国に行くが、そこからなお勧められて、スサノオの神のいる根堅州国におもむく。そこで早速スサノオの娘のスセリヒメと結婚するが、蛇の室《むろや》、呉公《むかで》と蜂の室にて試練を課せられる。だがいずれもヒメの教えで切りぬける。また火を放たれた野に鏑矢《かぶらや》をとる試練では鼠に助けられる。そしてスサノオの眠った隙に、スセリヒメを背負い、神宝の生大刀《いくたち》、生弓矢、天沼琴《あめのぬごと》を持ち出して逃亡する。気づいたスサノオは、黄泉比良坂《よもつひらさか》まで追いかけてきてオオナムチに呼びかける。「その生大刀、生弓矢をもって汝の兄弟を追いはらい、大国主の神となり、宇都志国玉《うつしくにたま》の神となり、スセリヒメを正妻とせよ、云々」と。そして大国主は国作りを始めた。

　というものである。当段には各種の小説話の統合や、大小の構想の重ね合いなどがうかがえる。ここでは細かいところは捨象し、この説話が神代記のいかなる根底構想を反映しているかにのみ光を当てることにする。まず根堅州国は、神聖な光明界である高天原に対する、逆の黄泉国《よみのくに》的な、いわば死と禍《わざわい》の根源界的な位置づけを、ある程度印象として負わされているといえる。しかしながら反面、スサノオからオオクニヌシへと現界支配力が授けられる、聖なる根源界としての印象をも反映しているのである。それはあたかも天孫降臨の神話に対応する、地孫昇臨のそれともいうべき印象である。二極への分離と、しかも微妙に統合される、複雑な狙いがある。これは、大きな背景に、天孫降臨の前提である出雲の大国主の国譲りという、ある種の神学的枠組みがあるからである。天孫族へ統治権が明け渡されるには、出雲は正統な大神聖原理を体現していなければならない。そしてその正統性の根拠は、つきつめたところは高天原に淵源するものでなければならない。ここに根堅州国の主人公が、アマテラス大神の弟であるスサノオ神である必然性がある。以上が基本構図ということになろうか。なおこの点、『日本書紀』の方がより単純ともいえる。当訪問譚自身が天孫系神話になじまぬ異質の体系とされたのであろう。それ自体が捨て去られているのである。

現界支配力

▨根の国の特徴▨

さてここに、神代記的文脈を離れて、その原像を探ってみよう。だがその前に若干触れておきたいことがある。それは記の根堅州国と紀の根国との表記差にからむ問題である。この差にこだわらず、両者を同概念と解するのがほぼ通説となっている。両者へのスサノオのかかわり方が似ているからである。しかし両書の構想差を重んじたり、カタスを潟洲《かたす》や堅固な洲と解したりする立場から、別概念とする反論も出ている。だが私の立場は、ここでは作品論を目指すものではないので一応文化史の幅で考え、通説に従い、以下根の国の名で進めていくことにする。

ともあれ、そうした根の国の概念は、どの時代まで遡りえるであろうか。ネノクニなる言葉の上限は探りえぬとしても、その像は農耕文化的背景をもった他界観として、おそらく弥生前期あたり（前三世紀ごろ）までは可能であろう。また文化伝播論の立場からすれば、その先の南中国の段階までも想定しえようか。そして、そのはるかな伝統を背景として、弥生中期ごろに至り、一定規模の首長権獲得の儀礼とも組み合わされるようになったと私は考える。

さて、あらためて根の国の特徴であるが、これは端的には農耕民が大地の生産力を霊妙な場として受けとったものといえよう。これは作物ばかりでなく、人の生死なども含んでの根源となる場であった。動植物や人間を生み、またそこに引き取る、現界の奥にある他界であった。それは農民にとっては、おもには山地をさした。それは大地の力の盛り上がりであり、水源であり、精霊の住み処でもあった。このことは葬制の研究などでいわれる山中他界観とも縁がある。『万葉集』などに死者入山の発想が見えるが、その遠い原型には、死者の霊魂がそこで切りかわり活性化し再び出生すべく煮詰められていく霊妙な根源の世界像があったはずである。

根の国

首長権獲得

そしてそこは女神とも縁の深いものがあった。前節の訪問譚の導入部に、オオナムチを甦らせる御祖神があったが、これは記の構成上、祖型が崩された感じがあり、元は根の国にはたらく母神的な魂の活性化をうながす霊格ではなかったか。そしてそれは縄文期的な大地母神の流れを受けているように思える。なお他界の神女スセリヒメもまた、試練の突破力を与える霊格として、ある種地母神的な影を負ったものといえよう。

黄泉国、常世国、海神宮

以上を大まかな核として、ここに若干他の材料を引き合いに、さらに主題を追いたい。それは記紀などにある他の幾つかの他界観とのかかわりを見究めることである。まず印象の交叉が一番濃いのは黄泉国《よもつくに》である。前節では記紀神話の構想文脈から若干説いたが、その他にも、より古態の体験世界などからのからみも考えるべきであろう。スサノオがオオナムチに最後に呼びかける黄泉比良坂は、この世と根の国との境界領域とされていた。この暗示は意味深い。というのも、現界と他界の境に、ある種荒く不安定な場を感得し、そこに黄泉国的な性格を見ていた人々の体験世界を幽かに感じとるからである。黄泉国については諸解釈がある。五世紀中頃からの横穴式石室古墳での葬送の反映、また広く殯《もがり》の行事の反映とする見方がある。なお火神出産によるイザナミの命の不慮の死という記の神話から、横死者たちの荒れる死霊の国とする説もある。ともかくそれらは要素としてそれぞれ妥当といえよう。おそらく旧新の多様な葬送儀礼や観念が習合して、記にあるようなイザナキの命がイザナミの命を黄泉国に訪ねる話が成ったのであろう。だが、私の主題に引きつければ、殯であれ横死者の国であれ、それらは現界でもなく、といって魂が根源に立ち戻る他界でもない、両者の堺の不安定な霊

境界領域

的力の荒びる領域であり、そこはいわば根の国の出入口とほとんど性格を同じくするものといえよう。黄泉国の表象のごく旧要素の段階では、根の国の一部と重なっていたと考えられる。その一部が古墳時代の中期あたりから分化を強め、しだいに凶悪な死者の国の印象を帯びていったのではないか。なお記の表象で、黄泉国の支配者が女神イザナミであることは心に留めておきたい。

ところで次に、常世国《とこよのくに》である。これは海の彼方の理想郷的な死者の国の印象だが、その原型と展開、分化などをめぐっては諸説がある。だが今は、常世国の旧要素の面で、ちょうど農耕民にとっての根の国に似た位相があったのではないかという見当にのみとどめたい。海島民にとって、その富や生死の根源力を秘めた他界が海の彼方に想定されるのは自然である。常世国の死者の国たる印象はかなり古くよりのものだが、黄泉国的な暗さとは別方向をとったといえる。

さて最後に、同じ海系統で記紀の日向神話にある、山幸彦（彦火々出見《ひこほほでみの》尊）の海神《わだつみの》宮《みや》訪問譚についてである。話の筋立てはよく知られているが、その骨格において、天孫が海中の他界を訪れ、海神の娘のトヨタマビメと結婚し、塩盈《み》つ珠《たま》と塩乾《ふ》る珠を得て地上に戻り、王の支配力を獲得したというのは、明らかに先の根堅州国訪問譚と構図を同じくする。地上の王たるには、他界の神宝と神女を得る必要があるという原則が貫かれているのである。以上の対比からも、根の国という他界観の枠組みがいくぶんか絞り込めたであろう。＊

＊　二章全体の他界観にかんする先行研究につき、若干触れておきたい。この主題については多数の論文があるが、本稿の立場から、私が注目したもののうち、おもな論文名をあげておく。神話学、国文学に立つものとして、高崎正秀「『ひな』の国」正・承前『国学院雑誌』56—1、5、一九五五、五六年。西郷信綱「黄泉の国と根の国」『文学』39—11、一九七一年。荒井久代「上代人の他界観について」『二松学舎大学人文論叢』12、一九七七年。林田史子「黄泉国をめぐる考察」『上代文学研究』9、一九八四年。寺川真知夫「黄泉国と根之堅州国」『同志社女子大学学術研究年報』

神女

39—4、一九八八年。考古学に立つものとして、佐野大和「黄泉国以前」『国学院雑誌』56—2、一九五五年。同「黄泉国の成立」『日本民俗研究大系4』、一九八三年。なお戦前の論究で注目したものに、洞富雄「古代日本に於ける死後生活の二重観」『史観』4、一九三三年。瀬良益夫「古代日本人に於ける現世の構造」『日本諸学研究』10、一九四〇年などがある。

三　時代背景と有力巫女

考古資料との対応——鳥人と霊船

だがここでやや方向を転じ、考古資料との対応を考えてみたい。根の国の原像に、弥生期の祭器類などはどうかかわっているか。銅鐸や青銅武器形祭器（銅剣、銅矛、銅戈）、あるいは土製、木製品のそれらとはどうか。祭祀が、第一義的には、神霊や精霊や祖霊などと人との交渉を旨とする儀礼であるとするなら、それらの考古資料もまた少なからず他界観と縁をもとうが、その存分な立証となるとかなり困難である。ただごく少数例ではあるが、弥生中期の絵画土器のうちには、こちらの想像を刺激してくるものがある。その画材は、鳥、鳥人、鹿、船、家屋、また同心円文、その他である。それらが組み合わさった絵どうしを対比したり、あれこれ照合するなかに、私にはおぼろ気ながら、根の国的なものと一脈のつながりがあるような像が浮かんでくる。それはおもには奈良県の唐古《からこ》遺跡出土壺（図4—1）と、鳥取県淀江《よどえ》町の稲吉《いなよし》遺跡出土壺（図4—2）とに描かれた線刻画から導かれたものである。後者を、佐々木謙は「弥生式土器の原始絵画」[11]において、壺棺のための絵とし、航海者と

絵画土器

その邸宅と環境を描く一連の生活絵巻と解し、故人への鎮魂譜と見る理解を示した。しかし、近年では農耕祭祀の儀礼ないしは祭場の図とする見方が有力視されている。春成秀爾は、「銅鐸から前方後円墳へ」[18]の中で、稲魂を地上に呼び寄せることで秋の収穫が約束されるゆえ、稲魂を運ぶ鳥を迎えに、鳥装の司祭者が大空に船をこぐ、といった解釈を示している。鳥人のこぐ船という図柄を核に、図4―1の鳥と人と船の構図も参照し、鳥の世界を天海の彼方に把握する。また、金関恕は、「呪術と祭」[10]の中で、鹿、二棟の建物、大木と銅鐸かとも思われる図象などから、『魏志』東夷伝馬韓の条にある、鬼神信仰および蘇塗《そと》にかかわる農耕祭祀に類似した情景を想定している。共に与えられた材料から最も矛盾なく導き出された解釈であり、説得力がある。ただ私としては、祭祀原理への理解から、いまひとつ踏み込んでみたい気持もある。その鍵は鳥人の理解にある。呪的に鳥を装い、稲魂にかかわる祭りを営む者、と普通は解される。それは妥当であろう。だがそれは弥生中期の祭祀共同体の一般成員の認知において、と言いそえるべきかもしれぬ。というのも、当時はすでに司祭者たちの階層ができており、彼らにとって鳥装は、もっと切実な含みがあったのではないかと考えるからである(図4―3)。

鳥人

彼らは、ある種のきびしい祭祀世界の直中にいたのである。稲魂信仰や祖霊崇拝と名づければ、便利に整理はできる。だがおそらく彼らは、農耕祭祀であれその他であれ、本格的なものの場合、きびしい脱魂を強いられ、そうした異空間の通過のための、いわば特異自己像の獲得として鳥装があったのではなかろうか。それは脱現実界の不安定にあって、それゆえにこそ目指される安定性であり、代替現実ともいうべき想像的身体であったと解したい。また船もそうした身体の延長線上に、意志的に得た内界の特異像であり、霊船とも名づけておきたい。複数の鳥人の乗る船は、あるいは集団脱魂の

特異自己像の獲得

図４―１　弥生中期の壺絵　鳥・人・船
（奈良県唐古遺跡出土）

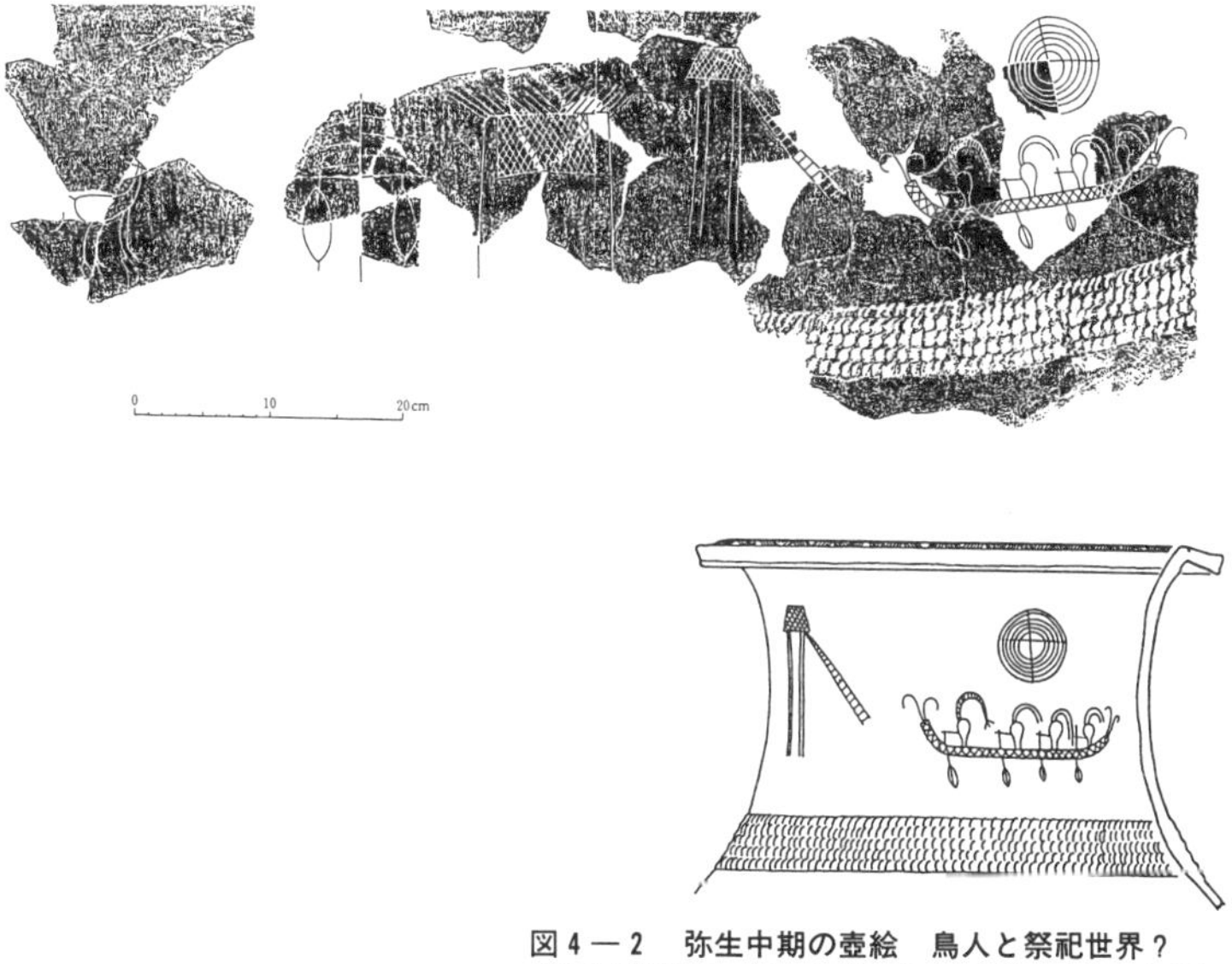

図４―２　弥生中期の壺絵　鳥人と祭祀世界？
〔春成秀爾復元。拓本と作図〕（鳥取県稲吉遺跡出土）

反映でもあろうか。ともあれ、そうした特異体勢をもって、方向を定めたり守護精霊と接したり、また異霊を制御したりし、他界の稲魂を司る農神や祖霊のいる処に至る。そして各霊格と、農耕祭祀ならば収穫にかかわる取り引きなど、戦闘などの臨時祭祀ならば対策などがかわされ、再び現界に立ち戻るのである。農耕の場合、収穫量と見合う鹿などの犠牲が求められたであろう。こうした取り引き的なありようは、宗教以前の呪術といわれるかもしれぬ。だが、近代ならぬ弥生期の宗教が対象である。また今とは異なった稲作観を念頭におかねばならぬ。大地や水流などの自然への侵犯という深い禁忌を抱え込んだものとして、まさに稲作がある。稲作をなしうる力は、他界のものである。向こう側から与えられるものである。そこに他界の意を測り、かつこちらの要求も通すための取り引きが、いわゆる信仰とか崇拝とかの以前の、宗教の深奥の次元に発生していたのである。そして、他界と現界との、限りない力と仕組みの差の中において、両界を奥深く往来し、霊的に取り仕切りえる者たちが望まれ、そこに司祭者階層が成った。

ともあれ、**図4—2**についていま少し触れよう。まず鳥人たちの頭上の同心円文である。通説では、太陽を示すとされる。だが**図4—4**の鹿のそばに描かれた円文や、後代ではあるが九州の装飾古墳などにも同心円文が見られることから、必ずしも太陽に限定しなくともよいのではないか。円文や渦文の表象に、人類史的な古層心理性を説く深層心理学などの見解もある。ここに臆測をたくましくすれば、それは鳥装司祭者たちが体験した、脱魂時の視界で重要な鍵となる像ではなかろうか。**図4—4**の鹿も、もし犠牲用であるとすると、前方の円文ふうの図は、その鹿を他界へ送ることを示しているのではなかろうか。ともあれ、稲吉遺跡の同心円文の背景には、司祭者たちが受け入れていた、霊妙な観想体験があり、それをあえて推せば、ある種の穴状の表象で、かつ四区分された、他界の世界構

同心円文

図４—３　弥生中期の鳥人画各種

①奈良県坪井遺跡出土の土器
②奈良県清水風遺跡出土の壺形土器
③奈良県唐古・鍵遺跡出土の土器〔辰巳和弘加筆作図〕
④佐賀県川寄吉原遺跡出土の銅鐸形土製品
⑤大阪府星ヶ丘西遺跡出土の土器〔辰巳和弘加筆作図〕
⑥石川県戸水Ｂ遺跡出土の土器
⑦岡山県新庄尾上遺跡出土の土器〔辰巳和弘作図〕

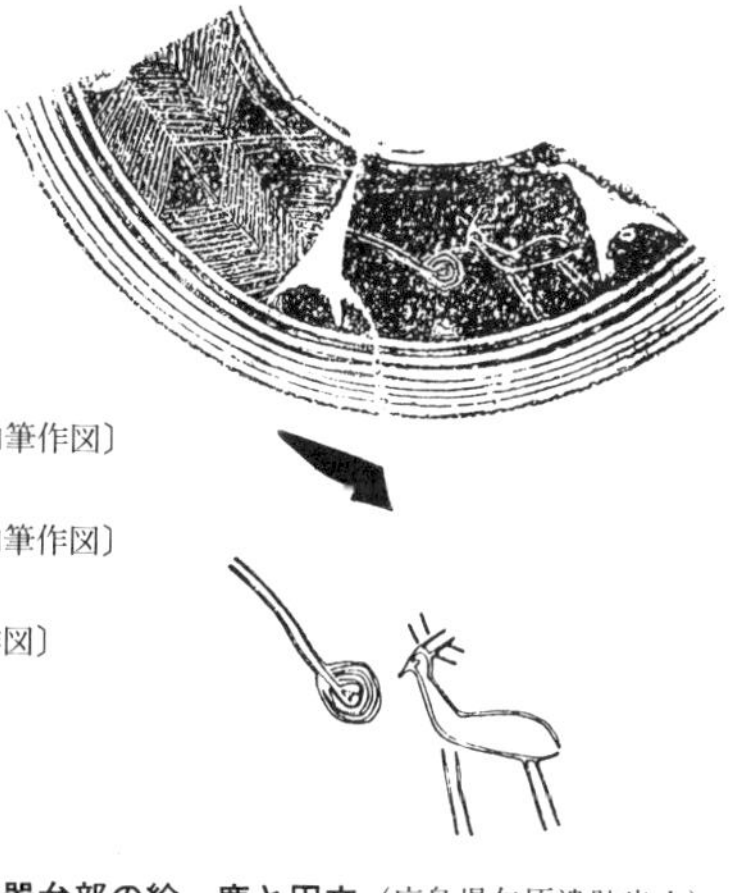

図４—４　弥生中期の土器器台部の絵　鹿と円文（広島県矢原遺跡出土）

造ともいうべきところか。このあたりは、より広い認識立場で、たとえばマンダラの原型に超現実界の四区分構造の表象性を見究める、宗教美術の図象原理研究などとも対応させつつ追究されていくべき主題であろう。*

つぎに二つの建物図であるが、可視的には高床倉庫である。ただし鳥人たちにとっては、他界の農神や祖霊の社という、いわば二重視界の中に位置するものであろう。また、何かが対《つい》で吊された木の図も、ほぼ似た事情にあるといえよう。そしてなお踏みこめば、広く世界各地で、神秘主義系統の図象資料として目にしえる「生命の樹」とも一脈通じるものがあるのではないか。その「樹」は、祭官が祭祀世界で、また神秘家が内的体験で、何度も観想を積み上げてきた中で形をなした図象である。

以上のごとくにもし想定しえるならば、鳥装の司祭者たちが、その祭祀ないし祭政において前提としていた他界観がおぼろ気ながらに映ってくる。そしてそれは、農神や祖霊や精霊などの本源界である根の国の印象と微妙に重なってくるように思えるのである。

▨時代区分と祭祀▨

かなり微妙な方向となった。ここでやや整理すべく、背景となる弥生社会の史的枠組みをおさえておく必要があろう。いうまでもなく弥生時代の到来は、狩猟・採集の縄文時代の自然経済から、稲作を中心とした生産経済への移行であった。これは同時に、社会、文化などの一大変化をうながすものであった。史的には一般に三期区分説がとられている。

さてこれを念頭に祭祀文化の体制を考えると、どう対応するであろうか。まず前期（前三〇〇年頃—前一〇〇年頃）だが、ここでは渡来の農耕文化複合の一環として、農耕祭祀は確立していた。ただ規模

二重視界

本源界

はあまり大きくはなく、主には各農耕集団単位で行われていた段階であったようだ。なお同期前半から防御的性格をもつと思われる、いわゆる環濠集落も出現しているので、闘いなどにかかわる祭祀もそれなりに成立していたかもしれぬ。そして前期末には、水系ごとの小平野でまとまった農業共同体が成り、それを仕切る首長も現れていた。ついで中期（前一〇〇年頃—後一〇〇年頃）だが、ここではさまざまな要因を反映し、社会史的には複雑な変転を見せてくる。農耕祭祀は、さらに広域の地域的まとまりの統合原理として整備されていく。かつその祭祀は、前期末から朝鮮半島に起源を求められる青銅器とも組み合わさっていく。だが前半段階では、青銅器類のかなりの分布差がみられ、それは祭祀内容の地域差を反映すると解される。そして後半段階では、青銅器の扱いが変化しはじめる。これは中国との往来が影を落としているという見方もある。総じて中期は、祭政世界の盛隆期であり、農耕、戦闘、大陸関係などが複雑に絡んだ状況を呈した。さらに後期（後一〇〇年頃—三〇〇年頃）となると、先にも論じた古墳時代の先駆けとしての面もでてくる。前代の祭政世界になお政治性が度を深めていく。青銅器は、銅鐸と武器形祭器の共存がくずれ、北部九州系を軸とする広形銅矛と近畿系を軸とした銅鐸とが対立する。なお吉備では、後期末頃に特種器台という葬祭系の土製祭器も出現する。これらの背景には、西日本の広域単位の統合など緊迫した政治状況があり、総じてそれらが祭祀を制御していたといえよう。

さて、以上のような史的枠組みを踏まえて、改めて本稿の主題である他界観の原像や、次に追うヒメヒコ制の原型などを考え合わせると、おそらく弥生前期末から中期中頃あたりに、一応の核が絞り込めるのではないかと私は感ずる。というのも、前期末の司祭的首長の成立に、ある画期を覚えるからである。この背景には、前期前半頃の稲作適地であった低湿地の開発が一応限界に達し、後半以後、低丘陵地帯の開発へと向かい、それが中期前半にかけて拍車がかかった段階での社会緊張的な状況がある。その主なものは、水田化に向いた湧水地をめぐる、各進出集落の間での頻繁な衝突であり抗争である。ここに単なる農耕の指導者ではなく、武力、霊力にも優れた指導者が求められた。当時の闘いは、各集落なりに守護神霊的な世界を背負っていたゆえ、ある種霊格どうしの闘争でもあったと思われ、ここに司祭的首長および首長層を成立させる必然性があったといえよう。

臨時祭祀

この首長層によって旧来の農耕祭祀は祭政的なものに再編成されていく。あるいは旧来的なそれを個別的なものとして残し、祭政的なものを結集軸をもったものとして編成していったかもしれぬ。そして私は、この段階の主要な祭祀や祭政は、脱魂型のそれが多かったのではないかと考える。というのも、抗争が背景にひそんだ緊迫状況下では、いわゆる年中行事的な迎神的な儀礼よりも、神示や霊示を生々しく得るための臨時祭祀が重視され、司祭者がこちらから積極的に他界におもむき、確実な神意を得てくるという神事に力点がおかれていたのではないかと私は考えるからである。土器に鳥人たちが描かれたのは、脱魂型司祭者たちが尊ばれたためか。とにかくも、この時期の主要な祭祀は、厳しい証しを要求された。形式ではなかった。強い霊的規制力が首長層にも一般共同体構成員にもはたらいていたと思われる。

なお、この時期の青銅器についても触れねばならぬが、私としては案を持たぬ。考古学者の寺沢薫は、「弥生人の心を描く[16]」の中で、弥生時代における青銅のマツリを祭器の面から整理し、三段階を設定しているが、第一段階は「中期前半―中頃に展開した中細形の銅剣・銅矛・銅戈と菱環鈕《りょうかんちゅう》式あるいはごく一部の小形の外縁付鈕式銅鐸によるマツリである」とする。しかし祭祀内容については「武器形祭器をもち、鐸の音にあわせて乱舞する」マツリと想定するのみである。ただ、この段階の銅鐸が鳴らしうることから、私としては、司祭者の脱魂の誘導音に用いられたか、また他面では守護精霊か何かを音で呼び寄せて、それと一緒に他界飛翔するための道具であったか、くらいに臆測するのみである。

ともかく、司祭的首長層は弥生前期末から中期中頃あたりまで、ある種の霊的規制力のもとに存在したといえよう。しかし後半から後期にかけて、徐々にそうした規制力を超えた政治性の度合いを強めていき、広域統合の盟主的首長層と化していく。ところでこうした流れと他界観とを照合してみると、そこに色合いの異なった二つの型が微妙に対応しているようにも思える。ひとつは先に触れた祭祀的世界に生々しく機能していた、いわば根の国的ともいえるそれである。だがこうした状況は、中期後半あたりから徐々に退潮していくかに見える。むろん地域差や種族差などもあって、一律的姿とはいえぬであろうが。そしてやがて後期後半頃、もうひとつの型が現われてくる。それは死んだ首長に対する盛大な祭儀と結びついたものである。山陽の大型弥生墳丘墓や、そこから出た特殊器台や特種壺などの土製祭器、あるいは山陰の四隅突出型墳丘墓などの考古資料にそれがうかがえる。これは首長霊継承儀礼という、先代首長の霊魂への儀礼を極度に重んじた、ある種の他界観の高揚というべきであろう。これが古墳時代の前期いっぱい続いていくことはいうまでもない。

有力巫女と女性首長

以上、鳥人画を手がかりに鳥装の司祭者の世界を考えてみた。そしてその印象を、弥生前期末から中期中頃にかけての、司祭的首長層の状況と重ね合わせてみたいと考えた。こう絞り込んできて、そこにようやくヒメヒコ制の原型が映ってくるように思える。当時の司祭的首長層が有力な男女たちに

盟主的首長層

首長霊継承儀礼

ヒメヒコ制の原型

よって成っていただろうことは推測しえる。先にも触れた厳しい社会状況と、それゆえの緊迫した祭祀世界において、女性の霊性や霊力が頼みとされたと思われる。柳田国男は、日本に巫女の多い理由を、本来の女性の体質や生理上の特徴が、殊に神を見、神の声を聴くに適していたからであろうとしている。もっとも、これには溝口睦子からの反論もある。彼女は、「記紀に見える女性像」[19]の中で、女性の体質に帰するのでなく、「原始・古代期には女性が男性とともに共同体を背負って立つ責任ある立場にあったから、その時代の社会の存立や、人々の幸福にとって必要な、呪法や司祭の技術を身につけたのだという方向で考えるべきだ」としている。このあたりは、社会と霊性と性差にかかわる基礎認識の主題へと連なるところがあり、性急には扱えぬ面がある。ただ私としては、日本宗教史の全体的傾向から推すかぎりでは、柳田の指摘は基本的にはそう的を外していないと感じる。そして思うに、弥生初期あたりには、すでにその巫女的体質を土台にした女性たち自身による宗教的錬磨がとげられており、いわば女性文化としての一応の達成があった。それゆえそうした文化ごと地域共同体から期待されたと考えてはどうだろうか。

ところで、こうした推測は考古資料的な裏付けとしてはどうなのか。総じて困難とすべきであろうだが、若干光もある。それは北部九州を中心として、弥生前期末から後期初頭にかけて盛行する、南海産巻貝製腕輪（ゴホウラ・イモガイ製）にまつわる検討である。この方面における精緻な考古学的達成は、高倉洋彰の論文「右手の不使用」[13]にうかがえる。いまわれわれの主題に縁を感ずる部分で、氏説の要点をあげれば次のとおりである。

（1）南海産巻貝製腕輪は、同一遺跡での着装者数の少なさから、きわめて限定された人々に着装された。ゴホウラ製腕輪は男性に、イモガイ製腕輪は原則として女性に着装された。

南海産巻貝製腕輪

(2) 当貝輪は、十二歳前後の時期に着装され、その者は幼児の頃に選別された特殊な人物であり、貝輪を着装したまま生涯を終えた。これは右手の使用を不能とし、日常生活における生産活動への不参加を意味する。

(3) 男性着装者は、中期中頃から以後副葬遺物をともなう傾向にある（ちなみに青銅利器の副葬は前期末からであり、当貝輪の出現とひとしい）。この状況は、当初異なった人物に分有されていた共同体内部での特殊な機能が、次の段階で同一人物に合体したことを示していよう。

(4) 以上から、当貝輪が司祭者の腕を飾っていたことが考えられる。そして中期中頃以降、司祭者の独立性が次第に失われ、その機能が政治的統率者の兼ね備えるところとなっていった。なお、女性着装者に副葬遺物を有する例を欠くことから、女性着装者についてはむしろ司祭者的性格を持ちつづけたと考えられる。

　以上である。出土品の量は限られており、またその後の知見の広がりもあるかもしれぬ。しかし検証の骨格はそう動かぬものであろう。ともかく、ここに当時の男女の司祭者の存在がほぼ立証されたことは興味深い。かつ、前期末と中期中頃とにそれぞれ画期がうかがえるとするのも面白い。その二つの間は、私が先に想定した、根の国的な他界観の盛隆期に一致するからである。

　それゆえここに、いま一度古文献の神話的記述などから拾い上げた、古層断片とつき合わせてみたいと考える。念頭にあるのは、先にも触れた、スセリヒメやトヨタマビメなどの他界の神女たちにまつわる断片である。大国主も火遠理命《ほをりの》（ヤマサチヒコ）も他界を訪問し、宝物を得て、他界の神女を后とすることで、地上の王としての資格を確立している。この神女たちの位置は重い。彼女たちは、どういう原像をもつものであろうか。私は、その中心に、他界の精通者としての女司祭者の姿を想定し

他界の神女

ている。他界の諸相や仕組みなど霊妙な次元に精通した、それゆえ脱魂型の有力巫女である。こうした存在であればこそ、農神や精霊、祖霊などと取り引きができ、そこから共同体のための知恵と策と力などをもたらしえた。すなわち、農の水利、暦、供犠などにまつわるものや、戦略その他危機管理的なものなどを。

　そしてこの有力巫女がそのまま首長であった場合も少なくなかったであろう。このあたりの考古資料的な立証は、現時点ではむずかしいであろう。ただ後代の成立だが、記紀、風土記などには、土着勢力の代表として女性首長の姿がけっこう見られる。たとえば紀では、神武、景行、神功などの条に、名草戸畔《なくさとべ》、丹敷《にしき》戸畔、新城《にひき》戸畔、神夏磯媛《かむかしひめ》、速津《はやつ》媛、田油津《たぶらつ》媛などの名がある。これらが、何らかの旧時代の記憶を反映している可能性は否定できないであろう。

　ところで、古墳時代の考古学あたりで、いま少し網を絞りこむわけにはいかぬか。この点で、今井堯による考察が有力な手がかりになると思う。氏は「古墳時代前期における女性の地位」[5]という論文で、多くの古墳出土人骨を手がかりに検討し、いくつかの結論を導き出した。いま本稿とのかかわりで注目したいのは、一つには、その検討のための資料の基礎的分類法である。二つには、検討結果。三つには、総体としての結論である。

　氏は、首長墳に女性が埋葬されたことが確かである例を、五つの類型に分けた。まず第一類型は、首長墳の成人女性単独埋葬。第二類型は、大型首長墳の複数埋葬で、中央の最も入念な埋葬施設に一女性を葬る例。第三類型は、首長墳の中心埋葬に、成人男女各一体の例。第四類型は、首長墳の多棺埋葬で、首長埋葬につぐ第二埋葬に女性が行われる例。第五類型は、主埋葬に格段に劣る女性埋葬の例。以上である。そして、それらの検討結果を、ごく切りつめて要約すると、——古墳時代前期、九

女性首長

州・近畿・北陸・関東に女性首長が存在した。その性格は、地域政治集団の首長の場合、祭祀権、軍事権、生産権をも掌握していた。また、小集団を背景とする女性首長は、祭祀的・呪術的性格を濃厚にもつものもある。また、首長埋葬の中に成人男女各一体という事例がかなり多く、首長権を共ににな った可能性が高い。なお、男性首長につぐ第二の地位を占めた女性の事例も多く、首長権の際、それを補佐、分担した可能性がある。というふうになる。そして結論を導く。古墳時代前期は「少なくとも、首長の中に男権がすでに確立した段階ではないことだけは確実であり、首長権の男系世襲制が確立した段階以前の状態であることを示している」と。

こうした古墳時代前期のありようは、先述の記紀などの女性首長の存在と対応するように思える。そしてさらに、弥生時代のありようにまで遡りえる印象的な手がかりを与えてくれそうにも思える。

ともあれ、弥生前期末から中期中頃にかけての首長層を考えるとき、そこには各様の変形幅をみせつつも、ヒメヒコ制の原理がはたらいていたことが推測できよう。首長が有力巫女であれば、祭祀権の他に軍事権や生産権をもつかんでいただろうが、それでも潜在的には、ヒコ的な存在が用意されていたのではなかろうか。また、男性首長のみ突出する場合でも、逆の意味で似た状況を秘めていたであろう。おそらく多くの場合は、先の古墳時代前期に、成人男女一体づつの首長埋葬例が多かったとあるのに似たような、ヒメとヒコの両立した二重祭政体をとっていたことと思う。

＊　一般に目に触れやすい研究としては、ユング心理学があげられよう。C・G・ユングの『個性化とマンダラ』においては、彼の指導をうけたアメリカの一女性の描いた、二〇数種のマンダラ図への分析をあつかっている。そこでは錬金術や新石器時代の図象考古資料その他を引き合いに、四者性について何度か言及している。四者性とは「元型的な四数性」とされ、無意識的内容の意識化を示し、したがって宇宙創世神話のなかによく現われる、と説かれる。「過程や中心的シンボルの四分割は大昔からつねに存在していた」とし、「たとえばホルスの四人の息子、エゼキエルの〔幻視の

なかの〕四人のセラピム、（中略）〈錬金術の作業〉の四者性とその構成要素（四元素、四性質、四位階など）である」と記す。ともあれ、この種の心理学によって、先の同心円文の謎が解明されつくすとまではいえぬであろう。しかし、ある種の接近法の示唆をえることはできそうである。

四　ヒメヒコ制の原型

▨原型を求めて▨

こうした時期が、ヒメヒコ制の盛隆期であった。むろんこれは、先進地域を一応の基準とした見方である。その他の地域には、それぞれ別の姿があったであろう。ともあれ、ここでは史的典型期を浮き上がらせようと試みているのである。そして、この祭政体は時代の要請を深く反映したものであった。水稲農耕祭祀の厳修、自然界への対策、共同体内の諸調整、あるいは他の共同体との抗争にまつわる対策など、多元な課題を統合的に引き受ける、知と力の体制ともいうべきものであった。また、より巨視的には、祭祀が政治に歯止めをかけて調和を保ち得た段階といえるかもしれぬ。その政治のはらむ方向が鋭く極まるのは、やはり戦闘の緊迫状況下であっただろう。こうしたおりに泥沼化をさけるべく、一定の歯止めをかけ得たのは、司祭者たちがもたらした霊的規制力ではなかったか。

なお、弥生中期に、高地性集落と石製武器とが重なって発達していることから、その背景に軍事的緊張を読みとろうとする説が有力視されている。佐原真は、「かつて戦争があった[12]」という論文で、石鏃《せきぞく》に注目し、この時期に人を殺傷する目的をもった、深くつきささる矢が出現し、「弓矢が狩猟具から武器に変質したと読みとりたい」と記している。有力な検証であろう。また、気になる資料がある。それは山口県の土井ヶ浜で出た、弥生前期末の土井ヶ浜一二四号人骨（壮年男性）だが、彼は南海産の貝輪（ゴホウラ）を着装し、石鏃と牙《が》鏃を打ちこまれていた。厳密には、一五本のきれいに磨きあげられた磨製石鏃をつけた矢と、一本の珍しい鮫の牙製のそれを射こまれ、かつ頭骨はこなごなに砕かれていた。このことから、岩崎卓也は『古墳の時代』[7]で、「特殊な情況のもとに殺害された、一種の犠牲であった可能性」を示唆している。興味ぶかい指摘である。そこでなお、私なりに臆測をたくましくすれば、これは先にも触れた、戦闘の泥沼化を避けるために、司祭者がみずから意志して死を選ぶ儀式ではなかったか。そして頭部をくだくことで、彼の関与していた複雑な霊的体制を崩して、相手方に明け渡し、代りにこちらの共同体の存続をはかったのではなかったか、と考えたくもなる。いずれにしても、当時の霊的規制力を考えるならば、共同体を負った司祭者男女たちの犠牲死がそれなりにみられたのではなかったか。

犠牲死

さて、ここにあらためてヒメの位置を追ってみよう。前節で他界の神女の神話的印象から、他界に精通した脱魂型の有力巫女の存在を描き出してみた。これについて若干補足しておきたい。というのも、一般にシャーマニズム研究などでは、日本の巫女はほとんど憑霊《ひょうれい》型で占められていると解されるからである。しかし、これは事例が近代のものに大きく依存していることも考えねばならぬ。また古文献を用いるにせよ、それらの成立が仏教伝来以降であり、巫女文化の変容後の資料であることも計算に入れねばならぬ。弥生時代から古墳時代前期あたりまでの状況は、必ずしも後代の状況からそのまま推測しえぬものがあろう。それこれを踏まえ、私としてはヒメヒコ制の盛隆期には、多くの一般的巫女においては一応憑霊型が主流であったかもしれぬが、首長層系の巫女は脱魂型が中心ではな

巫女文化の変容

かったかと考えたい。その理由をいくつかあげると、まず他界観が奥深く生きていて、その超常的な宇宙構造を霊妙に体感するわざが重んじられたのではないかと考えるからである。また農神や祖霊などと収穫量その他で取り引きするには、己れの主体を失ってはならず、憑霊型ではない姿勢が求められよう。あるいは敵対する共同体との緊張下にあっては、相手方の守護神などの霊的体制を見抜いたり、それを制御したりする役を課せられ、これも憑霊型ではこなしにくいと考えるからである。*

さて、こうした存在としての有力巫女が、オオナムチの根堅洲国訪問譚に暗示されるような、他界精通者として、あらたな首長候補者に秘儀と知恵と威力を授ける、といった厳しく大がかりな儀礼があったのであろう。ここにヒコが成り立つ。前期末あたりでは、地域共同体も小規模だったので、弟や兄、その他血縁の範囲で、それがなされたであろう。だが中期中頃ともなれば、かなり広がりもでてくるので、非血縁的にも傾いたであろう。先の訪問譚や海神宮訪問譚で、他界の神女と結婚するのは、この段階の反映であるかもしれぬ。

以上、ヒメヒコ制の原型を、おもに祭祀原理面から追い求めてみた。政治面からではあまり見えにくい、他界観や霊的規制力について、その微妙な骨組みのなかに何か鍵があるように思えたからである。

女性司霊文化とヒメヒコ制

なお、その原型論のからみであるが、いまひとつ触れておきたい部分がある。それは私が、先に女性の巫的体質を生かした女性文化と称したものの内実である。これはいわばヒメヒコ制以前への問いである。もっとも、それ自身が大きい課題であるので、ここでは見とおしを述べるにとどめたい。そ

超常的な宇宙構造

ヒメヒコ制以前

の時代の範囲は、弥生前期から、一方では縄文期にくいこみ、他方では大陸や半島にも遡るような極めて漠とした枠でしかない。ともあれ、そうしたはるかな昔のある段階での、一応の原点を考えておく。そのとき、広い意味での自然界の波長に同調しやすい女性の体質を、男性からの攻撃を防御する力としても、自覚的に組みたて、磨き上げていこうとする女性たちが現れた。おそらく日本列島では、大地母神の祭儀などとからんでいたかと思われる。産む力の神秘を背景にした禁忌の設定とか、巫女術もかたちをなしていたであろう。

女性文化

　こうした積み上げが、おのずと女性文化のまとまりを作っていたと察せられるが、その流れにあらたに弥生文化が強力に関与することになった。社会体制が大変化した。それにともない、集落間の武力衝突なども生じてくる。こうしたおりに、男性の腕力が前面化して事態を支配したことはいうまでもない。だが反面で、そうした力は、必要とされる範囲を外れて、ときに狂暴な脱線を生むことが少なくない。それゆえ、この種の攻撃への防御として、女たちによる呪法や霊能の開発、また禁忌の設定や神話の形成などが試みられたはずである。そして、そうした試みの中心となった神格なりをここに推測するならば、おそらくそれは、上代古典に片鱗をみせている御祖《みおやの》神の印象と無縁のものではなかろう。前代の大地母神の流れを、潜在的に受け継ぎつつ再編成した、母神の祭儀などとからんでいたかと思われる。そしてそれは他界観とも無縁ではなかった。脱魂術が追求され、他界の御祖神のもとにおもむき、知と策と力とを授かるわざが、代々女たちの中で伝承されたであろう。これらを女性司霊文化とでも名づけえようか。その根底の意欲には、自然の猛威や病苦その他、人間に宿命的に迫るものへの対策に加えて、男性対策があった。この文化の充実が、あらためて地域共同体の祭政の骨格として迎えられたと私は考える。ヒメヒコ制の成立である。

男性対策

ところで、女性司霊文化とのかかわりで、またヒコの原像のひとつとの関連で、若干補足しておきたいことがある。それはサニワ（審神者）の起源である。小稿の初めにもややサニワにこだわってみたが、ともかくその起源を論じたものはあまり見かけない。だが私としては、記の「沙庭《さには》に居て、神の命《みこと》を請ひまつりき」とある、神聖な斎場という意味の表記に、ある示唆を感ずる。斎場でありつつ、他面では神示判定者を指す、というゆらぎの中に鍵がありそうである。私は、サニワとは、女性司霊文化的にとらえれば、元来巫女が脱魂して至る、他界の神々の場のことを指していたのではないかと考える。そしてかつ、そうした他界の神域の安全保持などをこころがけ、また脱魂時の巫女の霊性の安定性や身心の状況を管理するような役の、おもには長老格の巫女らがいて、そうした彼女らの行為および存在をも含めてサニワとされたのではなかったか。むろんサニワという言葉自体がその当時まで遡りえるかは不明であるが、その概念の含みとしてである。結局、サニワとは、霊妙な次元での神示とか巫女の見きわめごととか、あるいは駆けひきごととかの、いわばその世界なりの客観性の保証者ということにもなろう。見とどけ人ともいえようか。

なお、前節で、有力巫女が首長候補者を育むことについて触れたが、それはある角度からいえば、女性司霊文化のサニワ役を男性にも開放することを意味した。かなりの核心部を明け渡すことでもあった。このことで政治との統合が計られた。聖と俗と、幽と顕とが、ある緊迫したかたちで切り結ばれた。そうあらねばならぬほどに、きびしい史的段階が各共同体に訪れていたのである。

ところで、若干付言すると、女性司霊文化が磨かれていた時代は、まったく男性司祭者たちと縁がなかったということではない。共同体の一般農耕祭祀その他で、むしろ大いに接触があったはずである。ただ、その中枢や秘儀をなす部分で、女性たちがきびしい一線を引いて、男性を退けていたので

神示判定者

男性司祭者

はないかという話である。とはいえ、これも微妙な例外もあったであろう。たとえば女として中枢に参加した有力な男巫もいたかもしれぬ。種子島の弥生前期末の広田遺跡からは、女巫の装いで、頭蓋骨にヘッドバンドの跡がある男性人骨が出土しているが、司祭者の世界には特異な性転換者の問題もからんでいる。

とまれ、ヒメヒコ制の前身をなす有力な一部として、こうした女性文化を想定してみた。

残響と想起のなかで

ヒメヒコ制の原型をなした時期を、そのまま祭政体の盛隆期として本稿では描き出した。そこで問題になるのは、それが唯一の盛隆期かどうかである。これは三世紀の卑弥呼の時代や、今井堯が検証した古墳時代前期などの状況をどう位置づけるか、ということにもつながる。だが私は、このあたりにあまり確定案をもちあわせぬ。というのも、そのころ緊迫的に巨大化した首長霊継承の儀礼と、さらにそれとからんでいたはずの、特異な他界観の高揚とが示す意味を、私はいまだにつかみきれていないからである。だが、とりあえずここでは、原型期の尾を洩いた残存の中で見られる、ある種の揺れ幅というふうに考えておきたい。つまりは、それなりの揺り戻しである。第二次盛隆期とまでは至らぬ。

さて次に、より長い歴史単位でみたヒメヒコ制の意義についても大まかに眺めておきたい。その前提として、まずその祭政体の命脈を、一応古墳中期あたりまでと区切ることにする。そこで改めて、その命脈の末を考えると、ひとつは宗教世界に祭祀化されて残存することにもなったであろう。元来が宗教的祭祀から発したものゆえ、自然な展開だったともいえよう。また、はるかな後代の幕末や近代に、宗教的天才女性たちによって、精神的かつ霊性的な水準で想起され、教派神道や新宗教を生み出す力ともなった。

　ところで、他方の政治的な水準ではどうであったか。まず念頭にくるのは、推古天皇以降にみられる女帝たちの時代である。しかしそれぞれの背景には複雑なものもあり、にわかには判断を下せぬ。ただ本稿の立場からすれば、ごく潜在的な水準という限りで、それなりに往古の残響をうけとっていたと思われる。また、後代において、祭政一致の提唱もみられた。だが、これは男性天皇を理念の軸にすえた、いわゆる尊皇思想というべきものであった。ヒメヒコ祭政とはほとんど接点をもたぬかたちであった。

　なお最後に、より広い意味で文化理念としてはどうであったか。これは冒頭に触れた、サホビメとサホビコの悲劇物語に代表されるような理念造形に生かされたともいうべきか。サホビメはヒメヒコ制の旧世界原理へと殉じた、最後のヒメであった。この物語造形は鎮魂の試みにかよう。しかし同時に、それはあってはならぬ異端として、印象的に記紀に刻まれた測面をも見逃してはならぬ。ある旧時代の理念を埋葬する、文化戦略を秘めていたことにも気づくべきであろう。

　いまひとつ付け加えよう。それは、この現代にうけとる響きである。隔たり、あまりに深く、もはやとどくものなしとすべきか。だが、沈みこんだその二千年前の古文化は、私たちの古い基礎的感情と結びついたものである。かつ女と男の対《つい》原理の文化として、かなりの線まで地平を拓《ひら》いていた。となれば、今日、みずからの精神地層を掘り下げようとする人々にとって、それが丸ごと沈黙の淵に没するということなどありえようか。

旧世界原理

対原理

＊　脱魂型と憑霊型の問題はかなり鍵ともなるところで、単純に論じつくせぬ部分も多い。首長層系の巫女に脱魂型中心を想定する私の見方も、本来はより多くの証明を要するところであろう。ただ、シャーマニズム研究の一般見解として、脱魂型はその本質からして、いわば他界構造の認知や宇宙論の提示などと結びつきやすく、まさに他界観の充実がいわれている。私としては、この原埋を一応土台として、かつ日本の神話伝承の古層復元的な角度から、弥生期の他界観の充実ぶりを推測し、したがって先のような巫女の型を想定した、というのが根底の骨格である。いずれにしても、残された論究点は多く、今後に託されている。

5 王権と女性

奥田暁子

はじめに

いずれの社会でも歴史の始まりは謎に満ちている。記録された以前のことが正確に分からないし、記録された時点で造作がなされているかも知れないため、最初の記録を根拠にして、それ以前のことを推測するか、記録以外の資料を使って多面的に推測するかしかない。しかし、どちらにしろ、多分に想像力が入り込むのはやむを得ない。日本の古代に関しては、現在史実として分かっているのは、三世紀半ばの邪馬台国に卑弥呼という女王がいたこと、五世紀になると大王は男性であったらしいこと、しかし、六世紀末から律令制国家成立期にかけて女帝が大勢輩出すること、そしてある時期を境に皇位は男子直系主義の原則が確立することである。

ボーヴォワールは西欧文明における父権制の始まりを紀元前三千年頃と想定しているが、日本の古代にはこの時代区分は当てはまらないように思われる。東アジアに限定してもこの女帝輩出の現象は独特であったようだ。新羅の善徳（六三二―四七年）、真徳（六四七―五四年）、真聖女王（八八七―九七）を別にすれば、古代朝鮮でも中国でも女帝忌避の傾向は強かった。日本に女帝が遅くまで実在したのは、高群逸枝の言うように、原始性の停滞期間が長く、そのためにヒメヒコ制の伝統が律令国家成立期まで遺存していたということであろうか。

「記紀」に登場する最初の女帝は推古である。しかし実際に彼女が最初であったのかどうかははっきりしない。「記紀」は神武以来男系の天皇の物語として書かれているが、これは「記紀」の書かれた時代の天皇観を反映しているのであって、実際には、卑弥呼のような女性首長が各地にいたとする説もある。[8][17]

それはともかく、『日本書紀』によれば、推古以後断続的に皇極（斉明）・持統・元明・元正・孝謙（称徳）と、六人八代の女帝が立った。そして、称徳を最後に、女帝は日本の歴史から姿を消す（正確には、江戸時代に明正、後桜町の二人の女帝が立ったが）。女帝の登場がこの律令制国家成立前後の時期に集中しているため、女帝の起源や役割をめぐって、これまでに多くの研究がなされてきた。女帝を、男帝の代替としてみる説、過渡期の現象とする説、男子継承者へバトンタッチするための中継ぎとする説など、さまざまな論がある。しかし、女帝と一口に言っても、彼女たちは即位の経緯も、そのパーソナリティも、社会的役割も同一ではない。彼女たちをとりまく国内・国外の状況も当然変化している。

男子直系主義

ヒメヒコ制

本稿では、この「女帝の時代」を足がかりにして、日本の古代における王権と女性との関係を明らかにしたい。はじめに六人の女帝のプロフィールを紹介し、その時代状況を見ておこう。

一　女帝の時代

六人八代の女帝については、その性格から三つに区分することができる。

シャーマン的女帝

敏達大王の死後、その皇后であった推古（在位五九二―六二八年）が大王に即位した。六世紀から七世紀の半ばにかけては大王位をめぐる争いが頻発する時代である。先ず五三一年に起こった政変で大伴一族が没落する。大伴氏のあとを継いで政権を握ったのは蘇我氏であった。五八七年には、用明大王の急死をきっかけに政変が起こり、蘇我馬子が穴穂部《あなほべ》皇子（欽明の皇子）と宅部《やかべ》皇子を殺害し、次の大王の最有力候補であった彦人大兄も物部守屋とともに蘇我側の連合軍によって暗殺された。五九二年には、大王崇峻が馬子に暗殺されるという一大事件が起った。六世紀のおわりから七世紀の半ばにかけて非業の最後を遂げた王族は書紀によれば合わせて一〇人以上にのぼる。これらは皆大王の位をめぐって殺された人びとであった。

この頃は、対外的には、隋による中国統一がなされ（五八九年）、それが朝鮮三国の対立へと波及し、争乱が絶えない不安定な時代であった。推古が王位に就いてからも、途中で中止になったが、新羅征討軍が編成され、筑紫へ軍隊が派遣されている（六〇一年）。

推古が崇峻の後を継いで王位についたのは、有力豪族の要請があったからである。日本の古代には有力豪族による大王の推戴の伝統があった。その伝統は王族が誕生した六、七世紀頃にも残っていたらしい。[26] 皇位継承資格者として厩戸皇子（聖徳太子）や竹田皇子のような適格者がいたのに推古の擁立が要請されたのは、このような王権の危機的状況を打開するためにヒメの力、女帝のカリスマ性が求められたからだと推測される。[4]

ヒメの力

しかし「記紀」には推古が実際にカリスマ性を発揮したことを示す記事はない。ただ、『隋書倭国伝』に推古時代のこととして、「倭王以天為兄、以日為弟、天未明時、出聴政、跏趺座、日出便停理務云、委我弟*1……」の記事がある。これを兄王と弟王の二重王権と見て、推古の即位を否定する説もあるが*2、いずれにしろ、倭王が神事を行っていたことだけは明らかである。

この時代は推古・聖徳太子・蘇我馬子による権力集中体制がとられ、執政権者は聖徳太子であったが、実際の権力は馬子が握っていた。推古はおそらく最高司祭者を任じ、権威のシンボルとしての役割を果たしたのだろう。女帝を権威のシンボルとする体制は同時代の新羅に出現した善徳、真徳女王と類似している。推古と聖徳太子の関係がオバ・オイの関係であったこともヒメヒコ制を連想させる。六世紀後半には大王の葬送儀礼や即位儀礼、世襲王権の神事、祭祀制度の整備が進んだ。地方では部民制やミヤケ制が制度化され、統一国家への布石づくりが始まっていた。

推古は終身大王の地位にあり、その在位期間は三六年間の長期に及んだ。

二人目の女帝は舒明の皇后であった皇極（在位六四二―五年）である。彼女が即位したのは国内では王族層の息長系と大臣の蘇我系との対立があり、国外では朝鮮三国、とくに百済と新羅の対立が激化していた時代であった。その動きに呼応して、国内でも親百済派と親新羅派の対立と分裂が激しかった。皇位継承資格者は葛城皇子、山背大兄、古人大兄皇子などがいたが、それぞれを推す豪族間の権力闘争が激しさを増すなかで、当時最大の権力を持っていた豪族の蘇我蝦夷の力が皇極の誕生に大きく貢献したことは間違いない。

皇極時代には山背大兄の一族が自殺し、蘇我蝦夷・入鹿も中大兄や中臣鎌足らによって滅ぼされた。強大な権力を誇ってきた蘇我一族が滅亡したのであるから、推古時代以上の激動の時代であったと言えよう。六四六年には中大兄らによって大化改新が行なわれ、品部の廃止、官位制の制度化が行なわれた。人心は不安定で、天変地異も多かった。

皇極は雨乞いをした女帝として有名である。大干ばつのため村々の祝部が伝統的方法で雨乞いをしたが効果がなかった。次に、蘇我大臣が仏法によって祈願したが、やはり雨は降らなかった。ところが、皇極が祈雨したところ、大雨が降ったという物語である（皇極紀）。この物語は危機に臨んで女帝のシャーマン的要素が発揮されたことを表すものであろう。しかし皇極紀には同時に、常世《とこよ》の虫まつりに熱中する民衆の姿や天変地異が頻発する記事など、巫術の権威失墜を物語る事件も描かれている。

六四五年の政変後、王位はいったん皇極から弟の孝徳へと移るが、孝徳が死んだため、皇極が再祚して斉明となった。この時すでに、斉明は老齢であった。実権は息子の中大兄（後の天智）が握っており、斉明には政治権力はなかった。やはり彼女も権威のシンボルとしてかつぎ出された大王であった。斉明は歌人としても有名であった。唖であった孫の建王が八歳で死んだとき、斉明はその死を悲しんで次のようにうたった。

射ゆ鹿をつなぐ川辺の若草の若くありきと吾が思はなくに
飛鳥川みなぎらひつつ行く水の間も無くも思ほゆるかも

次の歌は万葉集にもある有名な歌で、九州出陣中にうたったとされている。*3

熟田津に船乗りせむと月待てば潮もかなひぬ今は漕ぎいでな

この時代も国内では王族の対立が激しく、不可解な事件も起こった（たとえば斉明紀には、龍に乗った者が空中を走ったとか、大笠を着た鬼が葬儀をじっと見ていたと書かれている）。東アジアでは新羅が百済に侵入し、唐が高句麗を攻めるなど、騒然とした情勢にあった。斉明紀は斉明が朝鮮出兵を断行したことと、失敗に終わった大規模な土木工事を行ったことを批判的に書いている。彼女は筑紫の朝倉宮で急死した。

持統——過渡期の女帝

斉明の次に女帝になったのは天武の皇后持統（在位六八六—九七年）である。斉明から持統即位までの期間に、朝鮮半島では唐・新羅の連合軍が百済（と日本）と戦って、これを敗北させた白村江の戦争が行なわれた（六六二年）。これは大陸の中央集権体制に豪族を単位とする軍事力が敗北したことを意味し、日本に律令体制を確立させる大きな契機となった。国内では天智の息子である大友と天智の弟の大海人（後の天武）が皇位継承をめぐって、壬申の乱を起こし、天武の勝利に終わった。この天武時代に、後述するように、律令制の基礎がほぼ固まった。『古事記』、『日本書紀』の編纂計画がス

白村江

タートしたのも天武時代である。

天武の死によって、皇位は持統の息子草壁皇子に直接継承されず、天武の皇后であった持統が称制（天皇が死去した後、すぐに新帝を立てず、後日、天皇の位に就く者が、数年間執政することがあった。これを「称制」と言う）によって即位した。草壁が擁立される環境が整っていない、というのが理由であったが、草壁の有力な対抗馬で、人望も篤く、草壁には異母弟にあたる大津皇子に皇位がわたらないようにするための配慮であったとも考えられる。[*4] 持統は天武在世中から天武とともに政治に携わっており、天武のし残した政策の数々を自分の手で完了させたいと思ったのではないか。彼女の治世に天武時代

図５―１　女帝の宝冠（左）と男帝の冕冠（右）

図５―２　持統天皇

に制定された飛鳥浄御原令が施行され、庚寅戸籍が作成された。兵制の整備や藤原京の造営など、重要な出来事が次々に行われた。天武期から引き継がれた神祇制度の整備も進み、神祇官が成立した。律令制度が完成するのは持統の次の文武の時代であるが、持統時代にその基盤整備がほぼ整ったと言えよう。

父は天智、母は蘇我倉山田石川麻呂の娘という名門に生まれ、天武在世中から天武と共治体制を築いていた持統は強いカリスマ性を持つ女帝であった。彼女は度々吉野に行幸して五穀豊穣を祈願し、さらに伊勢にも行幸するというように、シャーマン的な機能を発揮した。持統の諡り名はアマテラスを連想させる高天原広野姫であった。

六九〇年に正式に即位したのは草壁が二十八歳の若さで病死したためである。皇位が天武系に継承されなくなることを恐れて、当時七歳であった孫の軽皇子へ皇位を継承するため、中継ぎとしての役割をはたすことにしたのである。

六九七年には、軽皇子（後の文武）が皇太子に就任した。制度としての皇太子の始まりであった。天皇という位ができるのも同じ頃だと言われている。持統は譲位して太上天皇となったが、実質的には、持統と文武の共治体制であった。したがって、持統は天武時代を入れて三代の政治に関与したことになる。文武時代に大宝律令が完成し（七〇一年）、太政官を中心とする国政機構がスタートすることになった。

この頃、朝鮮半島では新羅が統一王朝を実現させた。唐との外交関係が絶たれていた間も、新羅との交流は続いており、太宝律令編集者の多くは新羅からの渡来人であったと言われている。

神祇制度

共治体制

中継ぎとしての女帝

文武の母で、草壁の妃であった元明（在位七〇七―一五年）が即位したのは文武が死んだためである。文武が死んだとき、藤原不比等の娘宮子との間に生まれた首皇子はまだ七歳であった。したがって、元明の即位は孫の首皇子に皇位を継承するための純然たる中継ぎとしての即位であった。即位に当たって元明は、天智が確定したと言われる「不改常典《ふかいじょうてん》」を引用した。「不改常典」というのは、天智が「天地とともに長く、日月とともに変わるまじき常の典と立て給いき」というかたちで整備したと言われているが、実際に天智がつくったのかどうかははっきりしていない。直系の男子に王位を継承させるときに引用されているところから、男子直系継承をめざした皇位継承法であるというのが通説になっているが、もしそうであれば、天智から天武へは兄弟相承になっているので、天智時代に決まったとするのはおかしいとする異説もある。〔8〕どちらが正しいのか、わたしにはそれを判断する資料がないが、いずれにしろ、これ以後譲位が制度化されるようになるので、この頃から、男子直系継承が制度化したと考えていいのではないだろうか。この元明時代には平城への遷都が行なわれ、『古事記』が完成した。亡夫の眠る地、飛鳥から平城に赴くに当たって、元明は「飛ぶ鳥の明日香の里を置きて往なば君があたりは見えずかもあらむ」と詠ったという。

元明から元正への譲位に際しても「不改常典」が引用された。元正が即位したのも、皇太子首《おびと》（後の聖武）が即位するまでの中継ぎとしてであった。彼女が選ばれたのは、嫡流の草壁の子で、文武の姉妹であるという血縁関係のためであった。〔2〕それまでの女帝が皇后の経験者であったのに対し、元正は皇女というだけで、皇后の経験はなかった。元明、元正の時代は藤原不比等が政治の実権を握っており、女帝の即位が彼の戦略の一環であったと見ることもできる。『日本書紀』が完成したのは元

中継ぎ

正の時代である。

最後の女帝となったのは孝謙（称徳）である。聖武と光明皇后の子、基王が早逝したため、その姉の阿倍内親王が女性では初めて皇太子になり、その後聖武の譲位により、孝謙天皇（在位七四九―五八年）となった。孝謙の生母、光明皇后が草壁皇子の日継ぎの系統が絶えてしまうことを恐れて、皇女の孝謙に皇位を継承させたのだと言われているが、彼女は未婚であり、皇嗣《こうし》を守るための中継ぎとして立ったのではない。彼女をバックアップしたのは光明皇后の甥で、孝謙とはいとこの関係になる藤原仲麻呂である。皇統よりも藤原氏の権力拡大を狙った女帝擁立政策であったように思われる。

孝謙は七五八年に、皇位を淳仁天皇に譲って上皇になるが、仏教僧、道鏡を重用する上皇と淳仁・仲麻呂ラインの対立が激しくなり、上皇は謀反を理由に淳仁を廃位し、自ら再祚《さいそ》して、称徳天皇（在位七六四―七〇年）となった。そして、この称徳を最後に、女帝は日本の歴史から姿を消すのである。

以上見てきたように、一口に女帝といっても、持統以前と以後ではその性格が大きく違っているし、彼女たちに期待された役割も違っている。前者は女帝のカリスマ性（霊能）を期待されての即位であったが、後者は次の男帝への中継ぎであった。おそらく持統の時代に王位継承のあり方が変わり、直系主義の原則が出てきたのだろう（しかし、持統・元明・元正の三代の女帝が譲位を行うことによって嫡系ラインが成立したというのが通説になっているが、孝謙（称徳）の即位のあり方を考えると、この段階では嫡系相承はまだ制度として確立するところまで行っておらず、かなり流動的であったという気がする）。

彼女たちについての物語である『古事記』、『日本書紀』とも天武・持統の時代に着手したのだとすれば、それ以前の推古、皇極はどこまでが史実か分からないし、持統についても（『古事記』は推古まで、『日本書紀』は持統までの歴代天皇について記述している）、伝承の採取者や作者の価値観が反映しているはずだから、文字になっているものをそのまま信用することはできない。しかし、まったくのでたらめを記録したということもできない。おそらく人びとの記憶に残っていたことや言い伝えを取捨選択して収録し、それを記録者の視点で編集したのであろうから、神話にはある程度の信憑性があると考えていいだろう。

したがって、これらの女帝の物語にはもっと古い時代の女性と王権との関りが反映していると思われる。推古や皇極（斉明）に見られるシャーマン性は巫女王としての卑弥呼や伝説の女性、神功皇后を想起させる。記紀は男系天皇の物語として書かれてはいるが、実際には、少なくとも記紀が書かれる以前の時代には、女性が王位についていた例ももっと多かったかもしれない。そこで次に、女性と王権との関りを見ていくことにする。

＊1　この記事をどう読むかについては諸説あるが、ここには山尾幸久の解釈を紹介しておく。「倭王は天を兄とし、太陽を弟としています。（倭王は）天がまだ明けぬうちに（王宮に）出て政事を聞きます。胡座をかき不動の姿勢をとっています。太陽がのぼると、後は弟に委ねます」（『東アジア民族1　正史東夷伝』一九七四年）

＊2　たとえば〔9〕〔19〕〔24〕など。門脇は倭王を厩戸皇子、弟を殖栗皇子と考えている。

＊3　この歌の作者については額田王だとする説もある。

＊4　草壁への皇位継承を持統が願っていたというのが定説になっているが、彼女には嫡々相承を遵守する気持ちなど無く、終身皇位を手放そうとはしなかった、そのために実の息子の草壁をも暗殺したのだとみる説もある（吉野裕子『持統天皇』人文書院、一九八七年）。

二　王権とヒメの力

王権を掌握するための条件とはなんであろうか。王権を成立させ、維持するためには軍事、経済、宗教的要因のすべてが不可欠であったと思われるが、律令的国家体制がまだ確立していない古代社会にあっては、卑弥呼の例を見ても分かるように、軍事、経済的要因よりも宗教的要因がきわめて重要だったと思われる。宗教的権力を持つ卑弥呼は邪馬台国の最高支配者であり、男弟は行政権者としてそれを補佐していたに過ぎない。農業社会では農耕祭祀はとくに重要であったろう。

王権の宗教的構造を解明するためには、だれが宗教的権威を担ったかを明らかにしなければならない。

宗教的権力

■王位継承とヒメの力■

特定の豪族が王族となるのは六世紀頃らしいが、それ以前の段階では、霊能を持つ女性と結婚することによって初めて、王となる資格を身につけたのではないだろうか。武烈記には、継体を「タシラカヒメノミコトに合わせまつりて、天下を授け奉りき」と書かれており、継体の即位はタシラカと結婚したことで可能になったとされている。タシラカは記紀では前天皇の皇女と書かれているが、実際は在地豪族の最高巫女であったと見る説もある。〔23〕継体自身は外部からやってきた人間であった。

また、用明紀には、穴穂部皇子が前皇后の炊屋姫をおかそうとして阻止された話が出てくる。穴穂

表5—1『日本書紀』を中心とした天皇の系譜

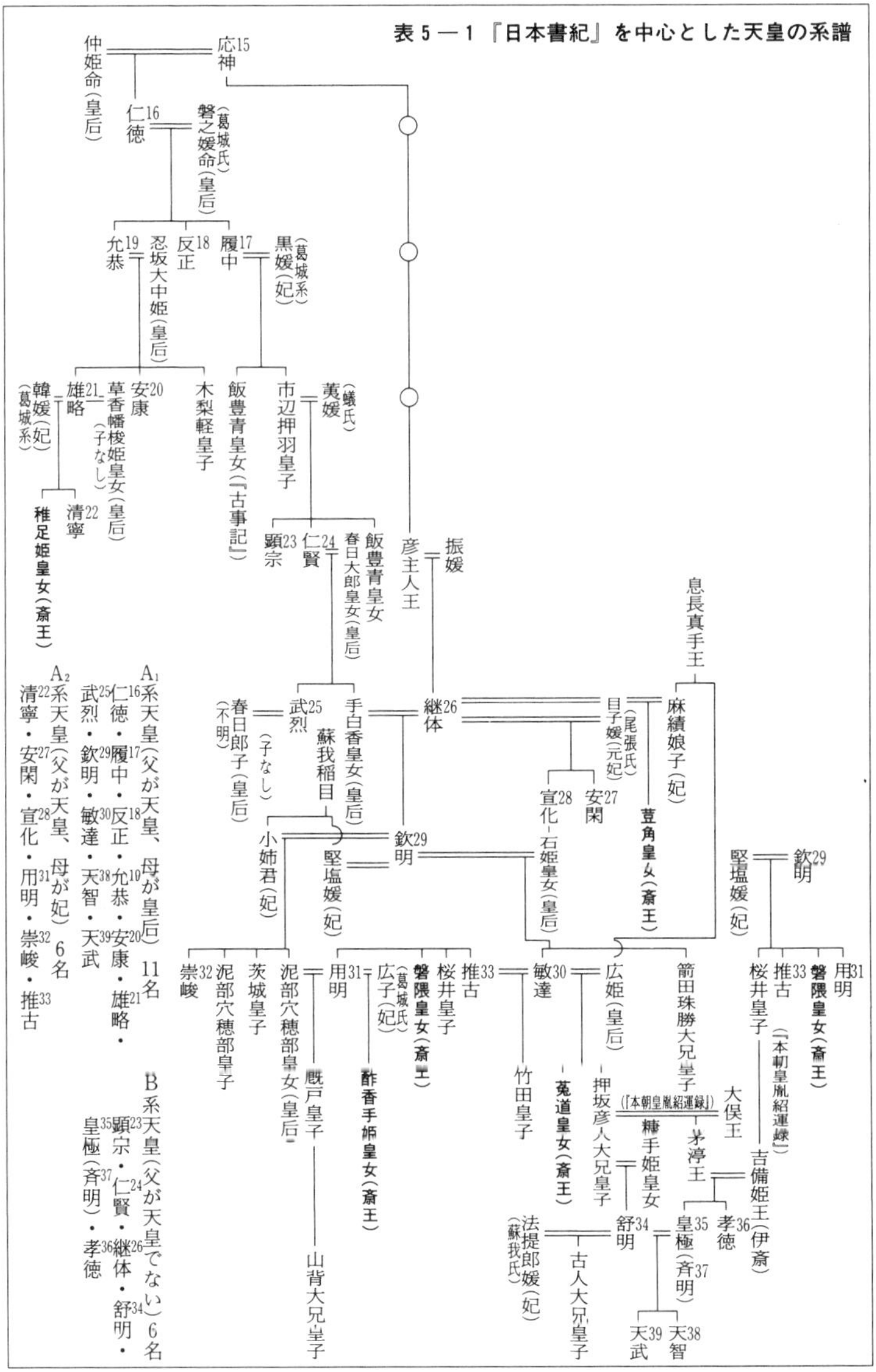

(小林茂文『周縁の古代史——王権と性・子ども・境界』有精堂出版，1994年より作成)

部がそのような行為に出たのは、祭祀権をもつ炊屋姫と結婚することで即位が可能になるとされていたからである。

欠史八代（記紀に記述される綏靖から開化までの八代は実際には存在せず、編纂時に造作された、というのが通説になっている）の天皇の婚姻相手はすべて県主の娘である。記紀の記述によると、彼女たちは村落共同体の県の神を祭っていた最高巫女である。彼女たちはおそらく在地豪族の娘で、その地域では最も霊能に優れた女性だったのであろう。一般に、この記述は服属儀礼型神話として説明される。すなわち、在地豪族の最高巫女を妻とすることで、その背後にある政治的経済的基盤をすべて手中に収めることができるため、王権安定のためにこのような婚姻が必要であったという見方である。たしかに、天皇制確立期に書かれた記紀の視点からみれば、このような婚姻は天皇に対する服属の証であるが、それと同時に、大王の即位は聖婚によって可能となるのであって、その相手は地の女でなければならないとする伝承があったのだろう。また、このような伝承の前提には女性始祖伝承があったと見るべきだろう[15]。

小林茂文は王位継承には妹の力が関係しているとの視点から王権と女性の密接なつながりを解明しようとする[14]。小林は応神以降の天皇の系譜を分析し、（1）生母が皇后である者一一名、（2）生母が妃である者六名、（3）父が天皇でない者六名であるが、このうち、（2）と（3）に関しては全員がオバか姉妹に斎王が存在するとして、天皇になったのは生母の出自とは関係なく、斎王としての妹の力に依存するところが大きかったのではないかと推測している（**表5—1参照**）。

斎王のリストは**表5—2**の通りである。トヨスキイリヒメにはトヨスキイリヒコという兄がおり、彼は王位には就かなかったが、有力な皇位継承者であった。ヤマトヒメは甥のヤマトタケルに霊威を

欠史八代

女性始祖伝承

表5－2　斎王のリスト

天皇	斎宮	任命・派遣
崇神	皇女トヨスキイリヒメ	天照大神を以ては豊鍬入姫命に託けまつりて倭の笠縫邑に祭る（6年）。
垂仁	皇女ヤマトヒメ	天照大神を豊耜入姫命より離ちまつりて倭姫命に託けたまふ(25年3月)。
景行	皇女イホノヒメ	五百野皇女を遣して天照大神を祭らしむ（20年2月）
雄略	皇女ワカタラシヒメ	伊勢大神の祠に侍り（元年3月）
継体	皇女ササゲヒメ	伊勢大神祠に侍り（元年3月）
欽明	皇女イハクマヒメ	伊勢大神に侍へ祀る（2年3月）
敏達	皇女ウヂノヒメ	伊勢祠に侍らしむ（7年3月）
用明	皇女スカテヒメ	伊勢神宮に拝して日神の祀りに奉らしむ（即位前紀9年）
天武	皇女オホクヒメ	天照太神宮に遣侍さむとして泊瀬斎宮に侍らしむ（2年4月)、大来皇女泊瀬斎宮より伊勢神宮に向ふ（3年8月）

（倉塚曄子『巫女の文化』平凡社，1994年より）

放射し、彼女の授けた衣装や草薙の剣がヤマトタケルの危機を救った。ウジノ皇女の兄は押坂彦人大兄である。兄弟相承を重視するのであれば[*1]、穴穂部や崇峻の方が皇位継承順位は高いのだが、彦人が有力な皇位継承の候補者であったのは斎王の妹が守護していたからである。しかしウジノ皇女は池辺皇子に姦され、斎王を解任されてしまう。彦人が最終的に王位につけなかったのは、彼女が兄を守護できなくなったためと考えることもできる。

女帝の時代には斎王は伊勢に派遣されなかった。すでに神祇制度が整う元明以後にも女帝の代に限って斎王の派遣がないということは、皇女は全員が斎王候補者であり、女帝にはもともと霊能が備わっているので、斎王の守護を必要としなかったということだろう〔12〕。

若槻真治は執政権者の宗教的権威が祭祀権に依存していたことを明らかにするために、神人交流の主体者と収穫儀礼におけるキサキの役割に着目して、「王権にあっては、女性と神との関係が本源的で、男王と神との関係はその遺制としてとらえる」ことができるとしている〔27〕。若槻によれば、神人交流の方法には憑依託宣と霊夢、卜占、兆、祟などがあるが、政治と密接なつながりをもっていたのは、憑依託宣と霊夢である。憑依託宣の主体者はモモソヒメやトヨスキイリヒメ、ヤマトヒメ、オキナガタラシヒメなど女性であるのに対して、霊夢の主体者は神武、垂仁、欽明、応神など男性であるという違いがある。憑依と霊夢の間には神とのつながりにおいて質的な変差があり、両者は段階的に発展していると考えると、主体的交流者も女から男へと展開を遂げたはずだと若槻は見ている[*2]。

収穫儀礼については、聖婚伝承のほとんどが神女を主体として語られることが多いこと、神婚伝承の最も古い部分は神女の憑依儀礼に原型をもっていると推定されることから、儀礼のほとんどは元来神女によってとりしきられていたと考えられる。この神女を王権の内部に求めるとすれば、それはヒ

キサキの役割

メ・キサキしかいない。したがって、王権の宗教的権威はヒメ・キサキによって保持されていたと考えることができる。〔27〕

▨神功神話▨

王権にとって宗教的権威が重要な要素であったことは神功神話からも読み取ることができる。「記紀」の描く神功はシャーマン的側面と女帝的側面を合わせ持つ偉大な女性である。神功は本名をオキナガタラシヒメノミコトと言い、父は開化天皇の曾孫のオキナガスクネ、母は新羅から渡来したアメノヒボコの子孫である葛城高額媛で、但馬の出石《いずし》族の出身である。神功皇后の伝承とは次のような内容である。

南九州の熊襲《くまそ》が反乱を起したため、神功は彼らを討伐するために仲哀天皇とともに筑前に赴いた。香椎宮で作戦計画を立てていたとき、突然、神功に神が憑り移り、海の彼方にある金銀の国新羅を征服せよとの神託があった。しかし、仲哀はこれを疑って、高処に登り彼方の海を見、そんな国は見えないと言って、神を非難したので、神の怒りに触れて急死した。そこで、神功が神託をした神の名を問うたところ、住吉の神であることを告げられた。神託にしたがって神功は軍船を整えて海人を率い新羅に遠征する。その時神功は臨月であったが、石を腰にはさみ、出産の延期を神に祈った。新羅を征服して帰還した神功は、筑紫で子ども（応神）を産み、軍を率いて大和に帰国する、というのがこの物語の粗筋である。

この物語については海洋神話としての母子神神話がもともとあって、それが後に歴史人物化され、皇統にくみこまれたとする説が一般的である。新羅への遠征途中、筑紫で死んだ斉明を神功に比定す

母子神神話

る見方もある。

「記紀」では応神は仲哀と神功の子ということになっているが、『住吉大社神代記』には、住吉大神の祟りで仲哀が急死した後、神功は大神と密事があったと記されている。つまり、応神は神の子どもであり、その母神功は神によって懐胎した巫女的処女とされている。この伝承は仲哀でいったん皇統が断絶し、新しい大王が出現したことを伝えているのであろうが、神功の神憑りと神託によって応神の存在がはじめて可能であったことを考えれば、大王として立つためには巫女的女性の力が不可欠であったことがわかる。

さらに、この神話は神功を単に巫女として描いているだけではない。彼女は大和に帰還後、応神が成人するまでは天皇としての役割もはたしている。巫女的能力を持ちつつ、政治権力も行使する姿は三世紀の女王卑弥呼を彷彿とさせる。この物語が記紀に組み込まれるのは女性が王権から排除されつつある時代であるが、神功のような女性の存在が人びとの記憶に残っていて、それが伝承として伝えられてきたのではないだろうか。

土蜘蛛

地方首長の中には神功と同様に女王として君臨している女たちがいたという伝承がある。『日本書紀』や諸国の古風土記には男女対《つい》の首長や女性単独の首長が数多く登場する。女性単独の首長としては、久津媛《ひきつひめ》（豊後国日田郡の女神）や五馬媛《いつまひめ》（同郡の土蜘蛛）、泉媛《いずみひめ》（日向国の諸県の長）、八十女《やそめ》（肥前国杵島郡の土蜘蛛）、浮穴沫《うきなは》媛（肥前国杵島郡浮穴郷の土蜘蛛）、神夏磯媛《かむなつそひめ》（周芳国の一国の魁師）、石坂比売命《いしさかひめのみこと》（播磨国の国造）などがいる。彼女たちは地域の王で、時には戦士の指揮もとっていた。

男女対の例としては、ウサツヒメとその兄弟ウサツヒコ（豊前国兎狭国造の祖）、田油津媛《たぶらつひめ》とその兄夏羽《なつは》（筑後国山門県の土蜘蛛）、速来津媛《はやくつひめ》とその弟建津三間《たけつみま》（肥前国彼杵郡）など多くの例がある。これらは男女二重王権が決して特殊なものではなく、各地に存在した普遍的な形態であったことをうかがわせる。女性単独の首長として記載されている場合も、女治であったというよりも、実際には二重王権であったらしいが、卑弥呼と男弟のように女性司祭者の影響力が強大で、男性首長はその影に隠れた存在だったのかもしれない。

これらの首長の中には土蜘蛛と呼ばれる人が多い。討伐や服属儀礼の物語に登場することを考えても、また、このような蔑称で呼ばれたということからも、彼らは王権の支配に服さない「境界」の人びとであったのだろう。[22] 女土蜘蛛の記事が多いことや、兄妹あるいは姉弟の組み合わせが多いことは、これら周辺の地には遅くまでヒメヒコ制の遺制が見られたということだろう。

地方首長については以上のことが言えたとしても（卑弥呼も地方首長の一人だった）、それが大王にも当てはまるかどうかは、大王を埋葬しているとされる巨大古墳の研究が進んでいない現時点では、結論は出せない。ただ、中国の史料に現れる五世紀の倭の五王の場合は全員が男性であるところから、この頃には王権は男性の手に移りつつあったと考えられている。

以上、古代日本における祭祀権と女性との密接なつながりを見てきたのだが、最近の考古学研究の成果からは、祭祀権を女性の専有とみることはできないようである。

考古学から見た女性の地位

古墳時代前期における首長墳を研究した今井堯は、四世紀中葉から五世紀中葉までの時代については、次のことが言えるとしている。すなわち、女性首長は全国に存在していたこと、祭祀権首長の女性もいたが、女性イコール祭祀権、男性イコール執政権という明確な性別役割があったとはいえないこと、祭祀、軍事、生産権を掌握していた女性首長もいれば共治体制の場合もあったこと、首長権はすでに成立しているが、それは特定集団の世襲ではないこと、男性首長の一夫多妻の形態はなかったこと、などである。今井によれば、埋葬の規模や副葬品から推定して、相対的に、女性の地位が高かったとは言えるが、基本的には男女対で、その役割は相互移動的であったらしい〔3〕。

明らかに女性を埋葬したとされる向野田《むこうのだ》古墳（熊本県宇土市）には四本の剣、四本の刀、七、八本の刀子、三個の斧などの鉄製品が石棺のまわりにあったという。この事例から、森浩一は少なくとも四世紀末から五世紀初めにかけて若い女王がいたこと、彼女たちは単なる祭祀首長ではなく、軍事・生産も掌握していたことが認められる、としている。また森は、五世紀後半に建てられたとされる長瀬《ながせ》高浜《たかはま》古墳（鳥取県東伯郡）には女性首長の墓が多く、たとえば、被葬者の性別の分かった墓九基のうち、男のために築いたものが四基、女のためのものが五基あり、それらは相対的に規模が大きいところから、全体として女の地位が高かったと推測している。*3

考古学ではないが、『日本書紀』の中の神祭りの記事を整理した岡田精司は女性が神事祭祀に関っている記事は一一例あるのに対し、男性だけの神祭りの記事は二例しかないところから、古代の祭祀の担い手は女性が原則であったと見ている。しかし、岡田によれば、女性だけが神祭りを行っていたということはできない。たとえば神功皇后に住吉大神が神憑りし託宣する場には、琴弾きとしての武内宿禰と審神者《さにわ》の中臣烏賊津使主《いかつおみ》がいたはずだし、大物主神がヤマトトトヒモモソヒメに神憑りして託宣する記事も、モモソヒメの他に大田田根子が大三輪神社の祭祀をつかさどっていたのだから、男

審神者

性が一緒に神事を行なっていると解するべきで、祭祀は男女が一組になって行なうのが常態だったと見ている。〔6〕

以上のことを考慮に入れると、首長国制段階にある古代日本の王権を構成していたのは祭祀権と執政権であったが、両者は厳密には区分されておらず、祭政未分化の状態にあったと考えられる。祭祀権と執政権は一人の人が掌握している場合もあれば、卑弥呼とその男弟のように、祭祀権と執政権を分掌している男女二重王権もあった。しかし、この場合も、神功皇后やモモソヒメの伝説、あるいは斎宮の事例などから推定して、祭祀権はまだ主として女性の手にあったし、王権の基盤として祭祀権を疎《おろそ》かにすることはできなかったということだけは言えるだろう。

＊1　古代社会における王位継承は兄弟間で継承されるのが慣行であったが、持統の頃から父子相承の原理が強く打ち出されるようになる。

＊2　若槻は、憑依は神と人とが一体化する行為であって、神との交流が直接的であるのに対し、霊夢は憑依託宣が二次的に展開したのだと捉えている。男王の霊夢についても元来はヒメ、キサキの霊能の介在を必要としたが、後には、それも必要とされなくなった。〔27〕

＊3　また、六世紀はじめの頃のものとされる一三七号古墳（東北・置賜地方）は女性首長か女性司祭者の墓だったらしい。地方首長国には女性首長がかなり遅くまで存在したことがわかる（溝口睦子「記紀に見る女性像」『家族と女性の歴史』、吉川弘文館、一九八九年）。

祭政未分化

三　王権の変遷

これまで述べてきたところから、古代社会では女性と王権との関りは非常に強いことが明らかになったが、いつのころからか王権は徐々に女性の手から男性へと移行するようになる。それがいつ頃起ったのかについては、さまざまな説があり、統一した見解はないが、古代国家の形成過程と軌を一にしていることはたしかである。

古代国家の形成過程については五世紀後半から持統・文武期まで、数世紀かかったとする見方が通説になっているが、それ以前、つまり卑弥呼が女王となっていた邪馬台国のあった三世紀後半から五世紀後半までの時代については、部族同盟時代説や地域国家説、首長国制段階説などさまざまな見方があり、一致した見解はない。この問題を探求すれば、それだけで一つの論文が必要になるが、本稿の関心は王権と女性との関係であるので、この問題については、大王が四世紀中頃成立した大和王権の一盟主であったこと、しかしこの段階では大王位はまだ世襲ではなく、有力豪族の合議に依って選出される存在であったことを前提にして論を進めることにする。このような状態が七世紀はじめまで続いたようである。

それではどのようなかたちで王権から女性が排除されていったのだろう。以下に、その過程を追ってみよう。

▨シャーマンの死▨

崇神紀には箸墓伝承として知られるヤマトトトヒモモソヒメの死の物語がある。大物主神の妻となったモモソヒメが、大物主神が蛇神であることを知って驚き、箸でホト（女陰）を突いて自死する話である。箸墓というのは、モモソヒメを葬った墓の名前である。

モモソヒメは孝霊紀によれば、倭国香媛《やまとのくにかひめ》と孝霊天皇との間に生まれた娘であり、崇神天皇のオバ

部族同盟時代説
地域国家説
首長国制段階説

に当たる。崇神紀では、大物主神が憑く巫女として描かれている。また、自ら呪語を読み解く呪解きの女性でもある。倭の政治・軍事権力の中枢にあって、呪力と予言力によって支配者の最上部の位置を占めていた優れた女性であったようだ。三輪山を祭祀する一族の最高巫女であったという説もある。崇神紀はモモソヒメが疫病を止め、少女の歌を謀反の表現であると読み解き、タケハニヤスヒコ（孝元天皇の皇子）とその妻吾田媛《あたひめ》の反乱を未然に防いだと記している。彼女は「聡明く叡知しくして、能く未然《ゆくさきのこと》を識りたま」う玉依姫《たまよりひめ》系の女性の中では最も優れたシャーマンの力を持つ女性であった。このモモソヒメが死を迎えねばならなかったのは、彼女がシャーマンとしての力を失ったことを意味している。

崇神は書紀ではハツクニシラス（初国知らす）と呼ばれており、書紀の作者からは実質的な意味での初代大王と見なされていたようだ。モモソヒメが死んだ後、崇神は皇位継承の詔を出し自ら継承者を卜占によって選定している。卜占はモモソヒメの最も大きな権能の一つであった。したがって、モモソヒメが自死する物語であるこの箸墓伝承は、巫女の霊力に頼らないでも、崇神が倭を支配できるようになったことを明らかにしている。それは、霊能を持つ巫女の役割が終わったということを意味する。[1]

一度はヤマトヒメの霊威に助けられたヤマトタケルが、天皇から事実上は追放の旅となる東征行きを命じられた後、再びヤマトヒメを伊勢に訪ねるのだが、結局は旅の途上で死んでしまうというヤマトタケルとおばヤマトヒメの物語も、天武の死後有力な皇位継承者の一人であった大津が姉の大来《おおく》を伊勢に訪ねた後、謀反の罪を着せられて殺されてしまうという大来皇女と弟の大津皇子の事例も、もはやヒメの力ではヒコの危機を救うことができなくなったことを示している。祈雨の霊力を発揮した皇極も、再祚して斉明になると、彼女の霊能は皇極時代よりも衰えている。彼女が朝鮮出兵に失敗し、筑紫で客死しなければならなかったのも、かつてのようなヒメの力が必要とされなくなったことを示している。[2]それは、女性の霊力が必要とされた時代は終わったということである。

キサキの成立

キサキという言葉がいつできたのか分からないが、小林敏男は祭政未分化の段階にあったヒメヒコ制を克服することによってキサキが成立したと見る。[15]王権が祭政未分化の段階にあったときは、女性の霊能は王権の維持に不可欠であった。むしろ、それなくしては王権は成り立たなかった。しかし、生産力が拡大し、共同体が大きくなるにつれて、女性の霊能や呪術に頼るだけでは解決できない問題も増えてくる。そのような事態に対処するためには、祭政未分化の状態から政治を独立させ、王権を強人化しなければならない。そのためにとられた方法がヒメを王権の外に出すことであった。しかし、ヒメの持っていた祭祀性をまったく排除することは王権の基盤を危うくすることになるので、祭祀権を王権の内部に抱え込む必要がある。こうして、王権から追放されたヒメが斎王となり、内部に抱え込まれたのがキサキとなったのである。

高群逸枝も王権の聖性を担っていたのは女性であったこと、キサキはヒメヒコ制の遺制であり、ヒメとキサキは連続していると見ている。*1[18]かつては豪族の娘であったキサキがすべて皇族の女性となるのは、『日本書紀』では安康の時（書紀では四五三―六年とされている）からとなっているが、実際には雄略の時代（安康の次の天皇）からではないだろうか。小林敏男はこの頃をキサキの制度化の始まりと見ている。

キサキ

ところで、キサキがヒメに代わって神事・祭祀を担当することになったといっても、かつてヒメが持っていたような権威はもはやない。あくまでも大王が神事・祭祀の主体者であって、キサキはその補助者にすぎなくなったのである。しかし王族が力を持つようになる頃から、キサキが政治の場に登場してくるようになる。たとえば、欽明紀によると、欽明は即位前、自分は未熟であるからと、安閑天皇のキサキであった山田皇女に執政を要請している。このエピソードはキサキが政治を行うことが特別視されていなかったことを示しているのではないだろうか。天皇のキサキであった推古、皇極、持統の場合も、王位に就くことをだれからも反対された形跡はない。

高群は、ヒコが死ぬとヒメ（キサキ）がヒコの空位の分を代行したのは、彼女がヒコの配偶者だったからではなく、ヒコと同系の身分にあったからであり、ヒメヒコ制の伝統がキサキである推古や皇極の即位となったのだとしている[18]。小林敏男もキサキには大王との共治を可能にする地位が確立していたと見ている。小林は大王との共治が制度として確立した時期を、中央の祭官が整備され、大王の神事・祭祀に中臣氏が関るようになった六世紀中ごろ以降と見ているが[15]、実質的な共治は大和王権時代から行われていたと思われる。

推古と聖徳太子、斉明と中大兄、持統と天武、持統と文武、元正と聖武も一種の共治体制と言える。このような例から考えても、日本の王権にはもともと共治の伝統があって、男系の嫡々相承主義に変わっていく過程で、それがうまく行かないときに、かつての慣行であった共治が復活したのではないだろうか[10]。

伊勢斎王の成立

伊勢斎王とは伊勢大神宮に奉仕する女性をいう。斎王に選ばれるのは原則として未婚の皇女で、適任者がいない場合は王女の中から選ばれた。斎王に選ばれたヒメは長い潔斎期間を過ごした後伊勢に向かうことになっていた。彼女たちは伊勢で神妻としての勤めを果たすため、外界から隔絶して、生涯独身を貫かなければならなかった。王権にとって重要な役割ではあったが、内実は追放に等しかった。

『日本書紀』は斎王の起源を垂仁天皇の時代としている。それまでアマテラスと倭大国魂神の二柱を宮中に奉っていたが、神の勢いを恐れて、前代の崇神期に宮中にまつられていたアマテラスを宮殿外に遷すこととし、倭笠縫《やまとかさぬひ》村で皇女トヨスキイリヒメが祀ることとなった。そして、垂仁の時代にアマテラスをトヨスキイリヒメから離してヤマトヒメに託した。ヤマトヒメはよりよき鎮座地を求めて遍歴し、最終的に伊勢国に至り、そこでアマテラスの教えのままに斎宮を建てたと、『日本書紀』には書かれている。

このヤマトヒメ以後斎王として書紀に記載があるのは、皇女イホノ（五百野）ヒメ、皇女ワカタラシヒメ、皇女ササゲヒメ、皇女イハクマヒメ、皇女ウジノヒメ、皇女スカテヒメ、皇女オホクヒメである。斎王の選定が不規則であること（すべての天皇の代に斎王がいるとは限らず、とくにスカテヒメからオホクヒメまでは一世紀の空白がある）、用明時代でも斎宮ではアマテラスを祭っていなかったことを考えると、伊勢斎王の始まりは大来皇女からだと思われる。[14] そして、斎王が制度化されたのは大来の次に派遣された文武時代の斎王、当耆（多紀）皇女からのようである（持統時代は斎王は派遣されなかった）。しかし、天武期から伊勢斎王制が始まったとしても、斎王そのものの歴史はもっと古い。斎王の前

神妻

図5—3　ヤマトトトヒモモソヒメ
（画　松室加世子）

図5—4　たすきをかける古代の巫女
（井筒雅風『日本女性服飾史』光琳社出版，1986年より）

史を雄略期からとする説もあるが、小林茂文はかつて大王家が三輪山周辺にあったこと、崇神紀には三輪山祭祀に奉仕する皇女の記述があること、アマテラスがいったん祭られたとされる笠縫村もオホクヒメが出発したとされる泊瀬もともに三輪山山麓であることなどを根拠に、三輪山で大王家の祭祀が行われていて、その初代斎王は欽明期のイハクマ皇女ではなかったかと見ている〔14〕。

天つ神、国つ神、その他の諸神が分類され、その祭祀の編成が行なわれたのは天武時代であり、神祇官制度が完成したのは持統即位の前年である。斎王の制度化と神祇の制度化とがともに天武・持統期に確立したことは、両者が密接な関係をもっていたことを物語っている。つまり、祭祀権を中央に集中させるために、斎王制度がつくり出されたのである。これ以後、神祇は行政組織の一環として位置づけられ、神祇官の職掌は中臣氏によって独占されることになる。斎王もまた、神祇制度の中に位置づけられ、国家神に奉仕する存在として、天皇のいる中央からははるかに離れた伊勢の地に追いやられることになった。こうして、かつて共同体の兄弟を守護していたヒメの霊威は発揚の場を失って、窒息させられることになったのである。

一大王家の祭神にすぎなかったアマテラスを倭《やまと》から伊勢に移したことは、東国を支配するためにアマテラスをもっと広い共同体の神にすることを意図したものであった。伊勢が選ばれたのは、そこが朝廷の東国経営の前進基地であったのと〔21〕、大和以西に皇祖を祭る社がなかったため、東進する以外方法がなかったからである〔11〕。また、伊勢の神格が天皇家の元来の神、タカミムスビと同じ太陽神であったことも幸いした。

こうして、アマテラスが国家神へと昇格したわけであるが、それは同時に、ヒメが政治の中心から離され、儀礼としての祭祀だけを担当する地位に落とされたことを意味した。祭政未分化の時代にあっては、執政・祭祀権者として、その後も共治者として女性は政治に深く関与していた。しかし、これ以後、実質的な祭祀権は男性支配者が掌握し、ヒメに代わってキサキが擬制ヒメとして祭祀・呪術を引き継ぐことになる。〔20〕しかし、キサキには二重統治時代のような権威はなく、男性支配者を補助する役割に限定されることになった。他氏族出身が原則であった皇后が斎宮成立の時期と同じ崇神以後は、天皇の父系近親者の間から選ばれるようになったと記述されているのも、また、かつて、ヒメは男性支配者の姉妹であったのが皇女に代わったのも、これらの諸政策が父系継承制を確立するための一連の政策であったことを明らかにしている。

ところで、父系観念が強まるこの時代になぜ国家神がアマテラスという女性神になったのだろうか。それについては、ヒメヒコ制の伝統としてみることもできるし、持統や元明・元正などの女帝の意志が働いたと見ることもできるだろう。持統が文武の即位を正当化するために、日神の妻であったヒルメをアマテラスに昇格させ、孫のホノニニギを地上界を支配させるために降臨させる神話へと改編したのであって、アマテラスを持統に比定したのだとする説もある。*2〔5〕〔14〕「記紀」の編纂作業が始まったのが持統在世中であったことや、持統の諡り名が高天原広野姫であったことを考えると、持統がアマテラスを主神とする創世神話の作成に深く関っていたことは間違いないだろうが、女性の精神史から見るなら、ヒメの霊能が脈々と受け継がれていたと思いたい。

こうして、大王に権力が集中する七世紀以降になると、祭祀権は完全に男性権力者に掌握されることになったのである。したがって、古代国家形成の過程は祭祀権が女性から男性へ移る過程でもある。その画期となったのがアマテラスを伊勢に祭るようになった伊勢斎王制の始まりであった。

擬制ヒメ

父系観念

伊勢斎王制

采女の制度化

七世紀は豪族政治から王家による政治支配への転換期であった。巫女王の宗教権を男性首長が奪取し、聖俗二重支配体制を一元化することが律令制国家を成立させるために不可欠であった。そのための措置が采女制であった。采女については、諸豪族が服属の証として貢上した人質という説が一般的であるが、折口信夫は采女を「神および天皇に事《つか》える下級巫女」ととらえ、采女の持つ宗教性を重視した。折口によれば、采女は在地豪族の至上神に仕える最高巫女であり、それを召して宮廷の神に仕えさせるということは、宮廷の神の信仰を采女の出た国の信仰の上に据えることである〔7〕。

古代社会では宗教権が政治権力の基盤として重要であったことを考えれば、宗教権を掌握する最高巫女を差し出すことは絶対的な服属の証となる。これを王権の側からみれば、地方神を宮廷祭祀に組み込むことで、王権を強化することができる。

采女の制度化については、倉塚曄子は雄略朝に采女関連の記事が集中して現れること、天皇の嫡妻が豪族の娘から皇女になっていく区切り目が雄略朝であることに着目して、この頃が采女の制度化の始まりではないかと推測している。諸豪族の中から大王として抜きんでた地位を確立するためには、大王家を聖別する必要がある。そのために使われたのが血統の純粋性という観念である。天皇の妻は豪族の女であってはならず、大王と血がつながっていなければならない。しかし、嫡妻観念が変わったといっても、大王の即位式には聖婚儀礼の伝統は遵守されていただろうから、神妻を演じる儀礼的な一夜妻は必要であった。その役割を割り当てられたのが采女であった〔12〕。そうであれば、皇女から選ばれたキサキと豪族から差し出された采女がセットになって王権の宗教性を支えたことになる。

この時点ではまだ宗教性を持っていた采女だが、律令国家体制が整備される過程で采女の役割は変

采女制

質することになる。かつて、在地首長として政治・祭祀権を掌握していた旧国造は、大化改新後浄御《きよみ》原《はら》令成立にいたる過程で郡司として官職に組み入れられることになった。同時に、律令国造が国単位で全国一律の神事祭祀を担当することになった。これは各国の祭祀権が完全に中央に吸収されたということである。もはや采女を通して各国の祭祀権を掌握する必要はなくなったのである。これ以後、采女は律令体制下で女官の位の最下位に位置づけられ、宮廷内の雑役に奉仕することになる。

采女制の発足によって、古代的な采女は終焉を迎えたのだが、同じ時期に斎宮制が実質的に始まっている。采女制と斎宮制との間には密接な関連があったことが分かる。国家的神祇体制の確立がヒメの後裔である采女と斎王をともに王権から排除したのであり、「斎宮制は采女制の大王家レベルにおける総仕上げに他ならなかった〔12〕」。

＊1　高群はキサキは日前《ひさき》で、日の御前に奉仕する君の意味であるという。
＊2　上山もアマテラスに太上天皇の投影を見ているが、彼によれば、この太上天皇は聖武へ譲位した元明である。その根拠として、元明には持統のような実績も実力もなかったため、皇位継承を正当化する論拠としてアマテラス神話が必要だったのだという。

四　天皇制国家の確立と女性の排除

王権からの女性の排除は上にみてきたように、王族が成立したとされる六世紀頃から徐々に進行していったようであるが、女性排除の明確な転換点となったのは律令制国家の成立である。

律令制国家を成立させ、天皇に強力な支配権をもたせることになった最大の要因は壬申の乱であるが、七世紀に起ったいくつかの出来事が最終的に壬申の乱へと収斂して行ったと見ることができる。最初の出来事は豪族主導の政治体制を終焉させ、天皇の専制化を目指した大化改新（六四五年）であった。これは巨大豪族の政治への介入を断ち、大王に権力を奪回させるための一つのステップであった。第二は六六三年に朝鮮半島で起こった白村江の戦いに敗北したことである。唐・新羅の連合軍対百済の戦いに際して日本は百済を救援しようとして失敗し、結局は半島進出の拠点を失うことになったのである。白村江の惨敗は氏姓制度下の豪族を単位とした軍事力では大陸の中央集権体制とその軍事力には勝てないことを暴露した。また、王権を支えている呪術的宗教は対外的にはまったく役に立たないことも明らかになった。この経験が畿内豪族を統率するためには、大王（天皇）に宗教権を含め、一切の権限を掌握させる必要性を痛感させたのであった。第三の、そして最大の要因となったのが壬申の乱である。壬申の乱は王位継承の争いであるが[*1]、それまでの継承争いと違うのは、この段階で国家という観念が生まれたことである。

　壬申の乱で大海人（のちの天武）が勝利したのは、東国の軍事力を掌握したことと、伊勢神を皇祖神化して国家権力による宗教統制に成功したからであった[11]。大海人は豪族中心の政治体制から脱却して国家権力を独占し維持するためには、経済的、軍事的基盤を強化することが不可欠だと理解していた。東国における軍事力奪取はそのためであった。しかし王権として差異化するためには、軍事力に依存するだけでは不充分である。王権を支えてきた宗教的権威をも掌握しなければならない。そのことを充分認識していた大海人は、一地方神にすぎなかった伊勢神を皇祖神へと昇格させ、神祇制度を確立することによって、宗教の国家統制を成し遂げたのであった。

差異化

図5—5　第40代天武天皇・第41代持統天皇合葬陵

こうして軍事・経済・宗教的権威のすべてを天皇が掌握し（天皇という称号はこの頃できたらしい）、ここに天皇制国家が成立することになった。それは同時にこれまで徐々に進んできた王権からの女性の排除を決定づけることになったのである。

したがって、女帝の時代は王権から女性が排除される最後の段階であった。排除の過程に天武とともに持統も関与していたことも明らかになった。天武・持統期に始まった伊勢斎王制を女性の精神史の敗北ととらえるなら、[14] 女性である持統が女性の地位の低下に加担したことになる。たしかに彼女は有能な女性であり、権力欲も強かった。実の息子に皇位を継承させたいばかりにライバルの皇子を殺させるような、手段を選ばぬ非情な女性でもあった。[*2] しかし、持統一人にその責任を負わせるとしたら、歴史を見誤ることになる。女性の排除は数世紀かかって進行したのであり、彼女はたまたまその時代に行き合わせてしまったのだ。たとえ彼女が歴史を後戻りさせたいと思ったとしても、それは不可能だっただろう。律令国家体制の成立は、言ってみれば、時代の要請であり、いったんそのような体制が出来上がってしまえば、それに抵抗して、一人の人間の意志を通すことは不可能である。嫡系相承に基づく王位継承制度が整うにしたがって、女帝の歴史が終焉を運命づけられていたのは当然であったという気もする。

この頃から対《つい》の関係にあった男と女の関係に代わって、女は王位継承の資格を持つ子どもを生むだけの地位に引きずり降ろされた。王位継承における血統の重視は、古墳の埋葬状況から推定して、五世紀頃まではなかったとされている一夫多妻と近親結婚を慣習化した。血のつながりだけが重視されることになって、かつて共同体全体を守護した霊能を持つ女性の役割は矮小化された。それは、ヒメの霊能に守られていた男性にとっても不幸なことだったのではないか。いまや、彼らにとって頼るべきものは軍事力を主体とする権力しかなくなったのであるから。

こうして、かつて男性や共同体に向けられた女性の霊能のエネルギーは発現を抑えられ、歴史の中に沈潜することになった。しかし、抑圧されたエネルギーは、突如としてマグマのように爆発するものだ。時代の転換期にしばしば現れる霊力の強い女性はおそらくそのような精神史の中に位置づけることができるのではないだろうか。

＊1　壬申の乱の一因に持統の野心と嫉妬があったとする説もある（吉野裕子『持統天皇』人文書院、一九八七年）。

＊2　わたしは持統は律令制国家の成立に対してアンビヴァレントな感情をもっていたのではないかと思う。彼女は天武と藤原不比等の意志に沿って有能な女帝の役割を果たす一方で、ヒメの力が排除されていくことに痛恨の思いをもっていたに違いない。そのような思いが国家の正史を記述する『日本書紀』とは違った形で、『古事記』を編纂させたのではないだろうか。そして、『古事記』が元明天皇の勅命の形で成立したことを考えると、元明もまた持統と同じ思いを持っていたと考えることができる。『古事記』の作者とされる稗田阿礼については、男性と見る説が一般的であるが、『古事記』が大化改新以後の時代を重視する『日本書紀』と違って、主として五世紀以前の氏姓制の原理が支配していた時代を扱っていること、失われゆく女性の霊能にスポットライトを当て、『日本書紀』が重視する斎宮や采女を無視していることを考えると、わたしは阿礼を女性と断定することはできないにしても、少なくとも持統や元明の思いを汲み取る感性を持っていた人であったと思う。

▨今後の問題点▨

女帝については、天皇と神とを取り次ぐナカツスメラミコトとして見る説もある。もともと日本の古代にはナカツスメラミコトとスメラミコトの共治の伝統があって、ナカツスメラミコトの方が天皇よりも格段に重い役割を担っていた。そして天皇が欠位の場合にナカツスメラミコトだけで政治を行なったのが女帝だというのである。非常に魅力的な説だが、異説もあり、それを裏付ける資料も乏しい段階で、本稿では触れることができなかった。今後の課題としたい。

ナカツスメラミコト

6 「父系母族」と双方社会論
――可能性としての高群逸枝――

山下悦子

はじめに

一九九四年は、女性史研究の元祖、高群逸枝生誕百年にあたる。折しも、フランス・アナール歴史学の成果である西欧の女性の歴史を描いた『女の歴史』邦訳版が、春より刊行され始め、女性史が注目を集めているが、それが偶然にも生誕百年の記念すべき年であったということに、私はなにかみえない力のようなものを感じている。西欧の『女の歴史』に人々の関心が高まれば、今から四〇年も前に『女性の歴史』をまとめ、さらに六〇年も前に『母系制の研究』『招婿婚の研究』を記していた高群逸枝の先駆的な研究の数々が再び注目されるのは、当然の成り行きだろう。パソコンもワープロも

アナール歴史学

『女の歴史』

コピーもない時代に四千冊もの古代の文献を読破し、婚姻や家族や男女関係や性にまつわる事柄についての分類表やカードを作成し、単独で古代から現代までの女性史を書き綴ることに人生の大半を費やした高群の偉業は、私たち日本女性の歴史の原点として忘れることのできない遺品なのである。

しかし、高群逸枝を知る若い女性の数は減るばかりであり、彼女の労作も手に入りにくい状況となっている。私は日本女子大の特殊講義という講座で、高群逸枝を講義しているが、それも定着した女性史といった講座ではなく、あくまでも時事的な事象を扱う特別講座の枠組みの授業にすぎない。日本の大学のカリキュラムにおいて、社会経済史や生活史や人類学、文学をも統合する多角的な視野をもった女性史を単独の科目として認知するまでには至っていないのが、現実なのではないか。このことは、女性史が日本においても歴史学の周縁に位置づけられ、大学にポストをもつ研究者によってなされるというより、大学制度とは無縁な在野研究者の手によって支えられてきたこと、高群逸枝自身、民間学者としての評価しかされなかったこと等々と無関係ではない。学問の世界における男性優位主義は、西欧と同様、日本においても未だに存在していることをまず、強調しておきたいと思う。

多角的な視野

一　高群逸枝の現代性

高群は、夫の橋本憲三の助けのもとに東京・世田谷の「森の家」、といわれる女性史研究所で、外出することもなく、人と会うこともせず、一日一〇時間以上の研究といった生活を、一九三一年七月以降、三三年間続けた。「私の上着は、光線を一方からうけるので、右半身が色あせ、おなじ方の袖

図6－1　森の家の高群逸枝（1894—1964年）

は、手首とひじのところがいつもすり切れるのが例だった」(『火の国の女の日記』)と述べているように、その研究生活は時に寝食を忘れるほどにすさまじいものであった。数多くある著作の中でも『母系制の研究』は七年の歳月を、『招婿婚の研究』は一三年の歳月をかけた労作である。前者は日本の天皇制ファシズムと母性原理の関係および皇国思想の真髄を結果的に明らかにする作品として現在においてもスリリングに読むことができるし、また後者は、日本社会の基底をなす双系制的な構造を証明する壮大な研究書として未だに多くの示唆を私たちに与えている。また戦後にまとめられた『女性の歴史』には、女性史とは何か、女性史の方法とは何かといった彼女なりの考えが断片的かつ不充分ではあるが、語られている。むろん彼女の作品には、人類学や思想や社会科学の進展による時代的限界があることは否定できないし、まちがいも少なくない。たとえば、彼女は、母系制社会が古代に存在しており、女性の地位が高かったと考えていたが、現在では母系制社会でも女性の地位が高くはないということが人類学のフィールドから明らかにされている。また高群は父権社会に対する母権社会の存在をユートピア的に夢見る傾向にあったが、母権制社会の存在は現在では否定されている。バッハオーフェンの『母権論』が男性思想家の生み出したファンタジーであったと現在いわれているように、日本で流行した母権論もロマン派の思想の影響といえなくもない。晩年のマルクスの原始共同体論やモルガン、エンゲルスの家族発展段階説、および母系から父系への移行が、女性の世界的な敗北だったとする『家族・私有財産・国家の起源』のモチーフの影響を受けてしまったこと、また戦後のマルクス主義の流行に便乗して日本の婚姻史、家族史をエンゲルスの展開した西欧の図式に単純にあてはめていこうとしたことなどは、高群逸枝の誤りとして指摘しなければならない。

しかし、テクストとしての高群にせまるならば、それらの誤りを差し引いても、彼女の実証にもと

母性原理
双系制的な構造
母系制社会
母権制社会

づく見解と日本社会の基底構造にせまるであろう「父系母族」といった概念には、女性論のみならず日本文化の本質にせまる可能性が秘められているのであり、それゆえマイナス部分について語ることはあまり有益ではないと私は思う。それよりも、二十一世紀を真近にひかえた現在、彼女の作品から学ぶものがあるとするならそれは何か、また彼女の現代性とはどこにあるのかをみきわめることが大切なのではないか。高群の描いた『女性の歴史』と西欧の『女の歴史』をとりあえずは、比較検証してみるだけでも、様々なことがみえてくるだろう。たとえば男女関係の歴史の相違と類似性について、あるいは家父長制のあり方について、家族や性のあり方等々、西欧と日本の女の歴史を比較する比較女性史のひとつの試みの可能性とアイディアをたくさん与えてくれるはずである。ここの節では、そういった高群の現代性についてまずポイントをまとめてみたい。

高群逸枝は、女性史の方法および女性史とは何かといったことについてひとつの見解を打ち出している。その見解は、日本固有の社会構造や文化のあり方と密接に関係している。

①比較女性史の視点

「私たちは、日本の歴史を観察するのに性急であってはならない。日本の歴史は、いわゆる上部にあらわれる一部の文化物と、内部や下部にわだかまる生産関係や構造とのあいだに、ズレや食いちがいがあることを、特徴としている。というのは、けっきょくは、上部の文化物も、よくしらべてみると、律令時代の律令のように、空文の部分をおおくもっているような、浮き上がったものであることがおおいことを、意味するのである。現在五〇歳以上の地方出身のものなら、たいがい記憶があるだろうように、日本の各地には、明治大正ごろまで、原始時代の年齢階級制や、

家父長制

妻問婚や婿取婚（姉家督）が、あまねく遺存していた。つまり、こうした下部構造のうえに、各時代がきずかれてきたことを、われわれは忘れてはならない。婚姻制なども、メソポタミアやエジプトや、ギリシャやローマや、インドや、中国では、紀元前一千から数千年前の青銅時代に、すでに嫁取婚になっていて、そこには父系氏族制がはじまっているのであるが、わが国では、それと反対の婿取婚が、十四世紀の南北朝ごろまでつづき、室町時代以後に、ようやく嫁取婚がはじまった。このことは、わが国の家族構造ひいては生産組織や段階を知るためにも、けっして軽視してはならないことなのである。それであるのに、いままでの歴史家たちは、まるでこのことを無視していたが、それは重大な手落ちであった[9]」

高群は、西欧、アジア、アフリカなどを含めた世界の女性史と日本のそれを比較する比較女性史の視点をこの書においてはっきりと打ち出している。彼女にとって女性史とは、日本の女性の歴史であると同時に、世界の中での相対的な位置を確認する作業でもあった。また歴史をみていく際に、家族のあり方や婚姻、風習など人間の慣習的行為（プラチック）そのものに着眼し、文書化された法律や社会的制度と実際的な生活行為とのズレを詳細にみていこうとすることを女性史のひとつの方法であると考えている。

その根底には、日本は母系的な社会基盤の上に父系を人為的に発達させようとした社会であるといった認識がある。「族制は母系をつづけたが族長相続は父系にかわるというような、一種のおもしろいやり方で父・母系併存という事態をつくりだすようになる[9]」。後に詳しく述べるが、日本社会固有の社会構造とその発展のあり方を把握する際に、現在では双方社会といった言葉で表現されるようになった。それは東南アジアと類似した双方（非単系）的な社会基盤の上に父系を発達させようとした

妻問婚
婿取婚
婚姻制
嫁取婚
慣習的行為（プラチック）
双方社会

社会で、時代を辿るほど、民衆に近づくほど双方（非単系）原理が一層強く機能しているとみる立場である。日本は排他的な単系血縁原理が弱い非単系社会で、エスキモー的な双方型の親族構造をもつとされている[1][2]（明石一紀）。

そのため父権が未発達な家族構造をもち、シンルイという概念も父方、母方双方に親族関係をもつといった特徴がある。さらに男子ある者も長女があれば婿養子を迎えて相続させる姉督方式の相続も目立つのである。高群の時代には、こういった学問の成果がまだなかったために、彼女は「父系母族」といった概念を日本社会の特徴として語りながらも、母系↓父系といった単純な進化論の図式にあてはめて論を展開してしまった。しかし、彼女の実証の成果から得られたミクロレベルの見解には、双方社会の特徴と多くが一致するのであり、その意味で画期的ともいえるのである。

②時代区分と女性史の関係について

「これらの外国の事情と、わが国の事情とでは、その点ひじょうにことなるものがあるので、これらの外国の事情のみを念頭において、わが族制への注意をおこたり、おしあての時代区分や、はやまった図式化にながれるようなことは、科学に立脚する歴史家のけっしてなすべきことではない[9]」

「日本のように、歴史学上の時代区分が確定せず、いまだに、動揺をつづけているようなところでは、このような総合的観察は、とくに、必要なのではないか[9]」

「われわれが普通に『古代』とよんでいる大化から南北朝頃までの期間は、婚姻制や家族制は、けっして完全な『古代』のそれにはなりきっていないのであって、むしろ半ばは『原始』を停滞

族制

させているのである。その基礎となるものはやはりその期間の生産制が『古代』的のものになりきらず、『原始』の農耕段階に停滞しているからであると私は考える。（中略）わが国の女性が、『古代』的な奴隷化（身柄の全面的拘束）の段階に入るのも、室町以後の時期においてなのである」[9]

高群は、時代区分においても西洋の歴史区分を普遍的なものとして基準にすることに対し、違和感を表明した。日本には日本固有の事情があるのであり、その事情の根拠を総合的な視野からの時代区分の確立に求めた。日本の場合、妻問い婚や婿取り婚が古代においては支配者層に顕著にみられたし、またそれらの慣習が養子制、よばいなどといった形で近代においてもみられる。そういった慣習的行為としての婚姻制などの視点から歴史の時代区分や日本の固有制をみていきたいと彼女は述べたのだった。ミシェル・ペローとジョルジュ・デュビィ監修の『女の歴史II 中世』を読むと、なるほど日本の古代から室町時代前までの女性のあり方は、平安女流文学の花盛りを例に出すまでもなく、西欧の同時期の女性よりも地位が高いようにみえる。高群が『女性の歴史』[9]で指摘したことを、再認識すると同時に、ミクロレベルで検証していくことが私たちに課せられたテーマなのかもしれない。

③女性史とは、総合的な学問である

「女性史の根拠となるものは、そのような総合的な社会経済史的な面であるように私にはおもわれる」[9]

「日本女性史の研究は、こうして必至的に、いろいろな問題を提起せずにはいられない結果を生みだす。はじめ私は、いわゆる女性史だけを地道に研究しようとして、問題をせまくくぎり、それ以外はわきみをしないことにつとめたが、そうすればするほど結果はぎゃくに大きくひろがり、

日本の固有制

しかも他の諸学に疑問や質問をもちだすかたちで出てくることになってしまった。それら諸学の寛容と同情と、さらに援助とをえたいと、いつも私がねがうのはこのためである」[9]

高群は、女性史をいわゆるフェミニズムにありがちな女性の抑圧の歴史とは考えていなかった。女性の問題を日本の歴史の中で総合的な視点から把握しようとしたのであり、社会経済史をベースに民俗学、人類学、考古学などの諸学問をたえず意識していた。また文学も史料のひとつとして利用していた。元来、文学や詩は、歴史的な史料にはなりえないとされていたのだが、文学もそれを描いた著者の意識や社会的想像力の表象と考え、彼女は、文学に描かれた婚姻語や性にまつわるカテゴリー、ならびに家族関係、夫婦関係、婚姻の形態、住居のあり方などに着眼、古代だけでも実に四千冊にも及ぶ文学を含めた文献からの中からそれらを調査し、時代の傾向と変遷を把握しようとした。古代では貴族層、支配層の婚姻形態は妻問い婚や招婿婚であったことは確かだが、庶民層においてもそうなのかは、疑問とされてきた。彼女は庶民層の婚姻形態を仏教説話集などから探ろうとしたが、歴史関係者から『今昔物語集』は史料とはなりえないと問題視されてきたのだった。しかし、フランスの最近の女性史研究の動向では、文学も歴史の史料となりえるとされ、歴史と文学の距離は急接近している。たとえば、アラン・コルバンは次のように述べる。

「文学は、二つの点で表象の研究に貢献してくれます。まず第一点は、もちろん、表象の歴史、社会的表象の歴史、あるいは社会的想像力についての貴重な証言でもあるということです。これは否定できません。また作家に固有の想像力についての貴重な証言でもあります。(中略)歴史家として文学作品から得ることのできるものの二点目、それは〈プラティック〉、つまり人間の実際の行動や生活習慣についての歴史です。文学は人々の行動や生活習慣についての非常に貴重な史

抑圧の歴史

社会的想像力

招婿婚

料であるということです」[6]

この観点からいえば、高群の方法論は誤りであるどころか、先駆的な要素さえ持っていたことになるだろう。

④女性史は階級支配のみに還元されえない性による支配の歴史であるといった視点

「女性史とは、いいかえれば、すなわち女性奴隷史である。そして女性奴隷史とは、性的労働の商品化を中心とするものである」[9]

ミシェル・ペロー編『女性史は可能か』の序文によれば、フランスの初期の女性史研究ではしばしば「女性史はフェミニズムの歴史と混同された」という。女性は、ぶたれ、あざむかれ、侮辱され、低賃金で働かされ、ひとりぼっちで、売春行為までさせられた犠牲者、というイメージをはりつけられている、こうしたイメージにひきずられ、また、支配と抑圧の根底をなすものをとらえることに懸命になっていたため、「女性史はまず、女性の不幸の歴史」だったというのだ。そのため初期の研究は、自然（女性）／文化（男性）、家庭（うち）／社会（そと）といったあまりにも単純すぎる二項対立の図式から女性蔑視のあり方を探ろうとしたり、生物学と男性の支配の二つからの解放をスローガンに抑圧され続けた「女性の身体」の歴史を描こうとした。あるいは、逆に「産む性」を持つ女性固有の身体や本性をみなおすことによって、「女性として生きる権利を要求し、女性であるということを受容し、公然とそれを宣言する」といった方法を女性史とする傾向もあった。

しかし、ペローは、女性固有の書き方や女性文化といった概念こそが、「性支配に裏打ちされた言説すべての基礎だ」と批判する。ペローは、「女性たちにしつらえられている地位を説明するうえで、

女性奴隷史

『女性蔑視』という視点を振りかざしたりしないこと」を強調する。女性の抑圧の歴史＝女性史ではないというのだ。成熟の境地に達した女性史は、「男女の領域をあまりに明確な線引きで分割してしまうのでなく、男女の役割がはっきり見えない領域、相互に重なりあっている領域、分割されていない領域、逆転している領域の存在を認めると同時に、男女の役割を相互に補完的なものとしてあまりに調和的にとらえるのではなく、相互の葛藤や矛盾をむしろ認めることである」と述べている。

こういったペローの問題意識は、成熟した女性史の境地であるにしても、一歩まちがえれば、男性の眼差しが入り込んでしまう可能性をもってしまうのではないか。ピエール・ブルデューが「女性史とは、ある支配関係の歴史である」と述べたが、そういった視点をやはり明記する必要があるだろう。その意味で高群が性の支配関係の歴史であるといった意味の言葉を綴ったことは正しい。また高群の女性史における女性文化、つまり女性の地位が高いといった考え方は随所にみられるが、ペローの指摘にあるような「性支配に裏打ちされた言説の基礎」ということではなく、日本の歴史の固有性に依拠しているというべきか。

日本の場合、古代にさかのぼればのぼるほど、女帝の存在、夫婦別姓別墓、女性の相続権、多夫多妻的男女関係、女性文学の隆盛等々の現象が顕著にみられるのであり、父権の強いキリスト教文化圏の歴史をもつ西欧の女性史との相違は指摘せざるをえない。高群の女性文化の高い評価はそういった日本固有の歴史に依拠しているのである。

支配関係の歴史

女性の相続権

二 「招婿婚」と双方社会論

高群の「父系母族」論

高群逸枝史学で最も評価されるべき点は、「招婿婚」という婚姻のあり方に着眼したこと、そしてそのルーツを歴史的に明らかにした点である。高群は、招婿という慣習を母系制社会の遺存と簡単に結びつけてしまい、太古純母系期、父系母族期、父系母所期を経て嫁取り婚へ取ってかわるといった発展段階説を作り出したが、これに関しては、誤りだと思う。なぜなら母系から父系へといったモルガン、エンゲルスの家族発展段階説の影響が根底にみられるからであり、父系へと発展することによって母系原理が完全に消滅することになってしまうからである。むしろ高群の招婿という母系原理的な慣習は、父系が制度的に成立する室町時代以降においても併存して存在していたのであり、その点にこそ彼女の研究の意義があったと思うからである。つまり、彼女の研究の意義は近年、クローズ・アップされている双方社会論との関連で見るべきであろう。

双方社会論とは、日本は東南アジアと類似した双方（非単系）的な社会基盤の上に父系を発達させようとした社会であって、時代を辿るほど、民衆に近づくほど、双方（非単系）原理が一層強く機能している、とみる立場である。マルクス主義の唯物史観が未だに深く影響を及ぼしている歴史学界においては、母系→父系への発展は必然的な流れあるいは歴史始まって以来父系制社会であると考えられてきており、双系制説は、否定されてきた。しかし、近年、親族名称体系の研究成果などから、日

招婿婚

双方社会論

本社会が東南アジアと同様、直系型名称体系をもつエスキモー的な双方型社会であり、双方（非単系）社会の特徴を多々もっているといった見方が唱えられ始めている。明石一紀は双方社会論を展開する一人であるが、彼は、その社会の特徴を次のようにまとめている。

（1）経済基盤は牧畜を除いて一通りみられるが、狩猟・採集・焼畑に顕著で、また畑作は父系的・稲作は母系的な偏向をもっている。

（2）エスキモー的な直系型の親族名称にふさわしく小家族形態を基本としている。ハワイ型に近づくと、親族関係にある数家族が居住集団を形成する。

（3）氏族・リニージ（単系血縁集団）・複合家族・族外婚制が欠如している。双方親族関係が大きな社会的機能をもっているが、時には父系的な非単系血縁集団も組織されうる。

（4）明確な婚姻居住規制がなく、独立居住婚も多い。相続制は男女に対する分割相続を典型としている。財産権は個人的所有を原則としている。

（5）父権が未発達な家族構造をもつ。

（6）血縁原理が拡散的で凝集性に欠けるため、アジア的専制国家の如き高度な支配体制・中央集権的な社会組織が発達し難い。

こういった双系制の諸特徴は、高群史学の細部にいたる研究成果と一致する。特に西欧の歴史と比較して、彼女が強調してきた点は（6）の父権が未発達なことと母系原理の強い家の成立であろう。その観点からいくとき、高群史学におけるキーワードは、母系制ではなく、「父系母族」「父系母所」

父系母族
父系母所

という日本社会の基底構造を明らかにしようとした言葉となる。「父系母族」について明石一紀は次のように述べている。

「科学的歴史学では、かつて母系制社会が存在していたのであるが日本古代はすでに父系へ移行した段階であるとみなして、父系原理を疑うことなく大前提として家族論が展開されてきた。積極的には母系制を研究してきた洞富雄氏が、この認識を裏づけたものである。通説に対してアンチテーゼを提出したのが高群逸枝であって、大和—南北朝期は母系原理が根強く残っている過渡期であるとみなし、平安前後の『招婿婚』段階規定・『女系大家族』の存在を基礎にして『父系母族』論を主張したのである。通説を覆すにたる詳細な内容をもっていたが、つねづね関口裕子氏が悲憤を表明してきたように、科学的歴史学は批判することもなく黙殺を続け通し、歴史学界で耳を傾けたのは一部の良識ある実証的研究者のみであった。このような非融合的見解が並立する状況にあって、客観的には双方を統一・止揚するジンテーゼとして出現したのが、戦後の社会人類学の成果を古代史に導入した双方（『双系』）社会論であった[2]」

父系制、家父長制がいつ成立したのかといったテーマは、女性史において重要とされてきた。父系制が確立した中国の律令制度を導入した古代日本の史料を分析すれば、当然のことながら父系制が確立していたとみえるだろう。だが高群は、中央集権国家によって中国を模倣して人為的に作り出された制度と被支配者階級の日常生活とのズレに着目、実情にそぐわないために改正を重ねる法制のあり様を追究したのだった。その結果、法制は父系が成立しているが、慣習的な行為がなされる実際の生活の場所では、母系原理が貫かれている、つまり古代から南北朝期まで「父系氏族と母系同居親」が存続したことを発見したのであった。

父系氏族と母系同居

「日本は、系は表面的には神話伝説時代（推古以前）から父系をあらわしているが、族制には相当期間乃至部分に母系原理を存し、婚姻は招婿婚で、したがって女性の社会的地位はまだ低落しないものがあり、なお自主性をもち、恋愛、離婚が自由であり、姦通罪もなきにひとしく、蓄妾、公娼もなく、財産関係も一方的独占でなく、女性観もわが多くの古典が示しているように尊敬的、信頼的であったといえる」(8)

高群の問題意識はきわめて明快で、南北朝以前の社会では、父系制が成立していても婚姻が婿を取ることが多く見られたため、その基底にある家（生活の場所）は、母系的であり、父夫婦と嫡子夫婦および嫡孫夫婦というような父系数世代の同居や父系の直系傍系の大家族などの同居例はほとんどないというものだった。つまり、娘夫婦は父夫婦と同居するが、息子夫婦が父夫婦と同居、同火することは禁忌なのであった。婿取り婚のシステムにおいては、嫁取り婚のシステムに比べれば、女性型の親族に囲まれて生活するわけであるから、当然、女性の発言権や立場は強くなるだろう。この時期には、女性にも相続権があった。そういえば、私たちに未だに馴染み深い長谷川町子著『サザエさん』の家族もまさに娘夫婦と父夫婦の同居である。サザエさんの家族関係は、日本人の文化理想ともいわれているのは、歴史をひもとけば当然といえるのかもしれない。

招婿婚説への反論

ところで高群の招婿婚の是非については、柳田国男の「聟入考」というフォークロア側からの反論がある。柳田の「聟入考」は、聟入の儀式を妻方の家で挙げ、若干期間通い住んだ後に夫が家へ妻子を連れて帰るのであり、生涯妻方に住むわけではないといったものである。

聟入考

高群は柳田に論争をもちかけたが、柳田は黙殺した。しかしながら、妻方同居が生涯的なものか一時的なものかといった相違は、そう大差があるわけではない。高群自身も、「聟入考」においても「原則的には男の父母の死後か、隠居して他へ去った後でなければならないとみている。このことは民俗学上の実際の資料によって帰納せられた構想であって、非常に興味ふかいものといえる」と述べ、父系家族の二世帯が同居することによる二人の主婦の同居同火が忌まれるところからくる習俗であって、親の世代が死滅するか隠居するかするまでは新主婦は夫方の実家には荷物を運ばないという考えを示した。高群によれば柳田の「聟入考」は、時期的には招婿婚末期の現象であるというのだ。

私が興味をもつのは、同居同火の禁忌の原則から父親夫婦と娘夫婦の同居は、よしとされたという日本古来の慣習である。これは、南北朝以後の歴史において完全に衰退してしまうのではなく、後世の家や家族のあり方にもなんらかの形で継承されたと思われる。たとえば、江戸時代の武士層に多くみられた婿養子や庶民層にみられた奉公人養子、明治時代から戦後高度経済成長の前夜まで庶民層に少なからず残存していた婿養子といった婚姻制などがそうである[*1]（**表6―2、6―3、6―4**）。

これらは家を継続させるための手段であったとはいえ、「家父長制家族の相続・継承という一面のみではとらえきれるものではないことをしめしているように思われる」[5]といった見解が今日家族史研究者の間では定説になりつつある。養子制や婿養子の観点からいうと、高群の「招婿婚」という発想も奇想天外なものでは決してなく、むしろ高群の生まれ育った明治時代の農村には、ごく普通にみられた慣習だったのではないか。そのルーツを調べた研究成果が『招婿婚の研究』だったのだろう。したがって高群史学が一貫してもつ、慣習的行為のなされる場所に顕現する母系制的なあり様は、母系制ではなく、双方社会論との結びつきで考えるべきだと私は考える。

妻方同居

婿養子

父系母族論と「遠隔異姓婚」

それでは、高群の提唱した「父系母族」「父系母所」についてもう少し詳細にみてみよう。高群はそれをどのようなものとして定義したのか。『招婿婚の研究』において彼女は次のように述べている。[*2]

「父系母族の時代は、すでに父系観念は広汎に芽生えているが、族組織の実体は、いぜん母系である時代事情にあった。いいかえれば、族員は、族中の女性の所生で構成されていた。そしてそれらの一々は、妻問してくる外来の父によって生まれた者たちなので、母系からは同族であるが、父系からみれば異族の集合体といえる。しかし、この段階では、氏族的には母系に重点がおかれるから、父系はちがってもやはり母系において同族とみなされ、族称を同じくし、同域に居住し、同一の族長を奉じ、さらに当該族の仮想母祖神を共同祭祀したのである。（この期では、これもいくどもくりかえすことであるが、同居族は絶対に母系的なのである。父系族は同居体を構成しない。だからこそ、父系族は、兄妹をはじめとして禁婚親ではない）」

高群は、父系母族期を神話伝説—大化、父系母所期を大化前後—南北朝とした。「父系母所」は、同居体が「族」的なものから「家」的なものへと推移し、その「家」的な同居世帯も父系を受け入れる段とはならず、いぜん母系家族（母と娘を中心とする）によって営まれる状態をいう。「わが国では財産権は父系母族、父系母所の二期間、男女平等の原則を保っており、男性の掌握に帰したのは、室町期以後のことに属する」ということになる。

高群が「父系母族」を実証する際に使用した文献には、記紀神話や本居宣長『古事記伝』、『新撰姓氏録』などが含まれる。神話伝説から大化の時期といえば、当然ながら日本の国が創設ないしは統一

仮想母祖神

されるまでの物語が記されている文献が少なくない。それらを資料に婚姻のあり方を調べれば、国家統一の物語と支配者層の婚姻のあり方との関連がみえてくるのは、ある意味で当然である。彼女が唱えた「父系母族」という概念は、支配者層に頻繁にみられた「遠隔異姓婚」という婚姻のあり方と関連していた。「遠隔異姓婚」とは、「主として族長層によって活発におこなわれたもの」で、「ヤマト連合内の各族長たちは、つとめてこれらの族や、さらに東北に長駆しては夷種の族と通婚し、それらを連合にくみいれ、あるいは亜氏族とした」とあるように、異族を婚姻によって同族化していくことをいう。

「婚姻も族長層は他族の族長層と、そして族員はいぜん族内でというような現象が顕著となる。さらに、父系が発芽してからは、他族を妻問して、そこにこどもを生むと、父の族がもし大族であれば、そのこどもたちは、母族の地で母族の氏名や職業財産を継承したままで、父の系に入る（これを祖変という）ことを希望し、父の族でもまたそれらを亜氏族として自族の傘下に結成することをこのむから、いわゆる父系母族制が表面化してくる。こうした族制になると、族長層では大規模な遠隔婚をする。そしてそれが『国作り』『氏作り』『部作り』ともなる。そこには一種の政略婚的色彩の濃いものがある」[10]

「大国主命が、九州より北越に至る驚くべき広汎な域に亘ってその土地々々の女君と婚し、その女君達の族中に百八十一の子を分散的に産み落とし、その子達がその族々を相続するとして、そこへ父系観念が芽生えていたとすれば、その百八十一人の子は各所属の族を率いた儘で、大国主命の裔を称し、出雲神族の支脈として相結束するであろう。これに反して後代における一夫多妻の如く、一夫の許に無能無力な多妻群を集合せしめて、百八十一の子を産み落としたとしても、

遠隔異姓婚

父系母族制

何等国作りの意味は成り立たない。（中略）（上代の一夫多妻主義は）、政略結婚の起原であるとすることもできるが、後代の同種の結婚と違うのは、後代では権勢家がその女子を他族に與えることに依って政略結婚が成立するに反し、上代では名族の男子が各地方の族に婿入りすることによって成就するのである。後代の女子が自族を離れるのに反し、上代の女子は内を守って離れず、名祖を戴く族の女子の如きは、然るべき同系結婚に依ってその血統を紊《みだ》すまいとする。これに反して男子は然らず、名族であるほど活発な異族結婚を行い、それら諸他の族を自族の祖下に結合せんとするのである[10]」

高群は、大国主命と土地の女の婚姻を政略結婚の起原とし、子を母の氏族で育てることによる女君の自立した姿を母系制と結びつけたようだ。『母系制の研究』は、万世一系の国家統合の物語の根底にある母系原理を明らかにした作品であることは拙著『高群逸枝論』で展開したが、この「遠隔異姓婚」はすなわち「政略結婚」、つまり「征服婚」とみなすことができる。この見解は、上野千鶴子『外部の分節――記紀の神話論理学』[3]における、日本の神話の系譜誌のなかにあらわれた親族関係ゲームのルールはあきらかに征服王朝の構造をもっているといった指摘と一致する。

「結婚は親族関係をうち立て、再生産を可能にする回路だが、日本の王権神話は、他の多くのポリネシア首長国の王権神話と同じく、ヨソモノがやってきて土地の女と通婚することによって主権をうち立てる、という『外来王』の構図は、古事記上巻神代の巻のスサノオの出雲来臨の中に出そろっている[3]」

上野は、フィジーの王権神話を例に、ヨソモノがやってきて土地の女（土地の民の最高位の女）と結婚し、この婚姻を通じてヨソモノが土地の民の「女婿 son-in-low」となることを創設婚　founding

創設婚

marriage と呼んでいる。この結婚によりヨソモノは、土地と女を手に入れ、妻の兄弟たちと婚姻盟約を通じて義兄弟関係となり、ヨソモノと土地の女の間に生まれた子どもが、王権の正統な継承者となる。日本の記紀神話にみられる最初の婚姻は、神武のそれであるが、ヤマトの地方豪族の女との間にむすばれた創設婚ということになる。創設婚で生まれた息子は、土地の民にとって「姉妹の息子 sister's son」となり、母系的には同族的な存在となる。[*3] 上野はあくまでも論理上の婚姻ゲームを分析しているだけで、創設婚で生まれた息子がどこで育ち、誰の名を名乗るかといったことまでは、実証しているわけではない。また上野による記紀神話の婚姻ゲームの見解は、フィージーの王権神話がまず存在して、そちらとの対比で日本のあり方を決定している点に問題があろう。それでも上野のいう「創設婚」と高群のいう「遠隔異姓婚」は同一の概念といってもよい。時代的制約によって人類学の知識に乏しかった高群が文献資料による実証研究により「創設婚」に近い独自の概念をおよそ半世紀も前に出していたことは、むしろ驚きに値する。

それはともかく、高群の「遠隔異姓婚」におけるこだわりは、征服婚という視点よりも子どもは母親の家＝母族で育てられるといったことにあった。「父系母族」「父系母所」とは、古系譜事情を洞察する中から、決して父の家にかえることなく、母の族にとどまり、母の氏称を承けてその族員に終始する、そして系のみ父を承けるといった子孫のあり方を追求したのであった。また高群は、夫婦異姓、父子易姓、兄弟異宗といった日本古代社会の諸特徴についても分析していく。「遠隔異姓婚」＝「創設婚」の場合、外来王たる夫は、妻の下へ通う妻問い婚であり、妻は基本的に自らの生まれた氏族に所属したままである。そのため夫婦異姓（＝別姓）、夫婦別墓であり、子どもも母の氏族の下で育つため、父子易姓（父と子が異姓、異氏名）となる。また兄弟異宗とは兄弟にして出自または宗族を異にするこ

夫婦異姓
父子易姓
兄弟異宗
夫婦別墓

とをいうのだが、創設婚の場合、異母兄弟は別の氏族に属することになるため、当然の現象といってよい。

高群は、「異母の兄弟は即ち同父の兄弟であるが、上代にあって同父の兄弟姉妹が恰《あたか》も相異なる族かの如く考えられていたことは、同父兄弟姉妹の相思が何等の嫌忌をも伴わなかった一事に依っても窺われる。これに反して同時代の同母兄弟姉妹の相思は厳に禁じられこれに重罪を課したことは史上明らかな事実である」としている。同父異母兄弟姉妹婚が、日本古代社会のある時期から決して近親

近親婚

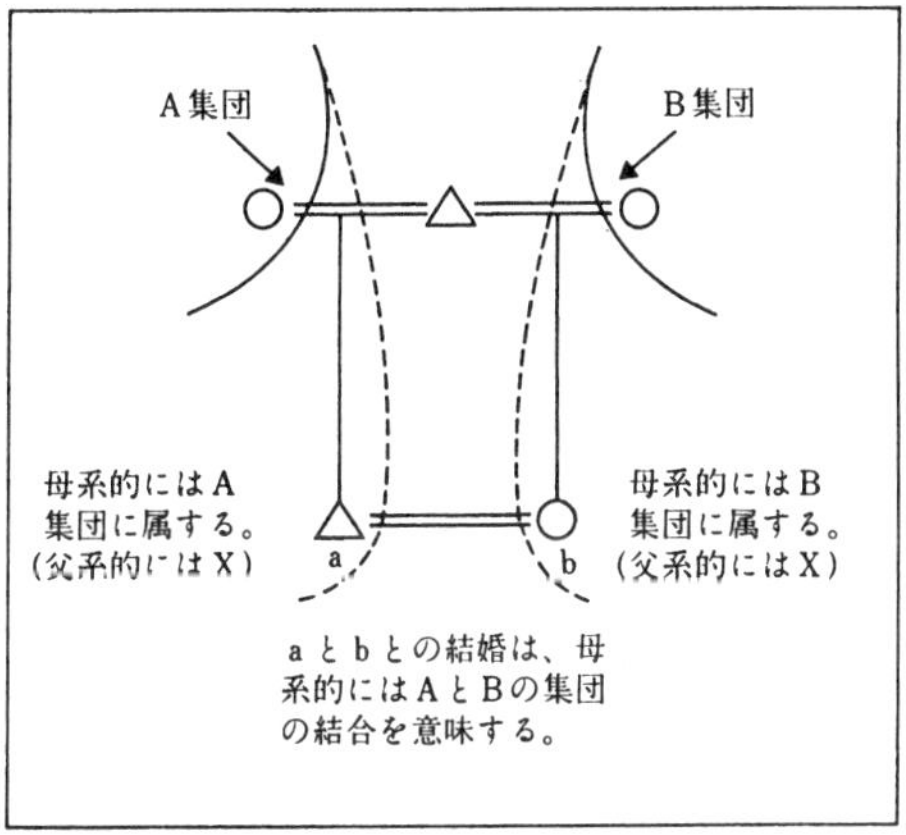

図6－2　同父異母キョウダイの結婚
(波平恵美子「民俗としての性」『家と女性』小学館，1985年より)

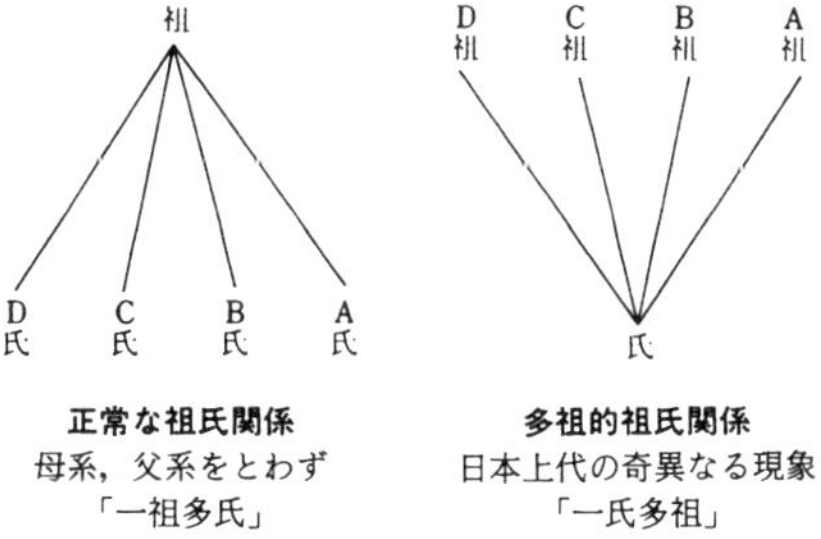

図6－3　父系母族の原理としての一氏多祖
(高群逸枝『母系制の研究』理論社，1966年より)

表 6－1　武士層の養子制

1	通例の養子	実子のない場合、養子をとる。
2	聟養子	婚姻と養子の手続きを合体させたもの。娘、養女に婿を養子としてとる。
3	順養子(中世では准養子)	弟を兄の養子とするもの。
4	末期(急)養子	死の直前に養子を取り決めるもの。
5	仮(当分)養子	参勤交代や遠国赴任その他長期旅行の任についたおりなど、相続人なき者が旅先での急病にそなえて予め出発前に養子を願い出る。
6	心当養子	平時において万一の場合を考え、死亡を条件として養子願をしておく。
7	分知養子	男子幼女の際に長女へ婿養子を迎えたり、弟を養子にしたりして中継相続させ、男子成長後に養子を分家させる。
8	腰掛養子	夫が死亡した後、嫁が実家に帰らず、姑の養女となってより身分の高い男子と婚姻させ、身分を上昇させる。
9	人（人質）	養子武将の子が他家に人質として差し出される時、実子がない場合、縁故者を養子として差し出した。
10	持参金付養子	富裕な町人が武士の家へお金をもって養子、婿養子となり、身分を上昇させる。禁止されたが、さかんに行なわれた。

（大竹秀男、竹田旦、長谷川善計編『擬制された親子——養子』三省堂，1988年より著者が作成）

表 6－2　庶民層の養子制

1	夫婦養子	夫婦揃って養子となる。
2	死後養子	養父の死後に養子を決める。
3	奉公人養子	養子の型をとる奉公人。
4	通例の養子	**表 6－1** 参照
5	聟養子	**表 6－1** 参照
6	順養子	**表 6－1** 参照
7	カエリムコ	年季婿、三年婿（五年婿）といわれるように、一時的に嫁方に住み、労働力を提供する。次第に帰らずに住み着き、婿養子の様相をおびた。

（同上書より，著者が作成）

表 6－3　明治の作家たちと養子制度

	生年	出生地	父、祖父が養子	本人が養子
坪内逍遙	1859	岐阜県太田市		
森鷗外	1863	島根県津和野	祖父母が両養子 父が婿養子	
二葉亭四迷	1864	東京市ケ谷	父が養子	
伊藤左千夫	1864	千葉県山武郡	父が婿養子	養子に出るが復籍
夏目漱石	1867	東京牛込	祖父が養子	養子に出されるが離縁、復籍
正岡子規	1867	松山市		養子をとる
幸田露伴	1867	東京下谷	父は婿養子	
尾崎紅葉	1867	東京芝	母方の祖父母に養育、 祖父は養子	
北村透谷	1868	神奈川県小田原	祖父、実祖母は夫婦養子	
島村抱月	1871	島根県金城町小国		養子に出る
国木田独歩	1871	千葉県銚子		嫡出子としての養子
島崎藤村	1872	長野県馬籠村	祖父が婿養子	
岩野泡鳴	1873	兵庫県洲本	父が婿養子	
高浜虚子	1874	松山市		祖母の家系を継ぐため養子
柳田国男	1875	兵庫県神東郡		妻の姓を名乗る
近松秋江	1876	岡山県和気郡		養子に出るが離縁
島木赤彦	1876	長野県上諏訪		婿養子
長塚節	1879	茨城県国生村	母が養女、父はその婿養子	
永井荷風	1879	東京小石川	祖父は婿養子、離縁後、復籍	
斎藤茂吉	1882	山形県上山市	母は祖父の末妹で準養子。父は祖母の弟で母の婿養子	婿養子
谷崎潤一郎	1886	東京日本橋	父は婿養子	
折口信夫	1887	大阪府西成郡	祖父、父はともに婿養子	養子を取る
菊池寛	1888	高松市		養子となるが離縁
室生犀星	1889	金沢市		養子に出る
倉田百三	1891	広島県庄原屈指	父が婿養子	
芥川龍之介	1892	東京京橋		母の実家へ養子
武田泰淳	1912	東京本郷		父の恩師の所へ養子

婚として忌み嫌われることはなく、むしろある氏族とある氏族を結合し、勢力を拡大する上での手段として好ましいことだったのも、父系母族の原理から説明がつくということになる。(図6―2)

また高群の『母系制の研究』の「一氏多祖」といった現象も父系母族の原理と関連するだろう。常識的な系譜観念からすれば、母系父系にかかわらず、同じ共同体から発祥したまたは発祥したと思われる同じ氏称のものが、それぞれ別の祖先をもつという、日本上代の奇異なる現象を意味していた(図6―3)。少なくともひとつの氏族は外来系の父と土着系の母の氏族との二つの祖をもつことになる。妻問いしてくる婿群の祖が数個に及んだとしても不思議はない。父系と母系が併存しているような、あるいは父系、母系といった単系ではなく非単系＝双系的な血縁原理のシステムから派生してきた現象が一氏多祖なのは、まちがいない。

＊1 十八―九世紀の江戸時代において、大名家、藩士ともに養子が盛行であった。「少なくとも全相続例のうち四割前後もが養子によるということになれば、養子関係法が多くなるのは当然であろう。それほど近世の武士社会では、養子のもつ重要性は高かった[5]」のであり、その種類も実にヴァリエーションに富んだものであった(表6―1)。江戸時代には全国平均四割、金沢藩などでは五割という高率を占めた。養子制には、武士層のみならず庶民層においても様々な種類があり、婚姻習俗と結びつく形で多くみられた(表6―2)。柳田国男の「聟入考」も柳田自身、婿養子であり、柳田という姓は妻の家の姓であるという、日常の経験から編み出した発想だったのではないか。

養子制は明治時代になっても、衰滅するどころか、明治政府の近代化政策の下に組み込まれ、再編成されたため、むしろ庶民層にまで拡大した。明治六(一八七三)年、長子相続制が緩和され、家を相続、継承するにあたっては、長男の病死や無能力により長男が役目果たせない場合は、次男坊以下の兄弟や推定相続人の姉妹に婿養子を迎えることが認められるようになった。また明治九(一八七六)年には、生活困難を切り抜けるために、養子や婿養子を迎えることが平民に限って認められるようになり、さらに明治十(一八七七)年、かつての士族層も平民同様、自由に養子を迎えることができるようになった。つまり明治時代に入り、前近代からの慣習、習俗であった養子制は、法的にも広範囲に認められるようになった。日本の近代文学を担った作家たちの多くがなんらかの形で養子制とかかわっていたことは、表6―3からもわかるであろう。日本の家というものが、非血縁原理で接ぎ木されていくものであり、家父長が君臨するというより、家という場所に、その家父長ですら埋没される、いわば奉仕人のような存在であった

一氏多祖

ことも、この養子制から少なからず理解できよう。

こういった養子制の存在が、一八九八年の明治民法——新続編における戸主権の法的あり方にそぐわなかったのはいうまでもない。ドイツ民法を導入した「戸主」の概念は、実際的な親族、家族関係において「被征服者に対する征服者の有する地位とする観念とははなはだ相容れないもの」（高柳真三『明治前期家族法の新装』）であったこと、「家族関係、親族関係は、法律上の関係となって現れている部分のほか、他の大部分は単に習俗的な事実関係に委ねられているものであることは、一般に法律史がこれを立証する」（前掲）からである。

＊2　養子制は実際、戦後までよくみられた光景だった。日本の風景はおそらく一九六〇年代を境に急激に変容していったのだが、慣習的行為の変容ないしは衰退と密接に関連していた。養子制の衰退もそのひとつである。それは母系的な親族の絆が解体していくプロセスでもあった。明治以降から現在までの養子制についての実態調査は、ほとんど存在しないため、具体的な数字を示すことができないが、山本正憲の論文「岡山県下の養子縁組の実態」（『新しい家族』第七号、一九八五年）にまとめられた調査結果は、昭和二十七年に一〇〇とした養子縁組数が漸次減少していくことを示している（**表6―4**）。入り婿の激変は、夫権の核家族下で婚姻により夫の姓を名乗る妻が九七パーセントという現在の数字をみれば自明である。双系制的な家族のあり方は、かろうじて核家族下における主婦の実権の強さと父親の役割の希薄さに痕跡がみられるということか。

＊3　上野は述べる。「ヤマトの豪族の間には、天皇にくり返し『妹』や『女』を献上している氏族がある。最初の婚姻のあとでできた皇位継承者が、再び母の氏族から妻をめとれば、これは理論的には母方交叉イトコ婚となる。『土地の女』と交叉イトコにあたる天皇は、もはやヨソモノではない」と。母方交叉イトコ婚とは、MBD（Mother's Brother's Daughter の略）。**図6―4**においてA′B′／C′D′は、父系的には同一集団でも母系的には異なる集団に属する。E′F′／G′H′の結婚は、異なる集団の結合を意味し、勢力を拡大していくうえで、都合のよい婚姻といえる。記紀神話に登場する婚姻ゲームについての上野の研究成果をまとめると**表6―5**のようになる。すなわち神武―開化九代までの第Ⅰ期では、創設婚と母方交叉イトコ婚、崇神から允恭天皇までの第Ⅱ期は、皇族内婚の開始（天皇は皇后腹の嫡男で、天皇にとっての皇后は父系親族の娘で父型平行イトコとなる）と引き続く豪族の女との一夫多妻的な創設婚、そして母方交叉イトコ婚、安康―持統二十代までの第Ⅲ期は、父方平行イトコ婚と同父異母兄弟姉妹婚を文化理想とする皇族内婚の開始、文武―桓武八代までの第Ⅳ期では、ロイヤル・インセストとしての異母兄弟姉妹婚の成立ということになる。

表6—4　縁組実数及びその対人口比、対世帯数比並びに許可縁組の総縁組に対する比率の年次推移図表

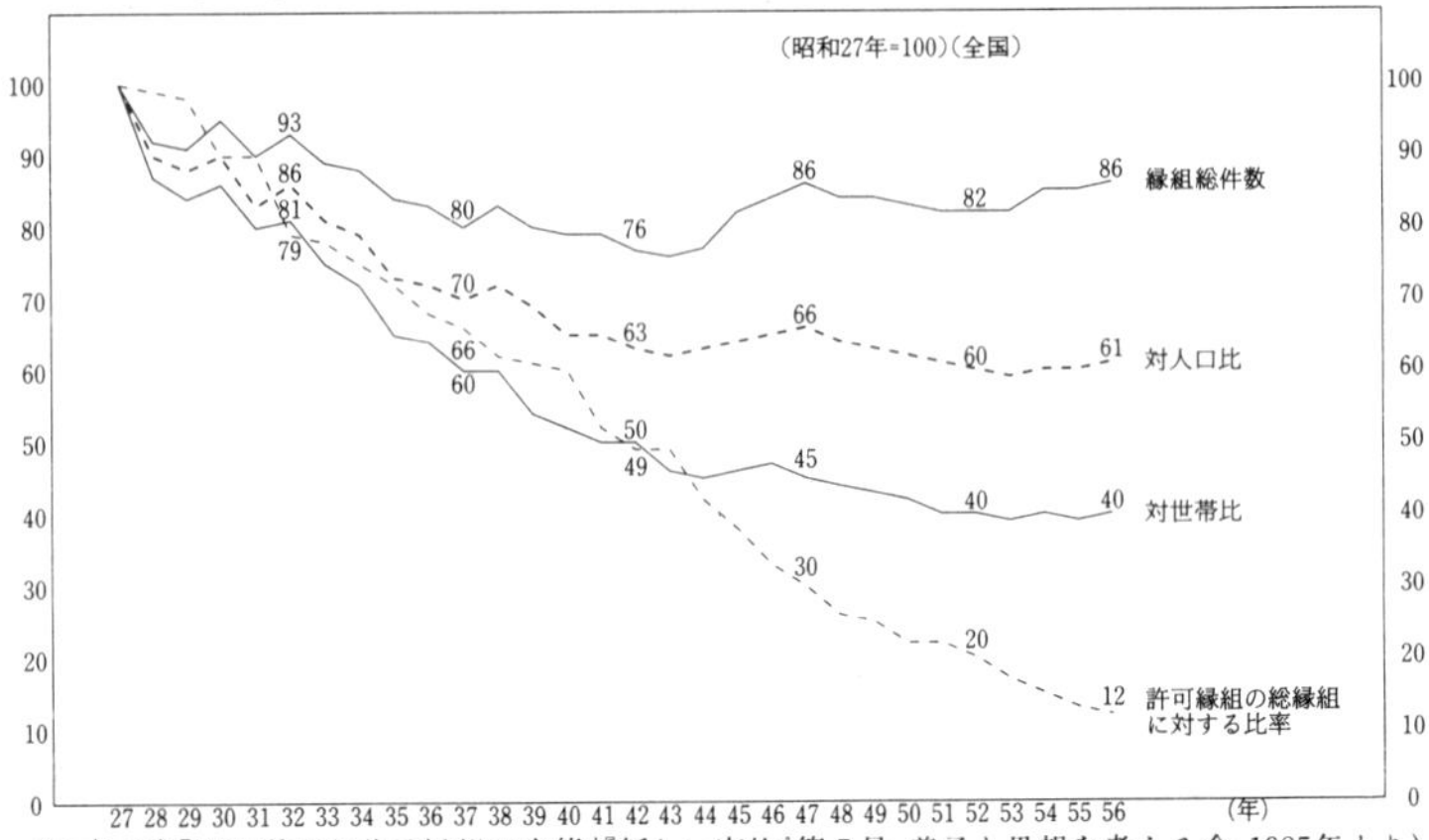

(山本正憲「岡山県下の養子縁組の実態」『新しい家族』第7号, 養子と里親を考える会, 1985年より)

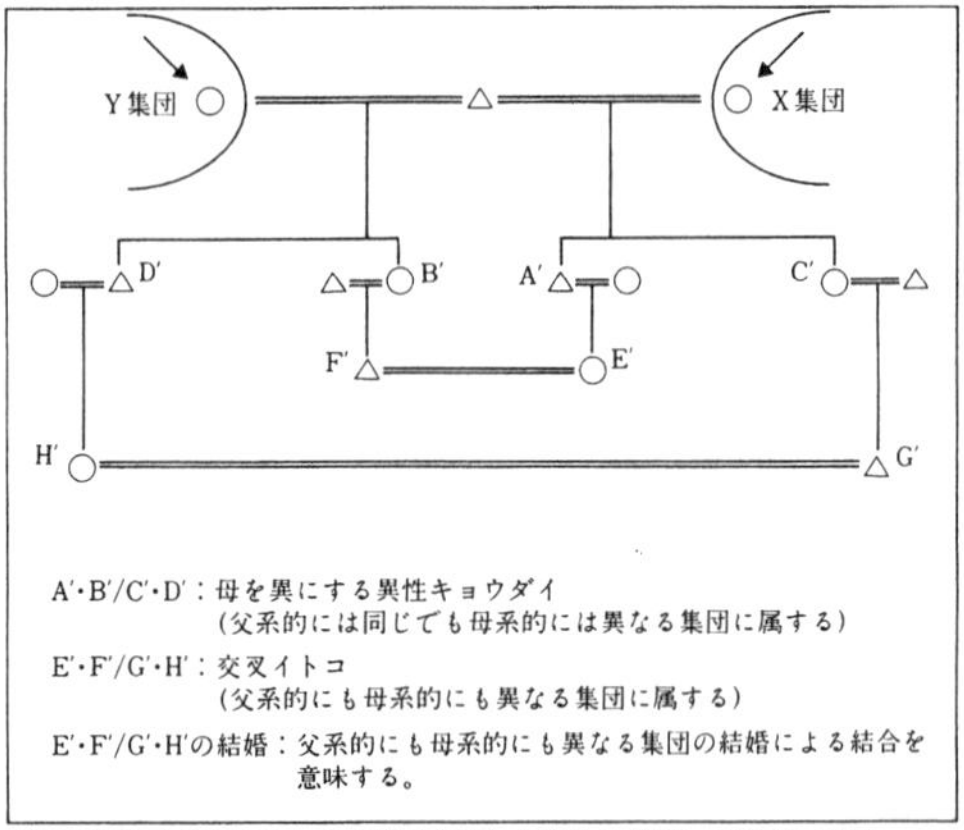

図6—4　同父異母キョウダイの産んだ交叉イトコ間の結婚

(波平恵美子「民俗としての性」『家と女性』小学館, 1985年より)

表6—5　記紀神話に登場する婚姻

期	天　皇	婚姻形体
I	神武～開化（9代）	創設婚
II	崇神～允恭（10代）	MBD婚（母方交叉イトコ婚）
III	安康～持統（20代）	FBD婚（父方平行イトコ婚）
IV	文武～桓武（8代）	異母兄弟姉妹婚

(上野千鶴子『外部の文節——記紀の神話論理学』春秋社, 1985年より)

三　双方社会論と家父長制

家父長制という言葉は、歴史学においても手垢にまみれた言葉のひとつであるが、近年、フェミニズムの流行によって、さらに家父長制は安易に使用されるようになり、信憑性に乏しい言葉になってしまった。アメリカ社会学や女性学の人々にとっては、家父長制は、女性差別を説明するうえで、まことに便利な言葉として機能している。どこの国にも存在する超歴史的な普遍用語で、「性に基づいて権力や役割が不均等に配分された規範と関係の総体」（瀬地山角）、「女性の抑圧には物質的な基礎がある。それは、家事労働という不払い労働の家長男性による領有と、したがって女性の労働からの自己疎外という事実である」（上野千鶴子）といったように定義される。

上野は男を再生産支配階級、女を再生産被支配階級とし、子どもを産む機能をもつ女の子宮までも男がコントロールしているとみなす。つまり性支配を行い、それによって利益を得る男＝家長であり、家事労働、育児労働を女に背負わせる夫＝家父長ということになる。そしてそれをシステムとして支えている資本制が存在し、資本制と家父長制が連携して女性を抑圧する物的基盤となっていると定義する。上野の家父長制は、男による女の性支配という意味では、超歴史的かつ世界的な普遍用語だが、資本制と連携する時、特殊歴史的な言葉となる。いずれにせよ男ないしは男中心の社会による女の性支配という意味では世界共通の言葉として使用される。単純明快な家父長制という概念がまずあって、女性問題にまつわる様々な事象を家父長制にあてはめかつ諸悪の根源としてのその言葉に女性差別の

家父長制

再生産支配階級

原因を収斂させていくのである。

しかし、男による女の性支配が事実であるとしても、また女性差別のシステムが存在しているとしても、家父長制といういかにも手垢にまみれたそれ自体歴史用語になってしまっている言葉にたよる理由はあるのだろうかと私は思っている。極端な話、家父長制という言葉ではない、別の言葉でもことたりるということだ。特に近代を経た現代社会においては、核家族下のしがないサラリーマンにすぎない大方の夫族に対し、「家長」「家父長」とよんだところで、果たしてリアリティを感じる女性がどのくらいいるだろうか。

浅薄で単純明快な社会学や女性学の定義に対し、歴史学の家父長制の定義となるともっと具体的であり、詳細であり、その分、やっかいでもある。こちらもマルクス、エンゲルスやマックス・ウェーバーの定義した家族発展段階説や支配形態としての家父長制といった概念がまず先行し、日本社会の歴史にあてはめて、家父長制の有無が論議され、いつの時代に成立したのかということが検証される。家父長制を考える場合でもドイツの学問の影響が濃厚な理論内容となっている。家父長制を古代にすでに確立していたという学者もいれば、高群逸枝のように室町時代に成立したと述べる女性史研究家もいるが、その概念自体も十人十色である。「各人それぞれが多種多様な概念解釈をおこなっている」「家族の構造や性格規定と密接な関係にあるのが家父長制の問題で、前近代史の諸論文には『家父長制的』という語が氾濫している。

ところが、この把握には科学的歴史学・法制史・女性史・社会経済史によって使い方が異なっているばかりでなく、それぞれの内部でも相違・対立がみられる。諸説一致している点があるとすれば、近世に家父長制が存在していたという点のみであろう[2]」といった指摘は、誠に的を射ているというべ

家族発展段階説

きであろう。歴史学においていままで語られてきた家父長制の定義をまとめると次のようになる。

I　家父長制の一般的定義

①父権・夫権、家長・戸主権、主人権、所有権といった権力内容をもち、時代や国、民族の違いによって異なる。

父権・夫権——父親による親権の独占的行使権、夫の妻に対する支配、一夫多妻制

家長・戸主権——祖先祭祀権、家族の人事管理権（婚姻・養子・扶養の許可・懲戒の処分）、対外的な家の代表権（賦役・行事・寄合）、家産・家業の経営所有権

主人権——家内隷属民に対する支配権。領主層には存在したが、百姓層にはみられない。家父長権とは無関係に成立

所有権——家産の所有、父系相続

②ウェーバーの家父長制

合法的支配

伝統的支配　第一類型　長老制——非経済的、非家族的団体においてみられ、団体内最長老が神聖な伝統の最良の精通者として支配

第一次家父長制——経済的・家族的団体において通常は明確な相続規制によって規定された個人が家族的団体の利益のために伝統に拘束されつつ支配しているもの

第二類型　家産制——強力な家産制的軍隊に依拠した固有権支配

スルタン制——伝統から自由な専制政治

第三類型　身分制的支配——行政幹部によって分割占有されている支配封建制は身分性的家産性の極限のケース

カリスマ的支配

③古代ローマと中国の家父長制

ローマ　専制的、絶対的な家長の奴隷および妻子に対する生殺与奪権、売却権、遺棄権、婚姻に関する支配権。小国家的な家の支配者で、法的な家父長権をもつ。初期は、父権、夫権、主人権（奴隷支配権）、所有権をもつが国家権力によって家長の権力は弱体化していった

中国　父母、主人の生殺与奪権は存在しない。強い宗族の族長権であり、家長の権限弱い。家の中では父母に親権があり、夫婦平等の要素がみられる。父の死後、母が家で権力をもつこともある。家長という言葉は漢になって登場した。三族制家族の維持という原則とは裏腹に、現実には父子別居が多くみられた。家内においては家族成員に相対的な自由を可能にする条件があった（堀敏一の説）。

II　**日本の家父長制の特徴**

①父による親権の独占的行使権としての父権は弱く、母の親権が強い。父権、夫権ともに近世武士層を除いては日本に確立しなかったという説もある（明石一紀）。親権は院政期から強くなり、家主のイエ支配権・家長権をもうわまわる。近世の農民においても同様である。

②母親の親権および主婦権は、家の形式的な家長権と併存していた。家長による抑圧というより、

姑の嫁に対する抑圧に深刻なものがあるのは、母、主婦の実質的権力の強さを物語るものである。日本の父権は、父母双方の親権の強化として存在していた。

③母子一体感（母―息子）が強い。

④家は家長個人のものではなく、むしろ家長は家を守るうえでの奉仕者としての役割を担ってきた。農民層では親権を超越する絶対性を持ちえない。近世において家の当主が家族内部に絶対的な支配権を握るようになる。

⑤一夫多妻制、妾制。近世になると妻のみ姦通罪が適用された。武士層では、性的な意味での妻の地位は低い。

⑥明治民法に規定された戸主権は、家長による家族の支配権を規定したものだが、家族に対して抑圧的というよりは、家族国家的な様相をおびている。国家による家族の支配といった要素が強い。

以上の観点を参考にして、高群逸枝の家父長制概念について検討を加えるとともに、庶民層になればなるほど、父権が未発達な家族構造をもつとされる双方社会論の観点から日本の古代の家父長制の特徴についてまとめてみたい。高群のいう「父系母族」、「父系母所」を導く妻問い、招婿（婿取り）といった婚姻慣習が比較的多くみられるシステム（嫁取り婚や夫方同居も同時に存在していたが、慣習としての婿取りは労働力の確保の必要性も含めて、広くみられたのは確かである）から夫方に婚姻当初から組み込まれる嫁取り婚が多勢を占めるシステムへの転換は、婚姻や家族にかぎらず、あらゆる価値体系の大きな時代的変容を物語るものであり、高群はその時期を公家政治から武家政治に完全に移行する南北朝―室町期に求めた。そして嫁取り婚の成立を家父長制の成立とみなし、都市の成立を性の商品化、公娼制度の確立による遊び女の囲い込みといった現象の成立と一致するとした。しかし、家（生活の場所）は、母系的であり、娘夫婦は父夫婦と同居するが息子夫婦と同居、同火することは禁忌であること、子が母方の集団に帰属すること、母親の親権が強いこと、末子相続・姉督相続制がみられること、女性にも相続権があること等々の社会的慣習がすべて消滅したわけではない。日本を双系制（非単系制）社会とみなせば、むしろそういった慣習は、父系制が成立しても、併存すると考えるべきであろう。

高群は「室町期では、武家の支配下に公家も完全に嫁取婚に入り、町人も農民もこれらと同調するが、最下層農民や、後進地農漁民層では、なお長くかつての氏族制的遺制をその共同体のなかに維持し、したがって招婿婚的遺制をも温存し、それがこんにちまで及んでおり、わが民俗学者たちの好ましい研究対象となっているのであるが、この事実にも注意したい」[9]と述べて、われわれの目からみれば、双系制的な現象を家父長制と対立する氏族制的遺制、招婿婚的遺制と彼女はとらえてしまったが、これはあくまでも双方社会論との関連でみたほうがよい。母親の親権が強いこと、主婦権が家長権と併存していることなどは、父権の未発達な状態を意味しており、ローマ的な家父長と相違するのは確かである。「父系母族」「父系母所」の概念で高群が示した古代の家族は、家刀自＝女主人を意味したように母系原理的な要素が強かったからではないか。

次に高群の家父長制の定義で重要な点は、男性の女性に対する性支配をメルクマールとしていることである。男性歴史学者の展開する家父長制論にはこの点が見落とされているか、希薄な場合が多い。高群は、「女性の性を、一個の物品や道具と観念しての掠奪婚や、召上婚や、進上婚、わが国に風をなして、芽生えはじめたのは、平安中期の荘園制の土地争奪の渦中においてであった。女性の性は、

末子相続
姉督相続

家刀自

ここから強奪された玩弄具となり、生殖器となり始めた。しかし、そのばあいのそうした強奪者は主として長者級―族長級の男性であったし、また被強奪者は、一部の戦敗者や、弱小同盟者や、下人層の女性たちにかぎられていた」と述べ、男性による女性の性抑圧の歴史についても言及しようとした。そして嫁取婚の一般化を男性による私的経営の「家」の中に女性を連れ込み、釘付ける形態の婚姻制の成立とみなし、それを家父長制の形態とした。また売買春制度など件の商品化も家父長制の特徴とした。彼女にとって嫁取り婚は、紡績、機織り、炊事、育児、耕作のための家内奴隷にすぎず、家の人的資源をつくりだすための生殖器的道具と女性をみなす制度なのだった。このロジックからいえば、主婦権といえども家父長制を補強するための男に都合のよい傀儡的権力にすぎないということになる。こういった考え方は、現在のフェミニズム理論と通底するものがある。

しかし、高群は、家父長制や嫁取り婚を不変の制度とは考えていなかった。「後代では男たちのほうが、かえって妻子を徒食させるために営々と駄馬のように働かなければならない境遇におちいる」とし、夫と妻が相互の負担にならないような独立人として寄りあって協力するような婚姻形態に変わるだろうと予測した。男の特権であった多妻への自由、売淫制も衰退の一途をたどると述べた。現在でも売買春、浮気は男の特権といった要素はあいかわらず続いているが、女の男遊びや女の浮気も増加しており、前近代のような家父長制的な性支配は、緩和されてきているといえよう。

〈拾遺篇〉

律令期 族制・婚制をめぐる問題点

野村知子
河野信子

はじめに

家父長制（父権・父系・夫権をふくむ）による家族制度の法制化にもっとも過激であったのは、律令期と明治期である。

まず百姓（『日本書紀』までは、おおみたからと読ませていて、ただ農業生産に従事するものだけを指したのではない）を、氏族を媒介としてではなく、直接組織しようとしたとき、つぎのような男たちは、かなりな混乱要因（ディスターバンス・ファクター）となったであろう。

（1）住所不定、生まれた子たちは、女とその一族にまかせ切り、経済上の貢献もしない。

家父長制

混乱要因

（2）自己の生まれた家に対しては、まるで無責任、あちらこちらの女の家で、働いたり働かなかったりして、ともかく暮している、といった類である。

家の強化のための作用因でもある男たちの育児意識は、どうしても間接性を身にまとってしまう。そこで「たてまえ」や観念による補強を必要とする。でなければ、国の基盤は、壊死をまねく。これには、父権を中核として、男の御先祖さまと男の子孫たちの観念を、法によって、固めるのがいちばんとされてきた。

これが習俗に合うかどうかはわからない。また「おおみたから」が喜々として受容し、結託してくれるかどうかもわからない。しかし何を企んでくるかわからない氏族を、うち倒すにはこれしかない。財産権、人事管理権に加えて父なるものの権威を持たせてやれば、税なども、責任をもって、差し出すであろう。

となるのが、国家が家父長制を強化し、法制化にまで持って行こうとするときの内部法則である。だが律令体制は、しだいに、その脆弱さを露呈しはじめた。平安期にむかって崩壊を開始し、ふたたび双方社会の多様性のなかに入りこみはじめる。もともと、家父長制とは、日本では、双方社会（そのままでは、御先祖さまも、親類も、子孫も、幾何級数型で拡がる可能性を持っているので、地域社会はそれぞれの個性にしたがって、制限を習俗化して折り合いをつけている）の上にかぶせた、目の粗い網であったと言うこともできる。

本稿は、山下悦子論文との一組として企画されたものである。可能性としての族制の複雑性は、文献学的方法だけで、究めつくせるものではない。高群逸枝も一個人の力では、いさぎよく他の方法を放棄せざるを得なかったことを表明している。したがって、族制の研究はつねに未完の状態のなかで、

氏族

双方社会

複雑性

歴史学的カオスのなかに人びとを誘い込む。

私たちは、この未完の状態のなかで敷石のひとつぐらいは探すことを志して、『日本書紀』『続日本紀』『正倉院文書』からの考察を試みた。しかし私たちの「家族復元法」は、試行のなかにあって、結像と解像の双方を往来している。これはその中間報告である。

問題点だけを列記提出したのも、そのためである。

1　氏族の解体のために、威令によって家父長制※をつくる

※家父長制については、山下論文二四一―二四七頁参照

壬申の乱（六七二年）は、大化の改新[*1]によって、国家の基盤を作ったにもかかわらず、「威令とどかず」となる脆弱さを露呈した。そこでつぎつぎと令（飛鳥浄御原令[*2]（六八九年）・大宝律令[*3]（七〇二年）・養老律令（七五七年））が施行された。ここで戸主による家族数・年齢についての申告が義務づけられ[*2]、五十戸をもって一里として、里毎に、行政区画の最末端の支配者である里長がおかれた。ここで、漢によってはじめて登場した「家長」という言葉（山下悦子論文二四四頁）が、日本にも制度として導入されることになった。

このとき天皇は、日本の氏族社会の統合の頂点にいる天皇ではなくて、直接戸（家）に分解された戸主を通じて支配できる天皇へと変成されることになった。

家族復元法

大化の改新

2　企画された一夫多妻制（家父長制にもとづく）

国が戸を直接支配するためには、家長権が定まっていなければならない（家庭内における他の成員への管理・財産の所有権・対外的な代表権もふくめて）（山下悦子論文、二四三頁参照）。

このためには、婚制が入り乱れていては、工合が悪い。女と男が結び合う婚姻の形につぎの、いくつかの形が考えられる。

（A）一夫一妻（B）多夫多妻（C）一夫多妻（D）一妻多夫。

また家族内成員に対する管理のシステムも、（イ）家長による独裁（ロ）家長とその妻、あるいは、家長とその夫による一対型（ハ）成年に達した家族全員の合議制などが考えられる。

複雑性を示すのは、必ずしも（イ）が（A）または（C）だけによって生ずるとは限らないということである。（B）に結びつく（イ）もあれば、（D）に結びつく場合もある。それぞれの組合わせの型はすくなくとも二四種類を越える。

これらの組合わせのなかで、律令制度は（C）と（イ）の組合わせを固定しようとした。しかし当時のプラチック（山下悦子論文、二二〇頁参照）に適合したものであったかどうかを実証するに足る史料はいまだ確定されていない。ただ（A）への道は遠く、（B）（D）は、（C）よりもはるかに多くの混乱要因を含んでいるので、支配者にとっては、掌握の困難さを高めるものとなる。

3　高群逸枝は律令とプラチックとのずれを片籍に見ることを試みた

『母系制の研究』（理論社版）には、「正倉院文書」[*5]を分析して、戸籍が必ずしも「父系父所」「父系父

父系父所

父系父族

表1 子の所属

年度	戸籍	同籍 夫妻	同籍 子	片籍 男	片籍 子	片籍 女	片籍 子	同籍率(両親同居)	片籍率(片親別居)
大寳二年	春部里	50	158	30	63	44	116	46.8	53.1
	栗栖太里	15	41	19	45	26	58	28.4	71.5
	肩々里	5	16	6	12	5	13	39.0	60.9
	中里	2	7	2	7	2	7	33.3	66.6
	三井田里	6	19	7	21	7	16	33.9	66.0
	半布里	117	464	55	120	55	114	66.4	33.5
	川邊里	39	103	3	8	16	30	73.0	26.9
	塔里	8	33	2	2	6	14	67.3	32.6
	加目久也里	2	9	5	10	6	10	31.0	68.9
	丁里	21	52	6	12	13	23	59.7	40.2
	(小計)		**902**		**300**		**401**	**56.2**	**43.7**
養老五年	大嶋郷	28	143	30	66	23	70	51.2	48.7
	意布里	4	15	2	2	2	2	78.9	21.0
	(小計)		**158**		**68**		**72**	**53.0**	**46.9**
神亀三年	雲上里	4	19	7	32	4	15	28.9	71.2
	雲下里	6	33	14	43	11	27	32.0	67.9
	(小計)		**52**		**75**		**42**	**30.7**	**69.2**
天平五年	右京	0	0	7	28	3	13	0	100
	国郡未詳	10	28	21	59	12	40	22.0	77.9
	(小計)		**28**		**87**		**53**	**16.6**	**83.3**
合計		**322**	**1140**	**216**	**530**	**235**	**568**	**50.9**	**49.0**

1．妾及び無子の夫妻を加えず。
2．同籍者の子の内容には戸籍によりて若干の妾子をも含むものあれども区別し難し。

表2　妻の所属

年度	戸籍	同籍		片籍			同籍率（同居）	片籍率（別居）
		夫妻	妾	男	女	庶母		
大寶二年	春部里	50	7	30	44	1	41.9	58.0
	栗栖太里	15	1	19	26	0	25.0	75.0
	肩々里	5	0	6	5	0	37.5	62.5
	中里	3	0	2	2	0	42.8	57.1
	三井田里	7	1	7	7	0	33.3	66.6
	半布里	117	8	55	55	0	51.5	48.4
	川邊里	39	8	3	16	1	67.2	32.7
	塔里	9	2	2	6	0	52.9	47.0
	加目久也里	2	0	5	6	0	15.3	84.6
	丁里	21	4	6	13	0	52.5	47.5
	(小計)	**268**		**135**	**180**		**45.9**	**54.0**
養老五年	大嶋郷	29	11	30	23	5	35.3	64.6
	意布郷	5	1	2	2	0	55.5	44.4
	(小計)	**34**		**32**	**25**		**37.3**	**62.6**
神亀三年	雲上里	4	0	7	4	0	26.6	73.3
	雲下里	6	0	14	11	1	19.3	80.6
	(小計)	**10**		**21**	**15**		**21.7**	**78.2**
天平五年	右京	0	0	7	3	0	0	100
	国郡未詳	10	1	21	12	0	23.2	76.7
	(小計)	**10**		**28**	**15**		**18.8**	**81.1**
合計		**322**	**44**	**216**	**235**	**8**	**41.6**	**58.3**

1．同籍率及び片籍率算出に当っては庶母ならびに妾を除外す。

表 3 戸主の調査

年度	戸籍	戸数	父母			妻有る者		子のみ有る者	独身者	同籍率	片籍率
			父	母	庶母		妾				
大寳二年	御野国春部里戸籍	26	0	8	1	20	5	6	0	76.8	23.1
	同 栗栖太里戸籍	16	0	4	0	8	1	6	2	57.1	42.8
	同 肩々里戸籍	3	0	1	0	1	0	2	0	33.3	66.6
	同 中 里戸籍	3	0	1	0	2	0	1	0	66.6	33.3
	同 三井田里戸籍	6	0	1	0	4	1	2	0	66.6	33.3
	同 半布里戸籍	53	0	11	0	44	6	8	1	84.6	15.3
	筑前国川邊里戸籍	14	0	3	1	11	2	1	2	91.6	8.3
	豊前国塔 里戸籍	3	0	0	0	3	1	0	0	100	0
	同加目久也里戸籍	2	0	0	0	2	0	0	0	100	0
	同 丁 里戸籍	10	0	1	0	7	0	2	1	77.7	22.2
	(小 計)					**102**		**28**		**78.4**	**21.5**
養老五年	下総国大嶋郷戸籍	60	1	12	5	27	9	15	16	61.3	38.6
	同 意布郷戸籍	6	0	2	0	4	1	0	2	100	0
	(小 計)					**31**		**15**		**67.3**	**32.6**
神亀三年	山背國雲上里計帳	6	0	2	0	4	0	2	0	66.6	33.3
	同 雲下里計帳	16	0	6	1	5	0	7	4	41.6	58.3
	(小 計)					**9**		**9**		**50.0**	**50.0**
天平五年	右 京計帳	6	0	2	0	0	0	5	1	0	100
	国郡未詳計帳	21	0	3	0	7	1	11	3	38.8	61.1
	(小 計)					**7**		**16**		**30.4**	**69.5**
合計		**251**	**1**	**57**	**8**	**149**	**27**	**68**	**32**	**68.6**	**31.3**

1. 養老五年籍以降の分は房戸をも独立したるものとして取扱う。
2. 大嶋郷戸籍においては女戸主2あるを加えず。
3. 同籍率及び片籍率よりは独身者を除外。

族」とはなっていないことを示した。

八世紀において、唯一の「政府関係資料」であった籍帳（各地からの報告書）は、紙が貴重な時代であったために、写経所に払下げられてしまった。当時は、経文にこそ価値があり、写経もさかんにおこなわれ、大事に写された経は、正倉院に保存された（紙が豊富な時代なら、焼き捨てられるか、それぞれの家庭で、習字用か、はな紙になってしまったかもわからない）。だから裏も残った。ただ裏を保存する目的などなかったために、いたるところで切れ切れになっている。高群逸枝は、そのなかでも、首尾が完全なものだけを拾いあげて、先頁の表にした（**表1、2、3**）。

これほどの片籍があるのは、どうしたわけかというのである。「父系父族」「父系父所」なら、片籍率はもっと低くなる（同籍必ずしも同居を意味しないのは、昔も今も変らない。明治民法のもとでも一人の戸主――ほとんど男性、女戸主もあった――のもとに、五十人ぐらい書きつらねられたものも数多くあった。移籍したのは、他家に嫁入った女性、または婿養子となった男性、あるいは、他家の養子となった男女だけであったためである）。

ただ、高群逸枝は、注記をしていないが、ここで、ひとつの設問をしたくなるのは、大宝二（七〇二）年の御野（美濃）国にたいする筑前・豊前との片籍率の差である。なかでも戸主の調査の表では著しい。平均値など無意味に思えるほどである。

これは、筑前・豊前といった西海道の国々がより深く律令制度に結託していたことになるのか、それとも、大和より遠く離れた位置にあったために、偽りの報告をしたのか、決定するに足る史料は、今のところ存在してはいない。いずれにしろ、同籍必ずしも、同居を意味しないわけだから、戸籍に

籍帳

片籍

女戸主

戸孔王部弟妹賣、年貳拾捌歲、　丁女　不課、戸(戸脱カ)主従父弟麻呂妹、
弟孔王部奈都賣、年貳拾貳歲、　丁女
姑孔王部小刀自賣、年陸拾柒歲、　老女
合口柒　口柒不課
口二丁女
口一老女

図1　高群逸枝が参照した正倉院文書　表3の注2で除かれている女戸主の記録

戸私部伊艮賣、年伍拾伍歲、　丁女　不課戸、真呰従父弟古麻呂母、
女私部古阿由賣、年柒拾貳歲、　丁女
女私部古都賣、年貳拾捌歲、　丁女
女私部真都賣、年貳拾柒歲、　丁女
女私部弟賣、年貳拾歲、　次女
女私部子弟賣、年拾陸歲、　小女
合口陸　口陸不課
口四丁女
口一次女
口一小女

図2　高群逸枝が参照した正倉院文書　同上

表4　神亀三年山背国愛宕郡《おたぎぐん》雲上里《うんじょうり》計帳　戸主従八位下勲十二等出雲臣真足戸

戸主従八位下勲十二等出雲臣真足戸
　去年帳乞良賤口四〇人（男一八　女一三　奴六　婢三）
　　帳後新附一人（緑子）
　今年計帳乞見良賤大小口四一人（男一九　女一三
　　奴六　婢三）
　　不課口三六人（旧三五　新一）
　　　男二〇人（八位二　授刀舎人一　兵衛一　小
　　　　子九　緑子一　奴六）
　　　女一六人（妻一　丁女五　少女二　小女二
　　　　緑女二　耆女一　婢三）
　　課口五人
　　　見不輸一人少丁
　　　見輸四人正丁
　　輸調銭三六文
戸主従八位下勲十二等出雲臣真足、年五十一歳　正丁
　母赤染依売、年七十七歳、耆女　筑紫国
　妻佐太忌寸意由売、年五十五歳、丁妻　右頬黒子
　男出雲臣田主、年三十一歳、正丁　筑紫国在
　男出雲臣首名、年十六歳、小子　右頬疵
　男出雲臣羙阿良賀、年十一歳、小子　左鼻柱黒子
　男出雲臣殿麻呂、年九歳、小子
　女出雲臣田越売、年二十一歳、丁女　随田主
　弟従八位下勲十二等出雲臣豊足、年四十八歳、正丁
　　左眉黒子
　男出雲臣豊浜、年二十一歳、正丁
　男出雲臣金縄、年（十?）三歳、小子
　男出雲臣布賀麻呂、年十二歳、小子
　男出雲臣鯖麻呂、年九歳、小子
　女出雲臣豊浦売、年二十四歳、丁女
　女出雲臣豊虫売、年二十二歳、丁女
　女出雲臣豊刀自売、年十九歳、少女　右六口、筑紫在
　弟少初位上出雲臣国上、年三十五歳、正丁　授刀舎人
　男出雲臣陳師、年七歳、小子
　男出雲臣陳法、年四歳、小子
　女出雲臣大浦売、年十二歳、小女　筑紫
　女出雲臣小浦売、年三歳、緑女
　弟少初位上出雲臣国継、年三十二歳、正丁　右兵衛、頷黒子
　男出雲臣継麻呂、年七歳、小子

男出雲臣継手、年二歳、緑子、生益
女出雲臣継刀自売、年四歳、緑女
女出雲臣宅主売、年二歳、緑女
弟出雲臣檝取、年二十二歳、正丁、右手指黒子
弟出雲臣舩人、年二十歳、少丁、目間黒子
妹出雲臣形名売、年三十歳、丁女
妹出雲臣多理売、年四十三歳、丁女　右二人、和銅五年逃
従父出雲臣法麻呂、年三十六歳、正丁　養老二年、逃
　近江国蒲生郡
従父妹出雲臣愛売、年四十三歳、正丁　和銅二年逃
奴諸国、年五十二歳、逃
大麻呂、年四十七歳、頤黒子
赤麻呂、年四十三歳、逃
祢麻呂、年三十九歳、逃
毛人、年三十一歳、逃
尓閉、年三十歳、逃
婢歳売、年五十四歳、逃
子売、年二十一歳、逃
御衣売、年五十六歳、右手於黒子、上件九口、戸主奴婢

雲上里にある出雲臣真足の郷戸(1)は、構成人員四一人である。そのうち妹二人（丁女／三十歳・四十三歳）に「和銅五年逃」、従父（正丁／三十六歳）に「養老二年、逃近江国蒲生郡」、従父妹（丁女／四十三歳）に「和銅二年逃」とあり、奴婢七人（奴五人、婢二人）に「逃」の注があるため、逃亡者は計十一人である。

和銅二（七〇九）年の勅によれば、逃亡者もそれを匿った者も処罰されるが、逃亡者を計帳の住所へ戻すか、現地（逃亡先）で土断（帳簿）を作成するか、どちらにせよ本人である確認が必要となる。従父は逃亡年と逃亡先が記されており、逃亡先で土断が作成された可能性があるが、妹二人と従父妹の三人は逃亡年の注、奴婢七人に至っては逃げた事実しか注記がなく、たとえ見つかっても本人である確認は難しいのではないか。

その他の理由で「計帳」作成時雲上里にいない者について次のような注記がされている。戸主真足の母（耆女／七十七歳）に「筑紫国」、息子の田主（正丁／三十一歳）に「筑紫国在」、娘田越売（丁女／二十一歳）に「随田主」(2)、弟豊足の息子三人（小子／十三歳・十二歳・九歳）、娘三人（丁女二人／二十四歳・二十二歳、少女一人／十九歳）に「筑紫在」の計一〇人。この一〇人はいずれも「計帳」作成の際、他国の筑紫に滞在しており本貫地（雲上里）には居住していなかった。「在」は一時的な不在であるかもしれな

いが、捕亡律で規定されているように「浮浪」とみなされる。真足の郷戸の構成人員四一人中、「逃」は一一人、「在」は一〇人で、過半数の二一人が本貫地には不在である。

ここで真足の郷戸の総括部分をみると課口（課役の全部または一部分を負担する戸口＝家口）は四人、そのうち見輸《げんゆ》（課役の全部、あるいは一部を負担していること）は正丁三人、見不輸《げんふゆ》は少丁一人である。(3)真足の戸には正丁八人、少丁一人がいるが、四人の正丁（八位二人、授刀舎人一人、兵衛一人）が不課口となる。残り四人の正丁のうち、従父は「逃」、息子田主は「在」である。雲上里に残った正丁は二人であるため、課口・見輸の二人に「逃」、「在」のうちの一人分が含まれており代輸（未進調庸を代納）されている。

戸全体、あるいは戸口が逃亡した場合の規定が『養老令』「戸令」戸逃走条に定められており、代輸についての規定もある(4)（以下の条文番号・訓読は日本思想大系『律令』岩波書店による）。

戸令十　戸逃走条

凡そ戸逃走せらば、五保をして追ひ訪《とぶ》らはしめよ。三周までに獲《え》ずは、帳除《ちょうのぞ》け。其れ地は公に還《かえ》せ。還さざらむ間、五保及び三等以上の親《しん》、均分して佃《つく》り食《は》め。租調は代りて輸《いだ》せ。三等以上の親といふは、謂はく、同里に居住する者をいふ。戸の内の口逃げたらば、同戸代りて輸せ。六年までに獲ずは、亦帳除け。地は上《かみ》の法《のり》に准《なずら》へよ。

（1）『大日本古文書　編年之一』（覆刻）（東京大学出版会、一九六八年。なお初版は一九〇一年）三三四—八頁。

（2）金縄は三歳とあるが、「小子」と記載されているため「十が脱落したのでは」との注がある。

（3）従父妹出雲臣愛売は正丁となっているが、女性であるため丁女である。計帳の総括部分は課口五人、見輸四人となっているが、計上されている一人が女性であるから課口四人、見輸三人となる。

（4）「戸令」戸逃走条、『日本思想大系三　律令』（岩波書店、一九七六年）二二七—八頁

表5　神亀三年山背国愛宕郡雲下里計帳　戸主少初位上出雲臣広足戸

戸主少初位上出雲臣広足戸
　去年帳定良口二五人（男七　女一八）
　　帳後新附七人（緑子一　丁女二　小女四）
　今年計帳定見良大小口三二人（男八　女二四）
　　不課口二七人（旧一九　新八）
　　　男三人（資人一　緑子一　耆老一）
　　　女二四人

課口五人
見不輸二人（少丁）
見輸三人（正丁）
輸調銭（二七文）
戸主少初位上出雲臣広足　年六十九歳　耆老
妻錦部飯手売　年六十一歳　耆妻
男出雲臣真床　年三十四歳　正丁　和銅五年、
逃出雲国
男出雲臣山村　年二十六歳　正丁　右耳下黒
子、大政大臣家位分資人
男出雲臣槻麻呂　年二十五歳　正丁
男出雲臣秦勝　年二十歳　少丁　和銅五年、
逃因幡国海郡
女出雲臣志豆加比売　年二十一歳　丁女　左頬黒子
女出雲臣玉売　年二十一歳　丁女　和銅五年、
逃因幡国
女出雲臣然志売　年四十六歳　丁女　左頬黒子
女出雲臣稲敷売　年三十六歳　丁女　右頬黒子
女出雲臣真敷売　年三十四歳　丁女　左目尻疵
女出雲臣真虫売　年二十五歳　丁女　左目下黒子
女出雲臣蓮羽売　年十二歳　小女　左頬疵
女出雲臣員屋売　年八歳　小女　頤黒子
女出雲臣酒屋売　年四歳　小女
女出雲臣乎美奈売　年五十一歳　丁女　和銅五年、
逃紀伊国伊刀郡
孫出雲臣大土　年十九歳　少丁　右頬黒子
姪出雲臣刀自売　年二十六歳　丁女　右眉黒子
出雲臣乎奈利売　年五十四歳　丁女　右頬黒子
外孫女上原首玉売　年三十四歳　丁女　右頬疵
大石主寸百嶋　年三歳　緑子
母宍人阿美売　年四十一歳　丁女
姉大石主寸広田売　年十二歳　小女　右手於黒子
姉大石主寸小養売　年十歳　小女　右手於黒子
姉大石主寸真養売　年八歳　小女　右手於黒子
姉大石主寸広椅売　年五歳　小女
従母宍人刀美売　年三十七歳　丁女　大倭国十市郡
戸出雲臣意美麻呂　年三十四歳　正丁　和銅二年、
逃越中国蒲原郡
母丸部袁美奈売　年七十六歳　耆女
妹出雲臣刀自売　年三十四歳　丁女　右二人、
随意美末呂
出雲臣羇迩売　年五十八歳　丁女

女春日部主村麻夜売　年三十三歳　右二人、和銅五
　　年、逃近江国栗太郡

神亀三年山背（山城）国愛宕郡雲下里の計帳において出雲臣広足（六十九歳）の郷戸に[1]「妾」、「妾子」の記載がなく、妻錦部飯手売（六十一歳）が産んだとは考え難い子供がいる。二人の間に息子は真床（三十一歳）、山村（三十六歳）、槻麻呂（二十五歳）、秦勝（二十歳）の四人、娘は志豆加比売（二十一歳）、玉売（二十一歳）、然志売（四十六歳）、稲敷売（三十六歳）、真敷売（三十四歳）、真虫売（二十五歳）、蓮羽売（十二歳）、員屋売（八歳）、酒屋売（四歳）、美奈売（五十一歳）の一〇人あわせて一四人である。このうち美奈売は飯手売が十歳の、酒屋売は五十七歳の時の娘ということになるが、不自然さは否めない。一四人の子供を全て飯手売が産んだわけではなく、記載されていない「妾」がいたのではないか。

また雲下里の出雲臣広足の郷戸は、郷戸主（＝主戸主）広足の二七人から成る主戸と房戸主意美麻呂の五人の房戸、計三二人で構成されている。主戸の中で、広足の息子真床（正丁／三十四歳）は「和銅五年、逃出雲国」、息子秦勝（少丁／十二歳）は「和銅五年、逃因幡国海郡」、娘玉売（丁女／二十一歳）は「和銅五年、逃因幡国」、同じく娘美奈売（丁女／五十一歳）は「和銅五年、逃紀伊国伊刀郡」の注記がなされ四人が「逃」している。逃亡者はいずれも「逃亡年」、「逃亡先」共判明しているが、彼らの身体的特徴は何ら記載されていない。

また従母宍人刀美売（丁女／三十七歳）は「大倭国十市郡」におり、雲下里には不在である。房戸の面々は、意美麻呂（正丁／三十四歳）は「和銅二年、逃越中国蒲原郡」、その母（耆女／七十六歳）と妹（丁女／三十四歳）の二人は「右二人、随意美末呂」、寄口の羈迩売（丁女／五十八歳）と麻夜売（丁女／三十三歳）も「右二人、和銅五年、逃近江国栗太郡」といった具合で五人とも「逃」である。広足の郷戸は構成人員三二人のうち「逃」が九人、「在」が一人で約三分の一の人間が本貫地にはいない。

広足の郷戸の計帳の総括部分をみると課口は五人、中で見輸は正丁二人、見不輸は少丁二人である。広足の郷戸には正丁四人、少丁二人がいるが、資人一人が不課口、残り三人の正丁のうち二人（広足の息子真床、意美麻呂）は「逃」しているため、本貫地在住の課口・見輸の正丁は一人である。少丁は二人いるが、うち一人は「逃」しているため、雲下里にいる課口・見不輸の少丁は一人である。広足の郷戸において見輸は正丁三人であるため、「逃」の正

丁の内二人分が代輸である。

（1）『大日本古文書　編年之一』（覆刻）（東京大学出版会、一九六八年。なお初版は一九〇一年）

表6　神亀三年山背国愛宕郡雲上里・同雲下里計帳の完全記載郷戸の庸・調負担者内訳

<table>
<tr><th colspan="3" rowspan="2"></th><th colspan="2">正丁</th><th colspan="2">少丁</th><th colspan="2">次丁</th><th colspan="4" rowspan="2">計</th></tr>
<tr><th>身体的特徴有り</th><th>身体的特徴なし</th><th>身体的特徴有り</th><th>身体的特徴なし</th><th>身体的特徴有り</th><th>身体的特徴なし</th></tr>
<tr><td rowspan="9">本貫地に居住</td><td colspan="2">課　　口</td><td>15</td><td>4</td><td>1</td><td></td><td>2</td><td></td><td colspan="2">22</td><td rowspan="9">40</td><td>22</td></tr>
<tr><td rowspan="8">不課口</td><td>匠</td><td>2</td><td></td><td></td><td></td><td></td><td></td><td>2</td><td rowspan="8">18</td><td rowspan="10">19</td></tr>
<tr><td>八位</td><td>1</td><td>1</td><td></td><td></td><td></td><td></td><td>2</td></tr>
<tr><td>舎人</td><td>1</td><td>1</td><td></td><td></td><td></td><td></td><td>2</td></tr>
<tr><td>右兵衛</td><td>1</td><td></td><td></td><td></td><td></td><td></td><td>1</td></tr>
<tr><td>使部</td><td>4</td><td></td><td></td><td></td><td>1</td><td></td><td>5</td></tr>
<tr><td>資人</td><td>4</td><td></td><td></td><td></td><td></td><td></td><td>4</td></tr>
<tr><td>帳内</td><td>1</td><td></td><td></td><td></td><td></td><td></td><td>1</td></tr>
<tr><td>民領</td><td></td><td>1</td><td></td><td></td><td></td><td></td><td>1</td></tr>
<tr><td rowspan="6">本貫地に不在</td><td rowspan="2">在</td><td>年有り/地名有り</td><td></td><td></td><td></td><td></td><td></td><td></td><td>0</td><td colspan="2" rowspan="2">1</td></tr>
<tr><td>年なし/地名有り</td><td></td><td>1</td><td></td><td></td><td></td><td></td><td>1</td></tr>
<tr><td rowspan="4">逃</td><td>年有り/地名有り</td><td></td><td>4</td><td></td><td>1</td><td></td><td></td><td>5</td><td rowspan="2">6</td><td rowspan="4">6</td><td rowspan="4"></td></tr>
<tr><td>年有り/地名なし</td><td></td><td>1</td><td></td><td></td><td></td><td></td><td>1</td></tr>
<tr><td>年なし/地名有り</td><td></td><td></td><td></td><td></td><td></td><td></td><td>0</td><td rowspan="2">0</td></tr>
<tr><td>年なし/地名なし</td><td></td><td></td><td></td><td></td><td></td><td></td><td>0</td></tr>
<tr><td colspan="3" rowspan="2">計</td><td>29</td><td>13</td><td>1</td><td>1</td><td>3</td><td>0</td><td colspan="4" rowspan="2">47</td></tr>
<tr><td colspan="2">42</td><td colspan="2">2</td><td colspan="2">3</td></tr>
</table>

神亀三（七二六）年山城国愛宕郡出雲郷雲上里と雲下里の計帳における完全記載の郷戸は一三戸で、課役負担者四七人は、正丁（二十一—六十歳の男子）四二人、次丁(1)（老丁六十一—六十五歳の男子と残疾）三人、少丁（中男、十七—二十歳の男子）二人で構成されている。正丁四二人のうち本貫地に居住する者は課口一九人、不課口一七人、本貫地に不在の者は「在」（浮浪者）一人、「逃」（逃亡者）五人で、税を負担している者は本貫地居住の一九人に過ぎない。少丁二人のうち課口一人、「逃」一人で税負担者は一人。次丁三人のうち課口二人、不課口一人で税を負担しているのは二人。

四七人のうち本貫地に居住する四〇人（八五％）中、税負担者はあわせて二二人で全体の四七％にすぎない。本貫地に居ながら不課口となっている者は十八人（三八％）、本貫地に不在で他国・他郷に「在」の者は一人（二％）、「逃」の者は六人（一三％）で計二五人（五三％）、半数を越える。「在」・「逃」の者（七人／十五％）のうち年号が記されたものは五人（一一％）あるが、全て身体的特徴を記されていない。

和同二（七〇九）年の勅に畿内や近江国の者が「浮浪や逃亡した仕丁らをかくまって隠し」ているとあるが、逃亡者を現地（逃亡先）で帳簿（土断）に登録し、課役を徴収するには彼らが元台帳である計帳に記載された逃亡者本人であるとの確認が必要であろう。逃亡先が記載されている者は本人の所在が現地で把握されただろうが、逃亡年、身体的特徴のいずれも記述されていない場合本人である確認は困難ではなかったか。「計帳」の総括部分に課口、見輸の人数に「在」、「逃」の者が含まれており、その課役を代輸する例がみえる。神亀三年の計帳は戸口の脱漏が顕著で、成人男子・幼児が少なく、女性・高齢者が多く、偽って登録した可能性もあり代輸も認められるところから、人民の実態からある程度乖離したものではないかと推測される。

（1）「戸令」老残条「凡そ老残は　並に次丁と為《せ》よ」『日本思想大系三　律令』（岩波書店、一九七六年）二二七頁まつわる混乱の相は、各地に散らばっていて、『令義解《りょうのぎげ》』をもってしても、混乱はおさえられなかったであろう。となると、これらの表面の記入の裏に潜む実状は、やはり「父系母族」あるいは「父系母所」（族と所の差異性は、族内多祖と族外地縁——擬制された族内——との相互作用がつくりあげる複合された相による）（山下悦子論文、二二六—二四〇頁参照）と考えておくのが妥当であろう。

4　律令体制のゆらぎは、「公民」の逃亡のなかに顕在した

大化の改新を前にして「公地」「公民」の予告を「百姓《おおみたから》大に悦ぶ」（『日本書紀』大化元（六四五）年）と記したにもかかわらず、大宝律令制定（七〇一年）後、間もなく、時の政府は、「おおみたから」たちの逃亡や浮浪に悩まされねばならなくなった。

まず和銅二（七〇九）年十月の禁令では「全国から逃亡し、浮浪をはじめたものを、畿内と近江の者どもは、かくまって、自家用に使っている。自首しないならば、逃亡者、かくまったものともどもに罰するからそのように心得よ。国司が見逃すならば、法律でもって介入する」（『続日本紀』）と強力な威令が発せられた。

これらの逃亡をなんとしてでも差しとめるために、計帳（税を集めるための台帳）には、警察の手配書のような「身体的」特徴まで書かれている（**表4、5、6**）。

ところがである。脅しぐらいでは、逃亡をおさえることができなかったと見えて、六年後の霊亀元（七一五）年には、「浮浪の者が三ヵ月以上も、その地にいるならば、その地で帳簿に記載して、税（調・庸）をおさめさせよ。もともと彼等は税をおさめるのがいやなのだから逃げたのだ」（『続日本紀』）と、方針を変えてしまった。

父系母族
父系母所
逃亡
浮浪
計帳

逃亡者が、並の人数ではなかったらしく、天皇のこの日（五月一日）の勅には「天下の人民の多くは、その本籍地を離れ……」と語り出されている。

ついで国司・郡司に対して、行政力に対する等級分けをおこなっている。「おおみたから」が豊かならば上等、衣食が足りないならば中等、餓死・凍死者を出すようならば下等とせよと調査官に言い渡し、餓死・凍死者が一〇人以上出るならば、国司・郡司を解任せよ、と申しわたしている。

さらに、養老六（七二二）年には、政府の側にも内省の傾がでる。

天皇（元正）の問に答えて、兵部卿たちは「諸国から集めて、王城の地を警備する兵たちが逃げるのは、無理もありません。彼らは、壮年のときに、兵として都に引き出され、白髪の老人になってから帰されるのですから」（『続日本紀』）と報告し、三年交替を提案し、決った。

こんなことでは大化の改新の折に企画された家父長制[*6]など、ゆらぐばかりである。うがった見方をすれば「父系母所」とは、逃亡によって媒介される婚姻習俗のようにも見える。

＊1　中大兄皇子、中臣鎌足は、蘇我氏を滅ぼすために血で血を洗う大殺戮をおこなった。しかし、中大兄皇子は、自らは天皇とはならず、皇子のまま、「日本国」の体制づくりをおこなった。人口調査が直接支配の第一の事業であった。その時（六四五年）の詔書を要約すればつぎのようになっている。

昔からこの国は、天皇がすべての民を持っていた。それが今は、豪族（臣《おみ》・連《むらじ》・国造《くにのみやつこ》など）が勝手に民を持って、使いまくっている。その上、山・海・林野・田・池まで、万にわけどりあっているではないか。そのために、一般の民は、「容針少地《はりさすばかりのところ》も無し」といったありさまである。わけどった土地は、貸しつけて地代をとっている。今後、このようなことは

家父長制

絶対許さんぞ（『日本古典文学大系68　日本書紀』岩波書店版を使用。ただし、本稿においては、古典籍・古記録は、可能なかぎり現代語によって、要約する）。

翌大化二（六四六）年に「改新の詔」が出され基本方針が示された。これを大化の改新という。ここで、豪族の土地私有は禁止され、大夫以上（上級貴族）には俸禄を支給することになった。族制・婚制に関連するのは、「初めて戸籍・計帳・班田収授の法を造れ」とした宣言である。

・大宝以前の（現存していない）戸籍

早くにみられる造籍に関する記述の主なものに以下の記録がある。

（1）『日本書紀』

『日本書紀』欽明元（五四〇）年八月条「秦人《はたひと》、漢人《あやひと》等諸蕃《くにぐに》の投化《おのづからまゐき》し者《ひと》を召し集へて、国郡に安置《はべ》らしめ、戸籍に編貫《つ》く[23]」という記事があり、「戸籍」という語が登場している。さらに『日本書紀』敏達三（五七四）年の記事「即ち田部の名籍を以て、白猪史膽津《しらいのふひといつ》に授けたまふ[23]」に田部の「名籍」を造り、百済人白猪史膽津（王辰爾《おうしんに》の甥）を登用し経営にあたらせたとある。この二例にみるように、六世紀中葉まず秦人、漢人ら渡来系の人々を対象に戸籍による支配が始まった。のちに、戸籍制度の技術を屯倉の経営に導入する際、渡来系の者を採用したと考えられる。

『日本書紀』大化二（六四六）年正月一日条（改新の詔）で「初造戸籍・計帳・班田収授の法[23]」が発令された。「改新の詔」の記事の信憑性に疑問があることは早くに指摘されている[15]。だが『続日本紀』大宝三（七〇二）年七月甲午条の「籍帳《じゃくちょう》の設《まうけ》は国家の大きなる信なり」の記事が示すように籍帳を律令体制の大綱としたことが推定される。

（2）『庚午年籍《こうごねんじゃく》』

天智七（六六八）年の『近江令』に基づき、天智九（庚午／六七〇）年二月、『庚午年籍』の作成が命じられた。『庚午年籍』は社会の全階層を対象とし、全国的な作成を意図した最初の戸籍といわれるが、当時は天智三（六六四）年発令のいわゆる「甲子宣《かっしのせん》」体制であったため、豪族の

『庚午年籍』

所有民である民部《かきべ》・家部《やかべ》が存在し、人民全てを公民もしくは奴婢として把握してはいなかったとする説もある。『庚午年籍』は、はじめて女子を掌握した戸籍とされ、血縁関係を中心に戸を編成している。『大宝律令』制定後、氏姓の根本台帳として位置づけられ、八―九世紀、氏姓の照会（改姓の請願等）に随時参照されているが、その契機はあくまで申請者の申し出によるものであったとされる。永年保存とされた（「凡そ戸籍は、恒に五比留めよ。其れ遠き年のは、次に依りて除け。近江の大津の宮の庚午の年の籍は、除くことせず」「戸令」戸籍条）(2)が、伝世していない。

＊2　『庚寅年籍《こういんねんじゃく》』　持統三（六八九）年六月に施行された『浄御原令』（二二巻）の「戸令」に依り、持統四（庚寅／六四〇）年九月『庚寅年籍』が作成された。この戸籍は『庚午年籍』以降二度目の造籍にあたる。『浄御原令』に基づき五〇戸一里制、身分の確定（良賤の別）がなされ、このとき戸籍の六年一造制が成立した。『庚寅年籍』は律令的造籍の原点とされており、直接的人身支配の根本台帳の位置づけがなされている。

＊3　伝世した戸籍　現存する最古の戸籍は大宝二（七〇二）年作成のものである。この年は『庚寅年籍』以来二度目の籍年に当たり、美濃国、筑前国・豊前国・豊後国の西海道諸国の戸籍の断簡が、また養老二（七二二）年作成の下総国戸籍の断簡がある程度の数残っている。律令制下の戸籍は、「戸」を単位とした人民支配のための基本的台帳（課役・氏姓の確定・良賤身分の掌握・徴兵）であり、班田収授の根本台帳であった。

・**計帳の成立過程**

「計帳」の語は大化二（六四六）年「改新の詔」に初めて登場する。計帳は戸ごとに毎年作成される公的帳簿で調庸雑物を徴収するための基礎台帳として重要なものであった。令の規定による計帳は目録（『大宝令』では「国帳」）と手実《しゅじつ》で構成される。目録は一国毎の戸数・口数に関する統計的文書をいい、手実は家族の実態（戸口の構成・変動）を詳述した申告書をいう。『正倉院文書』には、近江国滋賀郡戸市郷、右京三条三坊と右京八条一坊の計帳手実の断簡がある。その他、歴名《れきみょう》（戸口歴名文書）と称される計帳文書があった。歴名は目録と手実の中間に位置する文書で、各戸が提出する手実の内容に戸毎の集計と公課、生益《しょうえき》以外の一年間の異動をまとめた別項記載を付記し、坊・里（郷）ごとに成巻した（郷里制では郷の下の里を単位に成巻）[5]。

現存する歴名として、神亀三（七二六）年山城国愛宕郡出雲郷雲上里、山城国愛宕郡出雲郷雲下里および天平五（七三三）年、右京三条三坊、右京八条一坊等の断簡がある。

・籍帳の作成

（1）作成要領

〈戸籍〉

戸籍の作成要領は『養老令』「戸令《こりょう》」第十九条（養老二年／七一八）[2]に定められている。

戸令十九　造戸籍条

凡そ戸籍《こしゃく》は、六年に一たび造れ。十一月の上旬より起《おこ》りて、式《しき》に依りて勘《かむが》へ造れ。里別《さとごと》に巻《くゑん》と為《な》せ。惣《す》べて三通写せ。其《そ》れ縫《つぎめ》に、皆其の国、其の郡、其の里、其の年の籍《しゃく》と注せよ。五月卅日の内に訖《を》へしめよ。二通は太政官に申し送れ。一通は国に留《とど》めよ。其雑戸《ざふこ》、陵戸《りょうこ》の籍は、更に一通写して、各本司《ほんじ》に送れ。須ゐむ所の紙、筆等の調度は、皆当戸に出《いだ》さしめよ。国司須ゐむ所の多少を勘へ量って、臨時に斟酌《しむしゃく》せよ。百姓を侵損《しむそん》すること得じ。其れ籍官に至らば、並に即ち先《ま》づ納めて後に勘へよ。若《も》し増減隠没して不同なること有らば、状《かたち》に随ひて下推《げすい》せよ。国、錯失《しゃくしち》せりと承ることは、即ち省籍《しゃうじゃく》に、具《つぶさ》に事の由《よし》を注せよ。国も亦《また》帳籍《ちゃうじゃく》に注せよ。

〈計帳〉

計帳の作成手続きは『養老令』「戸令」第十八条[2]に規定されている。

戸令十八　造計帳条

凡そ計帳を造らむことは、年毎に六月の卅日の以前《さき》に、京国の官司、所部の手実責《こ》え。具《つぶさ》

歴名

に家口《けく》、年紀《ねんき》を注せよ。若し全《また》き戸、郷に在らずは、即ち旧《もと》の籍に依りて転写《うたた》せ。并《あは》せて在らざる所由《しょゆ》顕せ。収《と》り訖らば、式に依りて帳造りて、連署《れんじょ》して、八月卅日の以前に、太政官に申し送れ。

(2) 法的依拠と書式の差

「戸令」十九条に戸籍は「式に依りて」造るとある。奈良時代の戸籍で比較的残っているのは大宝二（七〇二）年においては美濃国、西海道（筑前国・豊前国・豊後国）の戸籍の断簡である。同年に作成された美濃国と西海道戸籍の記載内容、様式に違いがあるのは依拠した式が違っているからであると思われる。それぞれの書式は次の通りである。[9]

美濃国戸籍は『浄御原令』に基づいており、（1）一行三口（2）戸籍記載は男、女、奴、婢の順（3）各戸の戸口の集計は男、女、奴、婢別に小計（4）課役を負担する戸の別は三等戸（5）受田額の記載はしない（6）氏姓は同姓であることが明らかであれば省略（7）国印は捺さない。

同様に、西海道戸籍は『大宝令』に依り、（1）一行一口（2）戸籍記載は戸主との血縁の親近性の順（3）各戸の戸口の集計は課戸、不課戸別に小計（4）課役を負担する戸の別は課戸、不課戸（5）受田額は木尾に記載（6）氏姓は省略せずに記載（7）国印を捺す。

慶雲元（七〇四）年四月に諸国の国印を鍛冶司に鋳造させているところから、[1] 国印のある西海道戸籍はその頒布以後に完成したものではないかとされている。筑前国嶋郡川辺里戸籍の紙継目裏には「筑前国嶋郡川辺里大寶大寶二年籍」の墨書と国印がある。

計帳は「戸令」十八条に「式に依りて」帳を造るとあり、やはり作成は「式」に依拠している。

＊4　『三国志』魏書三、烏丸鮮卑《りがんせんぴ》東夷傳中の倭に関する記事、いわゆる『魏志』倭人伝に風俗についての記述[27]がある。

その俗、国の大人は皆四、五婦、下戸もあるいは二、三婦。婦人淫せず、妬忌《とき》せず、盗窃《とうせつ》

「浄御原令」

課役

せず、諍訟少なし。その法を犯すや、軽き者はその妻子を没し、重き者はその門戸および宗族を没（滅）す。

この記述は、あたかも一夫多妻のようであるが、女性の人口が、男性の三倍以上なければこれは成り立たない。外形の一夫多妻、実質の多夫多妻ならば、バランスを保つことができる。

＊5　戸籍と計帳をあわせて籍帳という。「籍帳」の語は文武天皇、大宝三（七〇三）年七月庚午（五日）にもみえる。[1]

籍帳の設《まうけ》は、国家の大きなる信《まこと》なり。時を逐ひて変更《か》へば、詐《いつは》り偽《かく》すこと必ず起らむ。庚《かう》午年籍《ごのねんじゃく》を以て定とし、更に改め易《か》ふること無かるべし

古代史における「籍帳」の語の「籍」は大宝二年以下の戸籍を指す。「帳」は計帳のみを指す場合と、計帳のほか戸口損益《ここうそんえき》帳、輸租《ゆそ》帳、大税賑給歴名帳など計帳以外の諸帳も含む場合があり一定していないが、ここでは後者をとる。[11]

古代籍帳の多くはいわゆる『正倉院文書』に含まれている。正倉院文書は奈良東大寺正倉院校倉の写経所に伝わった古文書で、総数およそ一万点、正倉院宝庫の中倉に収蔵されており、今日に伝わる奈良時代の文書の大半に及ぶ。

写経所の事務用紙には不要になった料紙を利用することが多かった。写経所で出た反故や、経巻の余り紙の他に、各官庁から払い下げられた公文書の反故や、他所から到来した文書の裏が使われた。このいわゆる紙背文書（第一次文書）として残った重要史料が、律令政治の実態、奈良時代の社会構成、社会生活をうかがう手掛かりとなっている。

大宝二（七〇二）年の御野（美濃）国と西海道諸国（筑前・豊前・豊後）の戸籍、養老五（七二一）年の下総国戸籍をはじめとして、中央官庁の大粮申請文書、地方の計帳、正税帳《しょうぜいちょう》等が残っている。戸籍と計帳は、五比（五回分の造籍＝三〇年）の保存期限を過ぎると、東大寺の写経所で払い下げられ、紙背利用をするために断簡にされた。その裏文書が東大寺の再三の罹災に耐え、

今日に伝えられている。戸籍は太政官あてに二通送られたが、一通は民部省《みんぶしょう》に、もう一通は中《なか》務省《つかさしょう》に送られた。『令義解』は、中務省へ送られた戸籍は天皇の「御覧《ごらん》に擬《ぎ》する」ためであったと説明している。[21] 東野治之は、伝世した正倉院の戸籍は民部省あてのものではなく、死蔵されていた中務省に送られたものだとしている。[15]

＊6　大化元年、戸籍作成の方法は、良民の男女の子は、父につける。良民の男と婢との間の子は母につける。良民の女と奴のは、父につける。異る家の奴婢の間に出来た子は母につける。と、なっている（『日本書紀』）（**図3**、**表6**）しかし、「良民」の逃亡はとどまることを知らず、延暦八（七八九）年になると、国の方針はつぎのように変った。良民の男と婢の女の間の子は良民とし、良民の女と奴との間の子も良民とすると、改めている（『続日本紀』）。

図３　筑前国嶋郡川辺里戸籍戸主物部細

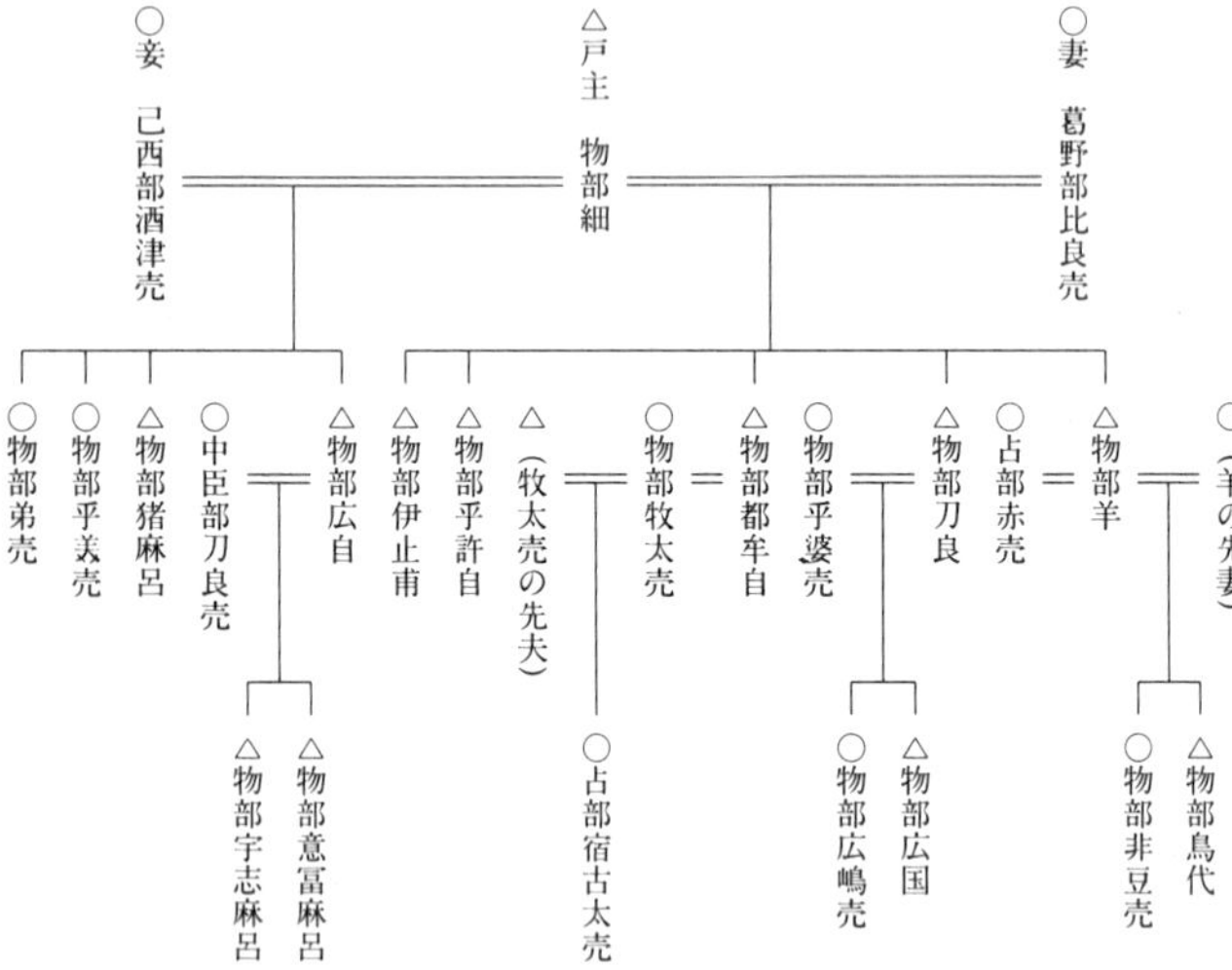

古代の戸籍はどのようなものであったのか。図３は大宝二（七〇二）年筑前国嶋《しま》郡川辺《かわのべ》里戸籍[1]である。戸主物部細（六十歳）の妻葛野部比良売（六十三歳）、妾己西部酒津売（五十二歳）はそれぞれ生家の姓を名乗っている。妾は戸籍に記載され、相続においても一定の権利を保証されていた。当時も重婚（両妻）は罰せられたが、妾は罪に当たらなかった。羊の先妻で鳥代、非豆売の母、牧太売の先夫で占部宿古太売の父の名は記されていないが、先妻、先夫と記載しているだけで死亡したとの記述はない。複数の単婚小家族が組み合わさった戸籍において、彼らは別の戸籍に登録されている可能性がある。

刀良と乎婆売の間の子の名は広国、広嶋売で「広」の文字が共通している。刀良には妾も妾子もいないため、子の名前を父がつけたか母がつけたか、ここからは判断できない。

（1）『大日本古文書　編年之一』（覆刻）（東京大学出版会、一九六八年。なお初版は一九〇一年）一〇七―八頁

表7　養老五年下総国葛飾郡大嶋郷戸籍　戸孔王部𡱖麻呂

戸孔王部𡱖麻呂	年四十四歳	正丁	戸主刀良従父兄
妻孔王部刀良売	年三十二歳	丁妻	
男孔王部麻麻呂	年二十歳	少丁	嫡子
男孔王部古麻呂	年十五歳	小子	嫡弟
男孔王部麻呂	年八歳	小子	
男孔王部小足	年　歳	緑児	
男孔王部黒秦	年　歳	緑児	
男孔王部小黒	年一歳	緑児	
女孔王部久尓売	年二十三歳	丁女	
女孔王部小久尓売	年十八歳	次女	
女孔王部伊良売	年十五歳	小女	
女孔王部古与理売	年二歳	緑女	
妹孔王部弟売	年三十七歳	丁女	
妹孔王部子売	年三十三歳	丁女	
従父弟孔王部古麻呂	年二十一歳	正丁	
妹孔王部古呂売	年二十八歳	丁女	
妹孔王部阿耶売	年八歳	小女	
妹孔王部黒売	年四十歳	丁女	

合口十八
- 口一五不課
  - 口二　小子
  - 口三　緑児
  - 口六　丁女
  - 口一　次女
  - 口二　小女
  - 口一　緑女
- 口三課
  - 口二　正丁
  - 口一　少丁

(1)　婚姻できる年齢

戸令二四条　聴婚嫁条[1]

凡そ男《なむ》の年十五、女《によ》の年十三以上にして、婚《こん》嫁《け》聴《ゆる》せ。

男は十五、女は十三以上で婚姻できる。これは唐令と同文の規定であり、[2]『令集解』によれば『大宝令』（七〇二年）の規定も同文である。これは七世紀中葉の十二歳以下で結婚することのあった実状をふまえ、早婚を禁じたものである。籍帳をみる限りこの規定はかなり守られてはいるが、『大宝令』に依拠する養老五（七二一）年下総国葛飾郡大嶋郷戸籍に例外が見受けられる。[3]孔王部𡱖麻呂（四十四歳）と妻孔王部刀良売（三十二歳）の間には孔王部麻麻呂（二十歳）がいるが、刀良売は十二歳で麻麻呂を産んでいる。偽籍か、書類上の手違いか、あるいは婚姻の前に出産したか。

（2）婚姻を許可する条件

戸令二五条　嫁女条(4)

凡そ女《によ》に嫁《をふとあは》せむことは、皆先づ祖父母《そぶも》、父母《ぶも》、伯《はく》叔父《しくぶ》姑《こ》、兄弟、外祖父母に由《ふ》れよ。次に舅従母、従父兄弟に及ぼせ。若し舅従母、従父兄弟、同居具財《どうこぐざい》せず、及び此の親無くは、並に女の欲せむ所に任せて、婚主《こんしゅ》と為よ。

女性の婚姻に同意する場合の婚主となる親族の範囲とその優先順位が規定されている(5)。唐令でこの条文に対応するのは「戸令」二九条である。

（3）妻と妾

記紀、律令、籍帳等現存する奈良時代の史料では、夫と妻の関係において妻の一人を嫡妻とし、その他全ての妻を「妾」としている。高群逸枝は、この時代、妻と妾の別が未成立であったこと示唆している(6)。さらに関口裕子は、当時の史料における嫡妻、妾の書き分けについての検討を行い、この区分がたてまえに過ぎず、法家自身が妻と妾を混同して解釈していることを指摘している(7)。妾は家族の一員として制度上認められており、夫と妾の関係は奸《かん》（戸令二七条）の対象にはならなかった。

〈相続〉

戸令二三条　応分条*8

凡そ分すべくは、家人《けにん》、奴婢、氏の賤は、此の限に在らず。田宅《でんだく》、資材、其の功田功封《くうでんくうふう》は唯し男女に入れよ。摠《す》べ計《かぞ》へて法作れ。嫡母《ちゃくも》、継母《けいも》、及び嫡子に、各二部。妾は女子《にょし》の分に同じ。庶子に一分。妻家の所得は、分する限に在らず。兄弟亡しなば、子、父が分承《う》けよ。養子も亦同じ。兄弟倶に亡《まう》しなば、諸子均分せよ。其れ姑姉妹《こしまい》、室《しち》に在らば、各男子の半減せよ。已に出嫁《しゅつけ》すと雖も、分財経ずは、亦同じ。寡妻妾、男無くは夫の分承けよ。女の分は上に同じ。若し夫兄弟皆亡しなば、各一子の分に同じ。男有る、男無き等し。謂はく、夫の家に在りて志を守る者をいふ。若し同財共居せむと欲りせむ、及び亡人《もうにん》の存日に処分して、證《しょう》拠灼然《こじゃくねん》ならば、此の令用ゐず。

相続において妻と妾、嫡子・嫡女と妾子・妾女の取り分には差がある。では戸籍で「子」はどう表記されているのだろうか。

大宝二（七〇二）年、美濃国戸籍において、男子は嫡子と妾子の別を記し、女子は妻の子は妻の後、妾の子は妾の後に記載されている。戸籍上、嫡出子と非嫡出子は明確に区別されているかのようであるが、非嫡出子は一件(9)を除いて全て女子である。妾に限って女子しか産まないということはないだろう。美濃国戸籍における嫡出子は、実際の嫡出子と非嫡出子が混在しているのではないか。

美濃国と同年の西海道諸国の戸籍、養老五（七二一）年の下総国戸籍の両方に「妾」の文字がみえる。子についての記述は、西海道戸籍では前の妻の子、今の妻の子、前の妾の子、今の妾の子を別けて書いてある。

下総国戸籍では「嫡子」、「嫡女」の記載は多くみられるが、「妾子」については下総国倉麻郡意布郷戸籍における一件(10)しかない。

大島郷戸籍には妾の記載が多いのにもかかわらず、妾子の記載は一例もない。大島郷では戸の中で最年長の男子を嫡子としている。彼が嫡出子か非嫡出子であるかを戸籍からは読み取れない。

養老五（七二一）年以下の籍帳には、神亀三（七二六）年山城国愛宕郡の計帳、天平七（七三五）年山城国隼人の計帳、天平十二（七四〇）年越前国江沼郡の計帳等があるが、「妾子」の記載はない。

(1)「戸令」聴婚嫁条、『日本思想大系三　律令』（岩波書店、一九七六年）二三三頁
(2) 仁井田陞『唐令拾遺』（覆刻）（東京大学出版会、一九六四年。なお初版は一九三三年）「戸令」二八条
(3)『大日本古文書　編年之一』（覆刻）（東京大学出版会、一九六八年。なお初版は一九〇一年）二―二三頁
(4)「戸令」嫁女条、『日本思想大系三　律令』（岩波書店、一九七六年）二三三頁
(5) 仁井田陞『唐令拾遺』（覆刻）（東京大学出版会、一九六四年）「戸令」二一九条
(6) 高群逸枝「その経過（二）前婿取婚」『招婿婚の研究』（『高群逸枝全集2』理論社、一九六六年）二七四頁以下
(7) 関口裕子「附論Ⅰ　律令国家における嫡妻・妾制について」『日本古代婚姻史の研究　下』（塙書房、一九九三年）二〇二頁以下
(8)『戸令』応分条、『日本思想大系三　律令』（岩波書店、一九七六年）二三二―三頁
(9) 上政戸国造加良安の戸に「妾子石国、次小石、次真■」の記述がある。『大日本古文書　編年之一』（覆刻）（東京大学出版会、一九六八年。なお初版は一九〇一年）三―五頁
(10) 少毅大初位藤原部■白麻呂の戸に二人の「妾子」の記載がある。『大日本古文書　編年之一』（同右）二九九―三〇〇頁
（＊　漢字の読みは、辞典類に基づき、定説とされるものに従った）

『女と男の時空』を読んで　1

熱いメッセージが溢れ……

三枝和子

十数年前から、女性を主人公にした歴史小説を書き始めて、上下本もあるけれどこれまでに十二冊を刊行した。テーマを卑弥呼から紫式部へ、と決めていたので時代は平安中期までである。あと一冊で終るのだが、年代の順を追って書いているわけではないので最後は紫式部ではない。元明・元正の母娘天皇を主人公にした作品で、このほどようやく脱稿した。

のっけから私事を書いたのは、これが終ったら藤原書店から刊行されている『女と男の時空』を読破しよう、と心に決めていたからである。なかんずく、「年表」を読みたい、と思っていた。

歴史小説を書いているあいだ、さまざまな年表を読んだ。年表を読んでから、たとえば『日本書紀』『続日本紀』『日本後紀』などの原典を読み、続いて女主人公の個人年表を、これは自分で作ってから作品に取りかかった。このとき、年表読みの愉しさを覚えたのだ。年表は枕にするほど大きなものから、ハンディなものまでさまざまあるが、いずれも編者の世界観なり人間観なりが明瞭に現われるのが面白いのである。

『女と男の時空』を読破する前に先ず年表を、と思ったのは、刊行にあたって、編者を代表して河野信子さんが述べている言葉に注目したからだ。アナール派の方法を「日本でもやってみませんか」と藤原書店社長の藤原良雄氏から提案された、とあった。私はアナール派についてはなんらのことを知っているわけでもないが、同書店刊行の『地中海』は早い時期に購入して覗いていた。アナール派ふうに日本の『女と男の時空』を展開したら、どんな具合になるのだろう、とそれが愉しみだったのである。

ところが、ゆっくり年表読みの愉しさから入ろうと思っていた私に、焦眉の急の要求が生じて、早々に全巻を読破しなければならなくなった。ある出版社からの企画で、女性作家による日本文学史の見直し、に編集委員として参加しなければならなくなったのである。ここはどうしても『女と男の時空』をバック・ボーンにしなければならない。私はそう考えて、年表読みの愉しさを後廻しにし、第I巻から読み始めたのである。現在は第V巻の途中である。

大部の本なのに、ひどく面白く、歴史学者でも民俗学者でもない私の頭にするすると入って来る。これは何だろう。その理由を、それこそ私は学者ではないので、ちゃんと分析して理論だてて説明することはできないが、具体例を挙げて、経験的に述べることはできる。

「血盆経」と幼い日の記憶

例えば「血盆経」のところで私は突然、幼い日の凶まがしい思い出の世界に連れ戻されたのである。「血盆経」は、第Ⅲ巻の「中世」のところなのだけれども、私が引き戻されたのは昭和九年の夏の或る日である。

昭和九年、とはっきり言えるのは昭和四年三月生まれの私が小学校へ入る前の年のことだからである。

満五歳の私は友達数人と或るお寺の縁先で地獄絵を見せてもらっていた。父の転任のせいで一年ほどしか滞在しなかった土地なので、そのお寺が何というお寺だったのか、どんな友達と一緒だったのか、まるで記憶にないのだが地獄絵の恐しさだけが頭にこびりついている。

嘘を吐いたせいで舌を抜かれている亡者や針の山に登らされている亡者の絵の下に血の池地獄があった。

「女は死んだらみんなこの血の池地獄に投げこまれるんだって」

年かさの子が言った。私は急に身体中が震え出した。

——私は嘘を吐いたことがある。だから舌を抜かれて、それから女だから、血の池に投げこまれるにちがいない。

恐怖で頭がいっぱいになったまま家へ帰ったが、夕飯もろくろく食べられなかった。私の母は女子師範を出て小学校の先生をしたこともある、当時としては、まあインテリ女性の一人だったので、私の恐怖の理由を聞いて、ゆっくりと首を振った。

「血の池地獄などというものはありません」

しかし私は、その夜、魘《うな》されて何度も飛び起きた。飛び起きる度に、母が枕許で「血の池地獄などというものはありません」とゆっくり繰り返してくれた。

「血盆経」は、私に不意に遠い昔の母の声を甦らせてくれた。歴史書で、――『女と男の時空』を単に歴史書と呼んではいけないかもしれないが――こんな個人の魂に届くような経験をしたのは初めてのことである。

もちろん『女と男の時空』は文学作品ではない。人間の感情に訴えるふうな書きかたはされていない。「血盆経」にしたところで事実が過不足ない形で提示されているだけだ。

「血盆経」については、第Ⅲ巻の「Ⅰ　世俗の伝統と信仰のはざまで」のなかの「1　女の地獄と救い」（川村邦光）「2　血盆経の受容と展開」（牧野和夫・高達奈緒美）において集中的に紹介される。もちろん、『女と男の時空』なので、「血盆経」もいたるところで顔出しはするのだが、先ずは「女の地獄と救い」の個所で、次のように述べられる。

「女の地獄では、血の池地獄がもっともよく知られている。血盆（池）地獄ともいわれるように、血盆経にもとづいて創出された女の地獄である。……血盆経は十世紀に中国で成立し、十四世紀末、または十五世紀頃、室町時代に伝来したといわれる。『大日本続蔵経』に所収された血盆経によると、仏陀の弟子、目連尊者が女人のみ苦患を受ける血盆池地獄をみて、獄主鬼王に尋ねると、出産のときに女人の血露が地神を汚し、また汚れた衣裳を川で洗って水を汚し、その水を汲んで茶を煎じて、諸聖に供えて不浄を及ぼしてしまう罪によって、この地獄に堕ちるとされる」

さらに、

「この血盆経では出産の血の穢れが血の池地獄に堕ちる要因とされているが、室町中期頃、他の版の血盆経では月水つまり月経の血もその要因としてあげられていた。すべての女性が逃れることのできない地獄として、血盆池地獄は女性の前に出現したばかりでなく、たとえ血盆経の転読や書写によって救いの道が示されていたとはいえ、産血であれ、経血であれ、その穢れのゆえに、本質的に、あるいは先験的に、女性自身そのものが穢れた不浄の者、救いがたい存在とみなされることになったのである」

と、まあこんなふうに述べられると、私などは、もうこの段階で頭にカッカ来る。あと、どんなふうに信心すればこの地獄から救われるかが示されていても、女であることが直ちに罪であるという理不尽な前提を受け入れられない気持の方が先立つ。

続いて「血盆経の受容と展開」にあっては、この血盆経が時代を遡って平安中期以降からさかんになっていた転女成仏経（女性はそのままでは成仏できないので、信仰によりいったん男子に生まれ変って——変成男子とも言う——成仏するという教え）と結び着き、さらに近世になって仏教各宗派にどのような布教形態をもたらして行ったかが詳述される。

ここにおいて五歳の女の子の想念を圧迫した男性優位社会という共同体の意識の実体が明らかになる。昭和十八年に早逝した私の母が、当時どのような認識を持っていたかは、いまは知る由もないが、幼い娘のために「血の池地獄などというものはありません」と繰り返した女性が、いま、この『女と男の時空』を読んだら、どのような思いに捉えられるだろうか。感慨なきにしもあらずだが、母は、きっと明晰な世界の提示によって救われたにちがいない、私はそう思っている。

宗教が人を救うことはある。文学が人を救うことはある。しかし、学問だって人を救うことがあるのだ。それを『女と男の時空』は教えてくれた。

「複数の声」に耳を傾ける『女と男の時空』の手法

これまで読んだところ、『女と男の時空』には熱いメッセージが溢れている。これは何によるものだろうか。例えば、先刻から述べている血盆経にしたところが、単に中世のその個所で語られるだけでなく、血のイメージが想起する原始・古代から近世へかけて（ここまでしか読んでいないので近・現代については述べられないのだけれど）の壮大な歴史空間のなかで語られる。その構造が事象をメッセージに変えているのではないか。

この『女と男の時空』における学問的方法を、編者の一人福田光子さんは次のように述べている。

「長い歴史的時間を事件で区切る、従来の手法による時代区分は女性史に馴染まない。たとえ歴史的思惟の対象として充分に意味のある事件であるとしても、ほとんどが権力や支配と無縁でないからであろう。」そして「過去に生きた人びとの日常的な慣習や、彼らに共通の心性を対象に選んで研究を行なってきたアナール派の手法に学ぶ女性史が、見据えなければならないものは何だろうか」（『機』№54、藤原書店）と反問する。

福田さんの意図するところは、この反問から生じる「複数の声」を聞くことである。この「複数の声」を手法とすることが、とりも直さず『女と男の時空』における学問的方法に他ならないのだ。例えばそれは第Ⅳ巻「4　江戸女流文学史の試み」（門玲子）のなかではこんなふうに現われて来る。

「平安女流文学と聞けば、誰でも『源氏物語』や『枕草子』その他の作品名と、作者名が思い浮かぶ。しかし江戸女流文学と聞いても、すぐに思い浮かぶ作品名も作者名もない。わずかに加賀千代女とか、幕末の太田垣蓮月尼《おおたがきれんげつに》や野村望東尼《のむらぼうとうに》が思いだされるのみである」

つまり私たちのこれまでの常識で行けば、清少納言、紫式部から樋口一葉、与謝野晶子までが一足跳びなのである。しかし『女と男の時空』の執筆者たちはそんなふうに見ていかない。理慶尼《りけいに》、井上通女《いのうえつうじょ》、正親町町子《おおぎまちまちこ》、荒木田《あらきだ》麗女《れいじょ》などの名前を挙げて、その作品を紹介して行く。

ただ、これらの「女流文学者たちの多くは父親、夫、または兄、叔父たちにその才能を見いだされ、育てられている。さらに師を選んで指導を受ける。指導者はたいてい周囲の男性の知人か、それに連なる人々から選ばれた」

「このように庇護されて育てられた女流文学者たちの作品は、当然のことながら当時の支配思想であり、女性を男性に従うものと定めた儒教の枠内にある。彼女たちはあまりこの思想を疑わず枠内に安住し、進んでその枠を補強する役割を担ってもいる」と言う。

『女と男の時空』の発想は、こうした、いわば教条主義的なフェミニズムの立場からは疎外されるべき作品も大きく取りこんで、いわば柔軟なフェミニズムの視点から女と男の関係性を明らかにしようとしたところに意義がある。

こうした視点のせいで、この時代にあって珍しく儒教倫理に疑問を呈した只野真葛《ただのまくず》などが一層光って来るのだ。江戸女流文学について全く無知であった私は真葛が「仏教も儒教も人が作ったものだと相対化し、絶対的なものはめぐる日月と昼夜の数と、天地の間に自然に生まれでた拍子であるとくりかえし説いている」と教えられ、へえ、とびっくりしているのである。

また、大垣藩の医師江馬蘭斎《えまらんさい》の娘江馬細香《さいこう》も真葛に負けない存在だった。漢学者・詩人である頼山陽が地方遊歴の途中、大垣の江馬家を訪れ、細香はこのとき山陽の門人になっている。二人のあいだに恋愛感情が芽生えたが、父蘭斎の反対にあって結婚には至らなかった。細香は生涯独身を通し父の許で芸術に精進した。『女と男の時空』のなかから、その有様を紹介しよう。

「……細香は終生、父蘭斎との絆から抜け出ることが難しかった。しかし抜け出ようと決意した詩を詠んでいる。

自　述

三従《さんじゅう》　総《すべ》て欠《か》く一生涯／漸《ようや》く衰顔《すいがん》を逐うて　益々懐《かい》を放《はな》つ

……

唯だ恐る　人間疎懶《じんかんそらん》の婦／強《し》いて風月《ふうげつ》を将《も》って　吾儕《われ》に倣《なら》うを

三従とは、女は父・夫・子供に従わねばならぬ、という儒教の教えである。それら三つを総て無視するときっぱり宣言し、年とって容貌が衰えるにつれて、心はいよいよ解放されたと詠んでいる。さらに結句で、世間の怠惰な婦人が風流ぶって私をまねてほしくない、こんな自由な生き方ができるのは私だけなのだから、と言外に自負心をのぞかせた。

細香の詩は、しばしば師山陽が期待する清艶優美な女流詩の枠を大きく逸脱して、心の赴くままに気宇の大きい詩を作った。それにつき山陽は、もし男子の詩ならば真の傑作だ、というような讃め方をしている。しかし師の権威でもって、細香の可能性を圧しつぶすことはしなかった。

細香の生き方は、男性優位の社会に表立って異議を唱えていないが、詩作においてまた生きる姿勢において、当時の女性のあるべき姿を大きく突き破っていた」

としている。まさに福田さんの言うように「交錯する『複数の声』」である。

この「江戸女流文学史の試み」は、私に与えられている焦眉の急の仕事、女性作家による日本文学史の見直しに大いに参考になるものであった。やはり学問は有難いと、時折は物知らずの作家の常で、学問の悪口を口走る身を反省している次第である。

「年表」と本篇を往復しながら読む

さてそこで、焦眉の急の仕事があるため、第Ⅴ巻「近代」の半分と、第Ⅵ巻「現代」を全巻読まなければならない。年表を読む愉しみはそのあとまでお預けか、と思っている私の目に、『女と男の時空』全六巻完結のときの波平恵美子さんの言葉が飛びこんで来た。

「スリリングな読書法の勧め」(『機』No.62)というものである。

「本シリーズ六巻をどのように読むか。私は次のような読み方を読者の方に勧めたい」というのが書き出しである。それを箇条書にしてみると、こんなふうになる。

①まず歴史書のオーソドックスな読み方に従って時間の流れ通り、Ⅰ巻から順にⅥ巻まで読む。

――そう、それはその通りだ。『女と男の時空』は、巻立ては一応時間の流れに沿っている。しかし、それぞれの巻のなかでは時代をクロス・オーバーして展開される事柄が多い。だから一層、混乱しないために、先ずは時間の流れを把握して読み進むことが必要なのだろう。

②次に自分の関心の強いテーマを選んで、歴史の流れとは逆に現代から古代へと進んで行く。

――波平さんは例えば今日多くの女性の関心を引きつけている夫婦別姓の問題を例にとって、「それが家制度の残滓を引きずっているが故に奇妙な議論の展開をみる」と言う。おそらく家制度が確立していない中世以前に遡ることによって、現代の課題が何げない形で古代や平安の社会に課題ではなく事実として存在していることを発見して奇妙な感じになることを指しているのだろうか。ともかくこんなふうに問題を追って行くと、自然、巻をあちこち往来することになる。したがって、

③テーマを定め、数多くの論文を「渡り読む」ことを勧めたい。

と言う。そして、

「そのことによって、河野信子氏がいみじくも指摘するように、繰り返し交替する男女の中心と周縁の位置づけが見えてくるし、現時点での私達の生存のあり方を客観的に眺める視点を得るからである」と提案する。

この「読書法の勧め」はなかなかのものである。読みついで来て、本当にそう思う。しかし、現在の『女と男の時空』はハードカバーの持ち重りのする本である。机の上にそれを置いて、ちゃんと座って読まなければ駄目である。「渡り読」みという軽やかな読書にはちょっと……、と思っていたら、今度、ソフトカバーの〈藤原セレクション〉として発刊されると聞いた。なるほど、なるほど、というところである。

もっとも、現在のハードカバーの『女と男の時空』も「年表」だけは布張りの軽い本である。私は波平さんの提

案とはちょっと違った読み方だけれども、年表を愉しんで、(これは机の上にどしんと置かなくとも読めるので)それから、気が向いたら机に座り直して本篇を再び拾い読みしてみたいと思っている。あと少し、最後まで本篇を読み了えてから、そうしたいと思っている。それは、またとない知の饗宴となるにちがいない。

三枝和子(さえぐさ・かずこ) 作家。一九二九年兵庫県生。関西学院大学文学部哲学科卒。七〇年『処刑が行なわれている』で田村俊子賞、八三年『鬼どもの夜は深い』で泉鏡花文学賞受賞。ほかに『響子微笑』『響子愛染』『響子悪趣』『響子不生』『崩壊告知』『その日の夏』など多数。日本ペンクラブ理事。

野村知子（のむら・ともこ）　1963年大分県生まれ。純真女子短期大学講師。専攻は日本女性史，東洋古代史，図書館情報学。編著書に『年表・女と男の日本史』（共著，藤原書店，1998年）。

編者紹介

河野信子（こうの・のぶこ） 1927年福岡県生まれ。女性史家。専攻は（数学，哲学）女性史。著書に『闇を打つ鍬』（深夜叢書社，1970年）『吉本隆明論』（母岩社，1974年，沖積社，1982年）『女の論理Ｉ』（柳下村塾新書，1973年）『女の論理序説』（永井出版企画，1972年，社会評論社，1977年）『恋愛論』（三一新書，1974年）『シモーヌ・ヴェーユと現代』（大和書房，1976年）『火の国の女・高群逸枝』（新評論，1977年）『女の自立』（新評論，1978年）『日本の女』（原生林，1980年）『隠れ里物語』（三一書房，1981年）『近代女性精神史』（大和書房，1982年）『火の国の巡礼』（工作舎，1984年）『家族幻想』（新評論，1986年）『高群逸枝』（リブロポート，1990年）『夢劫の人――石牟礼道子の世界』（共著，藤原書店，1992年）など。

執筆者紹介（掲載順）

西宮紘（にしのみや・こう） 1941年愛知県生まれ。専攻は日本精神文化史，思想，美術，宗教。著書に『生白き頭蓋』（自費出版，1970年）『空海――火輪の時空』（朝日出版社，1984年）『縄文の地霊』（工作舎，1992年）『鬼神の世紀』（工作舎，1993年）『多時空論』（藤原書店，1997年）など。

石井出かず子（いしいで・かずこ） 1928年島根県生まれ。たたら研究会会員。専攻は炭鉱史，製鉄史。著書に『女の系譜――内なる女性史』（河野信子編，大平出版社，1973年）。論文に「広島県における出稼ぎ坑夫とその背景」（『広島市公文書館紀要』第7号，広島市公文書館，1984年）「石見町の地域性と出稼ぎ」（『島根近代史研究会会報』第10号，島根近代史研究会，1987年）など。

能澤壽彦（のうざわ・としひこ） 1947年東京都生まれ。宗教史研究家。専攻は神道および日本宗教史一般。著書に『瞑想と精神世界事典』（共著，自由国民社，1988年）。論文に「川端康成の『魔界』に関する一考察」（『立教大学日本文学』第36号，1976年）など。

奥田暁子（おくだ・あきこ） 1938年東京都生まれ。大妻女子大学、恵泉女学園大学他非常勤講師。専攻は国際関係，女性史。編著書に『女たちは書いてきた』（径書房，1986年）『宗教のなかの女性史』（青弓社，1993年）『マイノリティとしての女性史』（三一書房，1997年）。訳書に『ユダヤ人の歴史』（イラン・ハレヴィ著，三一書房，1990年）『現代フェミニスト思想入門』（メアリ・エヴァンス著，明石書店，1998年）他多数。

山下悦子（やました・えつこ） 1955年東京都生まれ。女性史研究家，文芸批評家。専攻は日本女性史，古代史。著書に『高群逸枝論――母のアルケオロジー』（河出書房新社，1988年）『日本女性解放思想の起源』（海鳴社，1988年）『マザコン文学論――呪縛としての母』（新曜社，1991年）『女性の時代という神話』（青弓社，1991年）『さよならＨＡＮＡＫＯ族』『尾崎豊の魂――輝きと苦悩の軌跡』（共にＰＨＰ文庫，1993，1995年）

監修者紹介

鶴見和子（つるみ・かずこ） 1918年東京都生まれ。上智大学名誉教授。専攻は社会学。2000年朝日賞受賞。主著に『コレクション 鶴見和子曼荼羅』（全9巻，藤原書店，1997-99年）『南方熊楠』（講談社学術文庫，1981年，毎日出版文化賞）がある。

秋枝蕭子（あきえ・しょうこ） 1920年兵庫県生まれ。福岡女子大学名誉教授。専攻は女性史，女性学。主編著に『歴史をひらく愛と結婚』（ドメス出版，1991年）『光をかざす女たち――福岡県女性のあゆみ』（福岡県女性史編纂委員会，1993年）がある。

岸本重陳（きしもと・しげのぶ） 1937年兵庫県生まれ。横浜国立大学教授，1999年歿。専攻は経済学。主著に『「中流」の幻想』（講談社文庫，1985年）『資本制経済の理論』（日本評論社，1976年）がある。

中内敏夫（なかうち・としお） 1930年高知県生まれ。一橋大学名誉教授・中京大学教授。専攻は教育社会史。主著に『中内敏夫著作集』（全8巻，藤原書店，1997年-刊行中）。主編著に『叢書　産む・育てる・教える――匿名の教育史』（全5巻，藤原書店）がある。

永畑道子（ながはた・みちこ） 1930年熊本県生まれ。作家，熊本近代文学館館長。主著に『野の女』『炎の女』（新評論，1980年）『恋と革命の歴史』（1997年）『凛――近代日本の女魁・高場乱』（1997年）『三井家の女たち』（以上藤原書店，1999年）がある。

中村桂子（なかむら・けいこ） 1936年東京都生まれ。ＪＴ生命誌研究館副館長。専攻は生命誌。主著に『あなたのなかのＤＮＡ――必ずわかる遺伝子の話』（早川書房，1994年）『自己創出する生命――普遍と個の物語』（哲学書房，1993年）がある。

波平恵美子（なみひら・えみこ） 1942年福岡県生まれ。お茶の水女子大学教授。専攻は医療人類学。主著に『ケガレの構造』（青土社，1992年）『病と死の文化――現代医療の人類学』（朝日新聞社，1990年）がある。

丸山照雄（まるやま・てるお） 1932年山梨県生まれ。宗教評論家，仏教者国際連帯会議顧問。日蓮宗僧侶。主著に『日本人にとって宗教とは何か』（藤原書店，1995年）『闘う仏教』（法蔵館，1991年）がある。

宮田登（みやた・のぼる） 1936年神奈川県生まれ。神奈川大学教授，2000年歿。専攻は民俗学。主著に『ヒメの民俗学』（青土社，1993年）『女の霊力と家の神――日本の民俗宗教』（人文書院，1983年）がある。

〈藤原セレクション〉
女と男の時空――日本女性史再考（全13巻）①
ヒメとヒコの時代――原始・古代㊤

2000年3月30日　初版第1刷発行©

編　者　河　野　信　子
発行者　藤　原　良　雄
発行所　株式会社　藤　原　書　店
〒162-0041　東京都新宿区早稲田鶴巻町523
TEL　03（5272）0301
FAX　03（5272）0450
振替　00160-4-17013
印刷・慶昌堂印刷　製本・桂川製本

落丁本・乱丁本はお取り替えします　Printed in Japan
定価はカバーに表示してあります　ISBN4-89434-168-9

III　女と男の乱——中世　　岡野治子編

Ａ５上製　544頁　**6800円**（1996年３月刊）◇4-89434-034-8

南北朝・室町・安土桃山期の多元的転機。その中に関係存在の多様性を読む。〈構成〉Ｉ世俗の伝統と信仰のはざまで　II管理の規範と女性の生　III性と美と芸能における女性の足跡

（執筆者）**川村邦光／牧野和夫・高達奈緒美／エリザベート・ゴスマン（水野賀弥乃訳）／加藤美恵子／岡野治子／久留島典子／後藤みち子／鈴木敦子／小林千草／細川涼一／佐伯順子／田部光子／深野治**

IV　爛熟する女と男——近世　　福田光子編

Ａ５上製　592頁　**6602円**（1995年11月刊）◇4-89434-026-7

身分制度の江戸時代。従来の歴史が見落とした女性の顔を女と男の関係の中に発見。〈構成〉Ｉ心性の諸相——宗教・文芸・教化　II家・婚姻の基層　III庶民生活に交錯する陰影と自在

（執筆者）**浅野美和子／白戸満喜子／門玲子／高橋昌彦／寿岳章子／福田光子／中野節子／金津日出美／島津良子／柳美代子／立浪澄子／荻迫喜代子／海保洋子**

Ｖ　鬩《せめ》ぎ合う女と男——近代　　奥田暁子編

Ａ５上製　608頁　**6602円**（1995年10月刊）◇4-89434-024-0

女が束縛された明治期から敗戦まで。だがそこにも、抵抗し自ら生きようとした女の姿がある。〈構成〉Ｉ越境する周縁　II表象の時空へ　III労働からの視座　IV国家の射程の中で

（執筆者）**比嘉道子／川崎賢子／能澤壽彦／森崎和江／佐久間りか／松原新一／永井紀代子／ウルリケ・ヴェール／亀山美知子／奥田暁子／奥武則／秋枝蕭子／近藤和子／深江誠子**

VI　溶解する女と男・21世紀の時代へ向けて——現代　　山下悦子編

Ａ５上製　752頁　**8600円**（1996年７月刊）◇4-89434-043-7

戦後50年の「関係史」。〈構成〉Ｉセクシュアリティ／生命／テクノロジー　IIメディアと女性の表現　III生活の変容——住空間・宗教・老い　IV性差の再生産——労働・家族・教育

（執筆者）**森岡正博／小林亜子／山下悦子／中村桂子／小玉美意子／平野恭子・池田恵美子／明石福子／島津友美子／高橋公子／中村恭子／宮坂靖子／中野知律／菊地京子／赤塚朋子／河野信子**

女と男の関係からみた初の日本史年表、遂に完成！

別巻　**年表・女と男の日本史**　　『女と男の時空』編纂委員会編

Ａ５上製　448頁　**4800円**（1998年10月刊）◇4-89434-111-5

女性たちに歴史があるか?

女性史は可能か

M・ペロー編
杉村和子・志賀亮一監訳

女性たちの「歴史」「文化」「エクリチュール」「記憶」「権力」……とは? 女性史をめぐる様々な問題を、〝男女両性間の関係〟を中心軸にすえ、これまでの歴史的視点の本質的転換を迫る初の試み。新しい歴史学による「女性学」の最前線。

四六上製　四四〇頁　**三六八九円**
（在庫僅少）（一九九二年五月刊）
◇4-938661-49-7

UNE HISTOIRE DES FEMMES EST-ELLE POSSIBLE?
sous la direction de Michelle PERROT

「表象の歴史」の決定版

『女の歴史』別巻1

女のイマージュ

〈図像が語る女の歴史〉

G・デュビィ編
杉村和子・志賀亮一訳

『女の歴史』への入門書としての、カラービジュアル版、「表象」の歴史。古代から現代までの「女性像」の変遷を描ききる。男性の領域だった視覚芸術で女性が表現された様態と、女性がそのイマージュに反応した様を活写。

A4変上製　一九二頁　**九七〇九円**
（一九九四年四月刊）
◇4-938661-91-8

IMAGES DE FEMMES
sous la direction de Georges DUBY

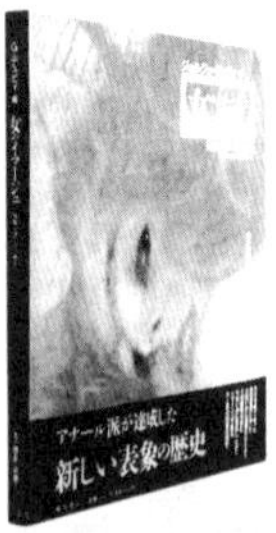

女と男の歴史はなぜ重要か

『女の歴史』別巻2

「女の歴史」を批判する

G・デュビィ、M・ペロー編
小倉和子訳

「女性と歴史」をめぐる根源的な問題系を明らかにする、『女の歴史』（全五巻）の徹底的な「批判」。あらゆる根本問題を孕み、全ての学の真価が問われる場としての「女の歴史」はどうあるべきかを示した、完結記念シンポジウム記録。シャルチエ、ランシエール他。

A5上製　二六四頁　**二九〇〇円**
（一九九六年五月刊）
◇4-89434-040-2

FEMMES ET HISTOIRE
Georges DUBY et Michelle PERROT

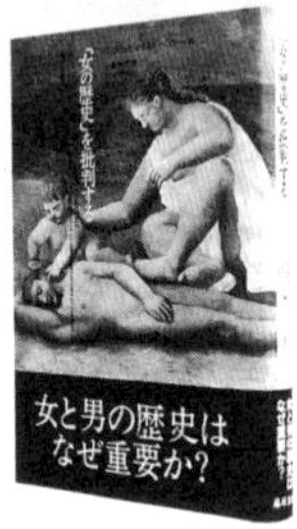

全五巻のダイジェスト版

『女の歴史』への誘い

G・デュビィ、M・ペロー他

ブルデュー、ウォーラーステイン、コルバン、シャルチエら、現代社会科学の巨匠と最先端が活写する『女の歴史』の領域横断性。全分野の「知」が合流する、いま最もラディカルな「知の焦点」（女と男の関係の歴史）を簡潔に一望する「女の歴史」の道案内。

A5並製　一四四頁　**九七一円**
（一九九四年七月刊）
◇4-938661-97-7